Añorando a mí
Colombia

*Relatos, críticas y opiniones escritas
con palabras folclóricas*

Ligia Chirivi Giraldo
Autor

PAGE PUBLISHING, INC.
Conneaut Lake, PA

Primera publicación original de Page Publishing 2020

La autora obtuvo autorización del estado colombiano para la publicación en esta obra de símbolos patrios tales como la bandera, el escudo, el mapa, los colores.

ISBN 978-1-64334-552-9 (Versión Impresa)
ISBN 978-1-64334-553-6 (Versión electrónica)

Libro impreso en Los Estados Unidos de América

A la memoria de mi esposo, Jorge Torres fallecido el 12 de febrero del 2014, día cuando cumplía 76 años y fue mi compañero inseparable durante 55 años de matrimonio, y compañero en los bailes de los festivales colombianos. A mis hijas Yuri, Zully R. y a mis hijos William R. y Wilson O. por el soporte que me han dado siempre para hoy yo poder realizar este sueño.

A mi gran amigo el Señor Dukardo Hinestrosa, por su apoyo incondicional y por darme, no la "patadita" de la buena suerte, sino un buen empujón para que este mi libro pueda llegar a muchos hogares colombianos.

Gracias a todos los que contribuyeron para que este proyecto se hiciera realidad.

Agradecimientos

Deseo dar las gracias a todos los paisanos colombianos que en los festivales me animaron a que siguiera escribiendo, y luego, a que hiciera un libro. Espero que este sea del agrado de ustedes.

También, a mis hijos, quienes copiaron en sus computadoras mis "escritos", algunas veces sin entender mi "ortografía", ellos se encargaban de hacer los volantes, a mis nietas mayores, por ayudar en la repartición de estos, a mi hermana Emma, por darme el aliento cuando comencé a escribir mi primer "escrito", *I am proud to be colombian!*

Ah, me olvidaba, agradecer a todos mis lectores que tomaron su tiempo para escribir sus comentarios en mi página web.

De igual forma, quiero agradecer a la agencia de viajes en *New York* Smart Tour, por hacer por primera vez un viaje a Colombia y permitir, de este modo, que uno de mis anhelados sueños se hiciera realidad; que extranjeros conocieran mi patria y por ellos mismos juzgaran cómo es Colombia, al igual a mis compañeros de viaje: 23 americanos, 1 doctor puertorriqueño, una señora mexicana y, especialmente, una pareja canadiense, Rob and Cheryl C. Jenkins; así como a Jeffrey y Linda Grossman quienes viven en Abington, Massachusetts y con quienes sigo teniendo comunicación por medio de internet.

Especialmente, al señor Dukardo Hinestrosa, por su apoyo y asesoría incondicional y por su ayuda y soporte al darme no la "la patadita" de la buena suerte, sino un empujón para que me decidiera hace este libro. Gracias a todos ellos por su apoyo, si el cual no hubiera logrado estar hoy aquí.

Finalmente, agradezco a mi nieta Wendy Silva (Snapchat: latinaartist), egresada del colegio OTIS donde cursó estudios sobre arte y escultura por la linda portada de este libro y todas sus otras obras inspiradas en mí.

Prólogo

Querido lector,

Ligia Chiriví, autora de estas crónicas lugareñas, es una aguerrida compatriota residenciada en Los Ángeles por varias décadas; sin pensarlo mucho ha ejercido un consulado matriarcal en esta ciudad, al mismo tiempo en sus frecuentes notas suele escribir: "No deja títere con cabeza"; cuando se trata de defender los intereses nacionales, vulnerados por aquellos corruptos hombres de nuestra burocracia oficial. Por otra parte, ha sido una relacionista pública de esa enorme riqueza natural que se amontona en la geografía sureña colombiana. Es un trabajo que ella hace gratuitamente a nuestro país más diligentemente que otros que usufructúan cuantiosos salarios en el exterior.

En lo referente al folclor, ha sacado la cara por difundir nuestras danzas vermiculares, particularmente las de su región cundiboyacense, con hermoso atuendo típico blanco y negro, pero adornado de cintas, flores y guirnaldas multicolores. Orgullosamente las ha lucido en todo evento que organizan los grupos fiesteros y con ocasión de recordar nuestras efemérides patrias.

Ella también ha sido un ejemplo en su propio hogar, con su esposo ya tempranamente desaparecido, fue una pareja para animar la alegre parranda carranguera, animando la fiesta y el jolgorio. Zully, su hija, perteneció a varios grupos folclóricos en donde se destacó en todas las participaciones a la hora de lucir nuestro patrimonio artístico.

Con toda la humildad que caracteriza a Ligia Chiriví, a la hora de defender la nacionalidad colombiana, se convierte en una aguerrida compatriota como lo fueron en su tiempo Policarpa Salavarrieta,

Antonia Santos durante la lucha por la independencia y en tiempos más recientes, María Cano.

Ahora, sin mayores pretensiones, se ha puesto a escribir, no para emular a Gabo, sino para contarnos deliciosas crónicas con sabor montañero y con ese vocabulario humorístico, saturado de tropezones lingüísticos y ortográficos que caracteriza la crónica pueblerina sin arrogancia, pero eso sí, sabia y dulzarrona.

Buena suerte doña Ligia con su rosario de notas tan llenas de amor patrio.

Dukardo Hinestrosa.

Índice

Introducción 13

Capítulo Primero: Mis añoranzas por Colombia.........................15

Capítulo Segundo 28

Capítulo Tercero...124

Capítulo Cuarto: Notas mías y de mi Colombia en inglés 139

Capítulo Quinto 169

Capítulo Sexto 185

Capítulo Séptimo..201

Capítulo Octavo..220

Apendice A. Canciones..239

Apéndice B. Correspondencia 246

Apéndice C. Historias y pensamientos...................................249

Introducción

Queridos lectores, este libro fue inspirado por el amor, respeto y añoranza que siento por mi patria y todo lo que atañe a Colombia.

Al llegar a este país amigo, no me pareció que lo fuera, pues por doquier nos discriminaban y nos llamaban "mafiosos" por el solo hecho de ser colombianos. Yo sentía rabia e impotencia, al escuchar todas las atrocidades que se decían sobre mi patria en las noticias, y que Hollywood aprovechaba para sacar provecho de esto, yo me sentía humillada cuando me calificaban de "mafiosa" por el solo hecho de ser colombiana, y aunque yo quería protestar, gritar fuerte, no podía decir nada. Me sentía como si tuviera la lengua "cortada", por la barrera del idioma, en casa lloraba de impotencia por esta situación.

El tiempo inexorable pasaba y yo cada vez más angustiada, pero nunca acobardada como algunos paisanos que como judas negaban que eran colombianos cuando les preguntaban de dónde venían. Yo buscaba una oportunidad para decir o hacer algo, hasta que Diosito se compadeció de mí. Estudiando inglés la profesora nos sugirió que, para ayudarnos, describiéramos algo, sin importar que, nuestro vecindario, nuestra casa, en fin, ¡algo!

En ese "algo" vi la oportunidad, que tanto había deseado y en un inglés con barreras muy altas escribí: "*I am Proud to be Colombian!*" (Orgullosa de ser colombiana), y lo presente como mi "*homework*". La maestra lo leyó en silencio, no hiso ningún comentario y me lo entregó diciendo: "Yo no puedo aceptarlo como su tarea porque esto, es política".

No me importó, al contrario, me sentí contenta, pues me di cuenta de que algo *decía* aquella hoja de papel; la guardé como mi pasaporte y cada vez que me preguntaban "Where are you from?", la mostraba con mucho orgullo.

Desafortunadamente, algunos hermanos como "mulas seguían dando papaya" para que las noticias, siguieran acorralando a mi patria. Sintiéndome frustrada de nuevo, me puse en el lugar de una madre a quien sus hijos la desacreditan con su mal comportamiento y escribí "*I am Colombia*" (Yo soy Colombia). Luego de algunos años, traduje estos escritos al español y comencé a repartirlos en los festivales colombianos; al ver que a mis paisanos les gustó mis "escritos", como ellos mismos bautizaron mis páginas, sin ser escritora y sin pensar serlo, seguí escribiendo sobre Colombia y sus problemas.

Con más confianza, sin buscarlo, me fui camuflando en un personaje, que con palabras folklóricas —robadas de muestras canciones— dice las verdades "sin pelos en la lengua", y al hacer sus críticas, usa sarcasmo, ironía y mucho "veneno" para darle sabor. Así como también se desborda de amor, respeto y añoranza por su patria. Su lema: "¡Al que le caiga el guante, que se lo plante y se lo aguante!". Paisanos, este libro es como un pichón de cóndor que necesita su apoyo —ser leído— por ustedes, que serán el viento que lleve a este cóndor con mi mensaje de amor, respeto, y añoranza por nuestra patria, ¡Colombia!

Capítulo
Primero

¡Colombia! ¡Esta es la tierra que me vio nacer!

Armenia, Arauca, Bogota, Barranquilla, Boyaca, Cartagena, Cucuta, Florencia, Popayan, Quibdo, Monteria, Rioacha, Neiva, Tolima, Mocoa, Pasto, Medellin, Tunja, Manizales, Leticia, Yopal, Meta,

Pereira, Guania, Popayan, Valledupar, Puerto Inirida, Vaupes, San José del Guaviare, Santa Marta, San Andrés, Villavicencio, Cauca.

¡Siempre hay algo por qué volver!

La Guajira, Atlántico, Magdalena, Cesar, Sucre, Córdoba, Bolívar, Anitioquia, Norte de Santander, Santander, Choco, Caldas, Quindio, Huila, Risaralda, Cundinamarca, Boyaca, Casanare, Vichada, Valle del cauca, Guania, Vaupes, Amazonas, Caqueta, Putumayo, Nariño, y como dijo el escritor colombiano, señor Rodrigo Betancur:

"La patria, es ese pequeño pedazo de tierra; al cual yo puedo asimilarme, como rescoldo y ceniza enamorados".

¡Colombia cómo te añoro!

Colombia como te quiero, hubiera querido morir en ti e impregnar mis cenizas en tu suelo, bajo un frondoso y viejo árbol, cerca de algún riachuelo o quebrada, así antes de morir soñar que escucho el sonido alegre del agua al pasar junto a mi tumba.

Mis añoranzas por Colombia

Colombia, patria mía, los años ni la distancia, han podido lograr que me olvide de ti, ahora que mi cabello comienza a blanquear y mis esperanzas de regresar a ti se hacen más esquivas, quiero que sepas cual es mi último deseo si muero lejos de ti; mi cuerpo será incinerado mis cenizas lanzadas al viento desde el pico más alto de una colina cerca del océano Pacifico y así "volaré" en alas del viento del sur y "podré" volver nuevamente a ti y para asegurarme de que mis cenizas no se desviarán; las "pondré" en un cofre hecho con el amor y respeto por ti, un guardián llevará este cofre y ese guardián será mi alma; esto se lo he pedido con mucho fervor a Diosito y estoy segura de que me concederá esta dicha.

"Familia Colombiana, los *envito* a qui *leigan* lo que sigue yo *creigo,* sin *meyo* a equivocarme, que muchos de *bustedes* lo *mesmo* que yo, salimos del terruño por azares del destino, sin *si quera* conocer ni *apriesar* el paraíso donde vivíamos. ¡*estu* es lo que a yo me aflige, *estu* es lo que me embejuca!, que no me di tiempo pa conocer ni apriesar nuestro terruño. Acompáñenme, por *jafor* Colombia, cuando te alcance, recorre loca de alegría, tus 32 departamentos; de norte a sur de oriente a occidente. Cuando llegue a la frontera, Panamá–Colombia sobre el océano Pacifico, mi "guardián" abrirá el cofre y "saldré" a cumplir mi gran deseo. Volaré sobre la Selva del Darién, el Golfo de Urabá, pasaré por Turbo y comenzaré mi viaje en el...

Departamento de Córdova. Su capital Montería, que antiguamente se llamó "San Jerónimo de Buena Vista", habitada por descendientes de indios Zenu, africanos, españoles y árabes inmigrantes; la tierra madre del sombrero vueltiao, Símbolo Nacional de las costas colombianas. Navegaré con su gente, en los planchones que cruzan el río Sinú, usando el sistema de cuerdas que se van jalando al vaivén de la corriente del río, participaré en los festivales del Bullarengue en Puerto Escondido, ya que es el ritmo propio de Palenque, también en el del sombrero Zenu en San Adres de Sota Ventó, seguiré al...

Departamento de Sucre, su capital Sincelejo, poblado por descendientes de dos grupos de indígenas: los Finzenu y Panzenu. Pasaré por los montes de María, escucharé el trinar del Mochuelo, también iré a sus fiestas patronales, cantaré *ya viene el 20 de enero*, la fiesta en corralejas; descansaré en las playas de Cobreñas con sus arenas blancas. Ya repuesta, me daré un "remolino" por las islas del Rosario, pasaré por Boca chica y Boca grande, allí cantaré *Noches de Boca grande con su lunita plateada, el sol bordando luceros en el filo de la playa,* mm, mm... Seguiré por tu costa norte, hasta llegar al...

Departamento de Bolívar, su ciudad, Cartagena, situada, al noroccidente con el océano Atlántico, al nororiente con el departamento del Atlántico, al oriente con Magdalena, el Cesar y los Santanderes, al sur con Antioquia y al occidente con Sucre. Cartagena de Indias tan conocida por sus heroicas batallas con los piratas ingleses, que cada vez que por allí pasaban, arrasaban con todo lo que se hallaba a su paso; En carreta pasearé por sus tranquilas calles adornadas con balcones coloniales, mientras canto *Cartagena, brazo de agarena, canto de sirena, canto de sirena, que se hizo ciudad y sonoro cofrecito de oro, reliquia y tesoro, reliquia y tesoro de la antigüedad.*

Continuaré a la plaza del Reloj, lugar donde comerciaban con seres humanos, traídos de África por los conquistadores, ya que Cartagena era el principal puerto sobre el océano Atlántico y allí guardaban los españoles todas las riquezas robadas a nuestros aborígenes, para llevarlas luego a España; nuestros hermanos Africanos fueron traídos a Cartagena para construir las murallas que protegerían la ciudad de los piratas ingleses, las cuales fueron construidas con sangre, sudor y lágrimas de nuestros ancestros africanos. Luego visitaré el castillo de San Felipe, el Monasterio y *colinchada* en una chiva iré al cerro de la Popa, mientras se escucha, *Yo me llamo cumbia, yo soy la reina por donde voy, no hay una cadera que se esté quieta donde yo estoy.* Luego, me pondré tus zapatos viejos para seguir por tu costa norte, mientras se escucha *Noches de Cartagena, que fascinan, con el suave rumor que trae el mar, mientras la brisa cálida murmura toda una serenata tropical,* y antes de irme, saludaré a La India Catalina. Seguiré al...

Departamento de Atlántico, su ciudad Barraquilla, poblada por descendientes de Caribes y Arawak. Visitaré el Museo del Caribe, situado en la plaza Santo Domingo, Bocas de ceniza, el jardín zoológico, Puerto Colombia, con su viejo muelle, Sabana Grande, el parque ecológico, la casa museo Usiacuri; subiré al volcán del Totumo, gozaré con Joselito en sus carnavales, bailaré pegada a una marimonda, porros, cumbias, mapéale, puya y currulao y no podré decir "en Barranquilla me quedo", como dijo Joe Arroyo, pues mi viaje tan solo comienza. Continuaré al...

Departamento de Magdalena, su ciudad Santa Marta, la que no tiene tren, pero si tiene tranvía, y que, si no fuera por las olas, caramba, Santa Marta moriría ¡hay hooome! Ubicada, al norte con el océano Atlántico y la Guajira, al oriente el Cesar, al sur Bolívar y al occidente Atlántico. Visitaré la quinta de San Pedro Alejandrino, al peñón del Morro, en el Rodadero, disfrutaré de sus tranquilas playas y de las alegres fiestas del mar, subiré a su sierra nevada "única en el mundo", que se levanta sobre la costa con una altitud de 5,770 metros de altura sobre el nivel del mar; visitaré en el poblado de Nabusimake, que en lengua Arahuaca significa "Tierra donde nace el Sol", a los hermanos mayores, los Arakuos, y escucharé los consejos que tienen para los hermanos menores, de cómo cuidar nuestra madre tierra, el agua, la flora y fauna. Descenderé por sus antiguas plataformas, hechas para facilitar la comunicación y el comercio entre sus pobladores, los que viven cerca del mar cambian sal y pescado por frutas y vegetales con los que viven en la parte alta, así ellos no tienen que depender de sus vecinos. Seguiré por tu costa norte al...

Departamento de La Guajira, su ciudad Riohacha, este departamento tiene al norte una de las playas más largas sobre el Atlántico, frontera con Venezuela al oriente, al sur con el Cesar y al occidente con Magdalena. La Guajira, tierra de la hamaca con sus coloridas rancherías y artesanías, de Francisco el hombre, y de la música Vallenata. Vestiré una de sus típicas mantas, visitaré Riohacha, el Cerrejón, su mina de carbón Cielo Abierto —la más grande del mundo—, y sus salinas playas; también Aracataca, la tierra del señor Gabriel García Márquez. Descansaré en la hamaca de Francisco el hombre, me deleitaré con el sonido de los acordeones de más renombre y el cantor de Fonseca, en el festival de la Cuna de Acordeones en Villanueva. Luego pasare al...

Departamento del Cesar, su ciudad Valledupar, situada al pie de la sierra nevada de Santa Marta. Esté departamento forma parte de la región Caribe, ubicado al norte con la Guajira, al sur con los Santanderes, al oriente con Venezuela, al occidente con Magdalena y Bolívar; hasta allá llega la sierra nevada de Santa Marta, con sus dos picos más altos el Cristóbal Colon y el Bolívar, disfrutaré de sus variados climas, del más candente en los valles y llanuras hasta el helado en su sierra; ayudaré a recoger el algodón y arroz, recorreré sus bananeras y gozaré en sus balnearios a orillas del río Guatapuri y Badillo. No me perderé de su Festival Vallenato, en Valledupar, donde nacen los nuevos talentos de la música Vallenata. Seguiré a los...

Departamento de Santander del Norte, su ciudad Cúcuta, limita al norte con Cesar, oriente con Venezuela y Arauca. Visitaré Cúcuta, le cantaré *campesina Santandereana, eres mi flor de romero, por tu amor yo vivo loco si no me besas me muero.* También visitaré el...

Departamento de Santander del Sur, su ciudad Bucaramanga, limita al norte con Santander del Norte, al sur y oriente con Boyacá, al occidente Antioquia, al noroccidente con Bolívar. Iré a saludar a mi señora Bucaramanga, la ciudad de los parques, y en San Gil después de visitar el parque El Gallineral, bailaré guabina con un camisón de olan; aspiraré el aroma de sus arepas hechas de maíz amarillo pelado en lejía, la carne oreada con sabor a trapiche acompañada con una buena totuma de guarapo. Y para no perder el entusiasmo pasaré al...

Departamento de Antioquia, su ciudad Medellín, tierra de la eterna primavera. Situada al norte con el océano Atlántico, Córdova y Bolívar, al oriente Santander del Sur, al suroriente Boyacá, al sur Caldas y Risaralda, al occidente Choco. Besaré la típica orquídea, la arrogante rosa y la humilde violeta que se esconde entre las zarzas, cantaré *disque no me quieres porque soy humilde, porque nada valgo porque nada tengo, porque mis pasiones son menos que el polvo que inconscientemente cada rato vuela.* Acompañaré a los silleteros y refundida entre sus rosas en el desfile de las Flores en Medellín; cantaré *Antioqueña, qué tienes el pelo rizado los labios rojos y tienes las mejillas color de rosa, por ti se calma, por ti se calma, la tempestad que ruje dentro del alma.* En la noche estaré camino a Santa Fe de Antioquia en ancas de una mula, con los arrieros de carriel, mulera, machete, perrero y cotizas; luego de descargar las mulas y haber disfrutado de unos sabrosos frisoles con garra y arepa, acompañados con una taza de mazamorra, descasaré junto a una hoguera ya en cenizas y cantaré *La Capa del viejo Hidalgo se rompe para hacer ruanas y cuatro rayas confunden el castillo y la cabaña*; antes de seguir visitaré sus playas, Moñitos sobre el Atlántico y el parque natural Paramillo. Seguiré, al sur al...

Departamento de Caldas, su ciudad Manizales, situada al norte con Antioquia, al sur y suroccidente con Risaralda, suroriente Tolima y Cundinamarca. En Manizales, desfilaré vestida de Andaluza, iré, arriba de una carroza adornada con flores y cascabeles, tirada por cuatro alazanes, cantando *doce cascabeles lleva mi caballo, por la carrete e era y un par de claveles al pelo prendidos lleva mi romee e era, que bien bracean mis alazanes y no hay carreta como la mía.* Seguiré al...

Departamento de Risaralda, su ciudad Pereira, habitada por descendientes de Quimbaya y Caramanta, situada al norte con Antioquia, al oriente Tolima, al sur Quindío y Valle del Cauca, al occidente Choco. Conoceré a la trasnochadora Pereira, conocida también como la Perla del Otún, la Querendona con sus hermosas mujeres y su hospitalidad, le llevaré unos calzoncillos al Bolívar desnudo, que se encuentra en la plaza de los Mangos pa que tape sus vergüenzas. Y, seguiré al...

Departamento de Quindío, su cuidad Armenia, ubicada, al norte con Risaralda, al suroriente con Tolima, al occidente el Valle del Cauca. Ayudaré en la recolección del café y a procesar el grano, aspiraré el delicioso aroma del café recién tostado, regresaré al eje cafetero a lomo de mula; ya en la noche con los trabajadores, cantaré *Rumores de Serenata: se oye el rumor lejano de serenata, el murmullo que llega, bajo la clara luna de plata, románticas canciones de mis abuelos, que lloran amarguras de corazones de amor heridos.* Estos tres departamentos, Caldas, Risaralda y Quindío, fueron nombrados Patrimonio de la Humanidad, por la belleza de sus cultivos de café y por sus hermosas fincas cafeteras. Continuaré al occidente, al...

Departamento de Choco, su capital Quibdó, que limita al norte con el océano Atlántico y noroccidente con Panamá, al sur con Valle del Cauca, al oriente con Antioquia y Risaralda, al occidente con el océano Pacifico. Visitaré la Bahía Solano con sus aguas cristalinas que descienden de las cascadas y sus bellas playas Nu qui al oriente del Pacífico y la Serranía del Baudu; "pediré posada" entre su gente tan llena de misterios, leyendas y riquezas, contagiada de su alegría bailaré en su Festival de Música del Pacifico Petronio Álvarez, *Chirimías*, *Para candé*, *Currulao* y uno que otro de sus bailes folclóricos; visitaré el Parque Nacional UTRIA, luego me tiraré en Playa Blanca recordando aquella canción que dice, *yo me voy pa playa blanca, la tierra mi preferida, a visitar a un amigo, que cumple un año más de vida.* Seguiré mi viaje al...

Departamento de Valle del Cauca, su ciudad Cali, al norte Risaralda, al sur Cauca, al oriente Tolima y nororiente Quindío, al Occidente, el océano Pacífico. Cantaré *bello puerto del mar mi Buena Ventura, donde se aspira siempre la brisa pura*, visitaré la Sucursal del Cielo —Cali— a ver si es cierto que Cali es valle y lo demás es loma; desfilaré en su feria montada en alguno de sus finos caballos de paso, y en la noche, bailaré de caseta en caseta, salsa interpretadas por

21

las mejores orquestas del momento hasta quedar extenuada. Al día siguiente iré al...

Departamento del Cauca, su ciudad Popayán, situada al norte con el Valle del Cauca, al sur Nariño, al suroriente con Putumayo, y al occidente con el océano Pacifico. Visitaré en Popayán, sus iglesias y casas coloniales, así como a la hacienda el Paraíso y seré testigo del romance de Efraín y María en uno de sus románticos atardeceres. Seguiré al nororiente, pasaré al...

Departamento de Huila, su ciudad Neiva, la tierra bonita, con sus verdes arrozales situado al sur del cerro del Pacande, al norte con el Tolima y Cundinamarca, al oriente con Caquetá y al occidente Cauca. Cantaré: *Con la ternura de la tierra mía que me vio nacer, canta mi alma con la dicha entera de un amanecer, y es la tierra del Huila, tierra de promisión.* Bailaré bambucos y guabinas, en el reinado del Bambuco en Neiva, sintiéndome arqueóloga visitaré el parque de San Agustín, e intentaré saber desde cuándo están aquellas estatuas de piedra, porqué y qué significan; antes de irme, revolotearé entre sus arrozales y subiré al...

Departamento de Tolima, su ciudad Ibagué, ubicado al norte con Caldas, al sur con Huila, al oriente con Cundinamarca y Meta, al occidente con Quindío y Risaralda. Asistiré al Festival Folclórico en Ibagué; gozaré en sus fiestas patronales de San Pedro en el Espinal; pegada a uno de los matachines y al son de tiples, requintos, flautas y tambores cantaré *en mi tierra todo es gloria cuando se canta un joropo cuando se canta un joropo y si es que se va a bailar el mundo parece poco,* también cuando sea vaquería en general, ayudaré a marcar los novillos, a la hacienda El Cedral aspiraré el aroma de la lechona y de sus deliciosos tamales. Ya satisfecha seguiré al oriente y entraré al...

Departamento de Cundinamarca su ciudad Bogotá, Capital de la República de Colombia; situada al norte con Boyacá, sur Huila y Tolima, oriente Casanare y Meta, occidente Caldas. Disfrutaré del variado de sus climas, entraré por Melgar, aspiraré el aroma del viudo de pescado. Seguiré a Girardot acompañare a mis hermanos "Cachacos" a pasar el río Magdalena en planchón, mientras disfrutan de esta alegre melodía; *camarón de mi vida los*

chirriquiticos, los zambullidores, que andan por debajo del agua clara.
Seguiré subiendo, pasaré por Tocaima, Biota, Las Mesitas; al llegar
al Salto de Tequendama, descansaré, no porque piense suicidarme;
admiraré su caída de agua y seguiré mi camino. Pasaré por Soacha
y llegaré a Bogotá; feliz cantaré *Agáchate el sombrerito, y por debajo
mírame, y con una miradita di lo que quieras hablarme.* Me vestiré de
ejecutiva, visitaré tus antiguas iglesias, museos, la Plaza de Bolívar, la
casa Nariño, la del Florero y tu barrio más antiguo, La Candelaria,
con calles estrechas, empinadas y empedradas. Entraré a la quinta de
Bolívar, luego subiré en teleférico a Monserrate a pagar una promesa,
me tomaré unos aguardienticos con yerbas pa'l frío; oiré misa, le
rezaré al Señor Caído, luego me deleitaré con el aroma del tamal
con chocolate, la sopa de arroz cocinada en olla de barro y en fogón
con leña. Bajaré en funicular y me dirigiré a Zipaquira, entraré a su
catedral y minas de sal, regresaré a Bogotá y, si tengo suerte, bailaré
el pasillo *La gata golosa* en un elegante salón, acompañada por mi
padre, que allí me estará esperando, en mi linda y fría ciudad que
me vio nacer. Pero, antes de seguir mi viaje, iré a Suba, mi pueblo
natal; cantaré *pueblito de mis quitas, de casas pequeñitas, por tus calles
tranquilas corrió mi juventud, por ti aprendí a querer, por la primera vez,
y nunca me enseñaste lo que es la ingratitud.* Continuaré al nororiente
donde está el...

Departamento de Boyacá, su ciudad Tunja, situada al nororiente
con Venezuela y al oriente con Arauca y Casanare, al sur con
Cundinamarca, al occidente con Antioquia. Visitaré Tunja y cantaré:
Soy boyacense de pura raza, amo a mi tierra como a mi mamá; en
Chiquinquirá, me pondré una ruana de lana virgen, hecha en un viejo
telar de casa y un jipa de paja pa que armonicen mis alpargatas. Bailaré
torbellinos, caranga y el tres, interpretados al tiple Chiquinquireño,
por don Pacho Benavides y al requinto, por don Jorge Ariza; pero
antes de la bailada, aspiraré un buen cosido boyacense, hecho con
papas chiquitas, trozos de mazorca, habas y arvejas verdes con cascara,
cúbios, chuguas, ivias, arracacha blanca, todo esto coronado con
carne cecina, cerdo y cordero —se les hizo la boca agua, ¿verdad?— y
para bajar el comilón, una totumada de chicha. Vestida de minera,
en Muzo, entraré a tus minas de esmeraldas, tan famosas y codiciadas

en el mundo; al salir revolotearé entre las cementeras de papa y maíz, jugaré con las espigas de trigo y cebada. Feliz continuaré a...

Los ocho departamentos de Llanos Orientales:

Arauca su capital Arauca, al nororiente frontera con Venezuela, al sur Casanare, al suroriente Vichada, al occidente Boyacá.

Casanare su capital Yopal, al norte Arauca, occidente Vichada, al sur Meta, al occidente Boyacá.

Meta su ciudad Villavicencio, al norte Casanare y Cundinamarca, al oriente Vichada, al suroriente Guaviare y Caquetá, al occidente Huila.

Caquetá su cuidad Florencia, al norte Meta y Guaviare, al oriente Vaupés, al sur Amazonas y Putumayo.

Estos departamentos están al nororiente, prendida de las crines de potros cerreros, chalanearé a galope tendido, como centauro que vive en el llano gritado con gran orgullo "Soy colombiano", por esos extensos llanos, cubiertos de sabanas, esteros y morichales. Después "ayudare" a los llaneros en sus faenas diarias, al medio día, "descansare" a la sombra de un chaparro; en el Caquetá, admiraré Caño Cristales, ese río que tiene los colores del arco iris, allí también ayudaré, con la recolección de arroz y el empaque de sus famosos plátanos para el mercado. Bailaré en un parrando al ritmó del arpa, el cuatro y los capachos, joropo y el seis por derecho, alegre gritaré "¡Hay camarita!", me deleitaré una vez más con el aroma de la mamona azada en chuzo e vara. En la noche ya cansada, me tiraré en una hamaca y quizá escuche la leyenda del capataz y el espanto, me arrullaré con los mugidos, relinchos y el canto del carrao así como esta canción: *luna roja que clareando va en el llano, se ve roja por arden los pajonales*; así soñare en tus noches bellas noches Araucanas. Me despertaré con tu amanecer pujante, matizado con los trinos de las guacharacas, el cargaban, la pava negra y la garza llanera; así como el brío de tu gente, el olor del café recién colao y del plátano asado, cantaré *Casanare tierra mía hoy te canto de contento*, continuare mi viaje, al...

Vichada, su cuidad Puerto Carreño, frontera con Venezuela al nororiente, al sur con Guaina, al nororiente con Casanare, al occidente con Meta. Cabalgaré por las cuarenta y seis reservaciones de los aborígenes que allá habitan y que son descendientes de las tribus Guahibo y Arawak, les ayudaré a arriar el ganado, con la pesca y en su selva a la recolección de la fibra de la palma Chiquichiqui, que sirve para hacer caucho" pasaré" al...

Guaviare, su ciudad San José del Guaviare, ubicado, al norte con el Meta y Vichada, al oriente con Guaina, suroriente Vaupés y al occidente con Caquetá y Meta. Caminaré con sus nómadas aborígenes, los Nukak Maku, e iré de pesca al río Orinoco y me adentraré con los cazadores en su selva a probar suerte, usando ellos cerbatanas, arco y flechas envenenadas; después ayudaré en la recolección de frutas silvestres, el producto de la caza y pesca así como las frutas, los Nukak Maku lo usan como trueque, para obtener los productos de sus vecinas y así ellos poder sobrevivir; quizás pueda escucharles la leyenda *El Compadre Bototo,* el árbol que cura a los niños enfermos, en el cual las madres cuelgan ropa de sus niños enfermos para que ellos se curen.

Ahora iré a otro de los departamentos olvidados al suroriente, frontera con Venezuela y Brasil esta...

Guainía, su ciudad Inírida, situada al norte con Vichada, al sur con Brasil, al oriente frontera con Venezuela, al occidente con Guaviare y Vaupés. Visitaré el parque Nacional Puinawai, escucharé el canto del Tucán y extasiada conoceré la bella y exótica flor Inírida, aquella que cambia de color y forma durante el año. Seguiré bajando, al suroriente frontera con Brasil esta...

Vaupés, su ciudad Mitú, al noroccidente limita con Guaviare, nororiente con Guainía, al suroriente con Brasil, al occidente con Guaviare y Caquetá. Habitado por las tribus aborígenes los Cubeos, Desamos, Tukano y Guananos; me adentraré en su selva y ayudaré en la tala de árboles y la pesca, iré con ellos al lugar que les sirve de puerto de exportación con Brasil; luego, dejando los llanos, volaré sobre la serranía Chuiribiteque, la tierra olvidada y un paraíso para el mundo, más grande que el...

Departamento de Amazonas, su ciudad Leticia, situado al noroccidente con Caquetá y al nororiente con Vaupés, también tiene frontera al suroriente con Brasil y al suroccidente con Perú, al occidente con Putumayo. El Amazonas, conocido como el *pulmón del mundo*, el baúl donde nuestra flora guarda las más variadas plantas medicinales. En Leticia disfrutaré del licor de chuchuguaza, y un buen caldo e Cucha.

Me adentraré en su impenetrable selva, a conocer su flora y en la piragua de Guillermo Cubillos con sus doce bogas con la piel color majagua; navegaré, por el rio Amazonas y conoceré su fauna fluvial, las más variada del mundo; luego, visitaré la tribu de los cazadores de cabezas y me quedaré algún tiempo, ya que no correré ningún riesgo y quizás aprenda el secreto de cómo reducir las cabezas y el proceso del veneno curare. Seguiré al...

Departamento de Putumayo, su cuidad Mocoa, situado al sur del Caquetá, al norte con el Cauca, al sur con Perú y Ecuador, oriente con Caquetá y Amazonas, al occidente con Nariño. Este departamento fue azotado entre los siglos XIX hasta comienzos del siglo XX por la fiebre del caucho. La Casa Arana, esclavizó y exterminó a miles de sus nativos, sin embargo, hoy es reconocido como un departamento. Su río Putumayo es el rey de la región, se defiende con su ganadería, la actividad porcina, la explotación del petróleo y su agricultura, al igual con sus artesanías. Visitaré el Parque Nacional Natural La Playa y serranías de los Churumbelos Auka Wasi, también sus reservaciones indígenas de Afilador, Santa Rosa del Guames, Santa Rosa de Sucumbíos y Yarimal San Marcelino. Ya casi terminado mi viaje seguiré al occidente, conoceré el...

Departamento de Nariño, su ciudad San Juan de Pasto, limita al norte con Cauca, al sur con Ecuador, al oriente con Putumayo y al occidente con el océano Pacífico. Iré a su capital, Pasto, me divertiré en su carnaval de negros y blancos, bailaré currulao, contradanza y cantaré *molinerita querida todo el oro es para ti, tierra, tierra, de amor Chanbu, donde vive el Nariñez*. Entraré a la iglesia de Las Lajas, le daré gracias a Dios por mi viaje no interrumpido, luego subiré al macizo que forman las tres cordilleras: La Occidental que corre, cerca de la costa del Pacifico, La Central, la más volcánica y corta tachonada con los volcanes Chiles, Azufrar, Cumbal, Sotara y Purace, así como con los nevados El Huila, Ruiz, Santa Isabel y el páramo de las Papas; La Oriental la más larga de todas, corre del páramo de Las Papas hasta La Guajira, allá en ese macizo, habita el Cóndor, ave insignia en el

Escudo Nacional de Colombia. Me acurrucaré entre las plumas de alguno de ellos y me dejaré llevar muy alto sobre las tres cordilleras, desde donde podré admirar tus volcanes, nevados, paramos y ríos, así como el diferente verdor de tus valles. Mientras, mis cenizas se irán esparciendo a los cuatro vientos; con ellas y los vientos, mi alma irá tejiendo un manto sutil, ribeteado con color violeta y tachonado, con rubíes y perlas negras: el color violeta significa, nostalgia y lealtad por mis raíces, los rubíes, los besos que no pude darte, patria mía, en estos últimos años, pero que los guardé para ti; las perlas negras son mis lágrimas, mescla de rabia y tristeza, también de mucha nostalgia al oír tu música, por haberte dejado y que han rodado tantas veces por mis mejillas al escuchar cómo los medios de comunicación te destrozaban y yo sin poder remediar tu dolor.

Ya terminado el manto y mi recorrido, te cubriré con él, después de estrecharte con ansiedad y que tú lo hagas con ternura, así me quedaré dormida en tu regazo ¡Colombia madre mía!

Estos parágrafos fueron originalmente escritos aproximadamente en el año 1989 bajo el título *Mi último deseo*, pero desafortunadamente se extraviaron. Ahora, después de todos estos años que veo que mi tiempo se acaba, que siento la lápida pegada a mi espalda y que alisto mi maleta para mi viaje final; este deseo lo dejé libre, pues es tan grande que no "cupió", así como mi imaginación, para que volara con el viento recorriendo nuestro terruño colombiano.

Gracias por su compañía después de este viajecito, espero que los haya hecho sentir mejor.

Colombia como te quiero, hubiera querido morir en ti, e impregnar mis cenizas en tu suelo, bajo un frondoso árbol, soñar que escucharé el sonido alegre del agua al pasar junto a mi tumba.

Con mucho amor y respeto te añoro, ¡Colombia patria mía!

Orgullosamente colombiana.

26 de enero de 2014.

Capítulo
Segundo

¡Orgullosa de ser colombiana!

La Colombia de la cual me siento orgullosa de ser parte; no es la Colombia tristemente conocida alrededor del mundo. Por favor, siga leyendo, discúlpeme si los he confundido, no fue esa mi intención, solo deseo aclarar como siento que realmente es mi país.

Desearía tener el talento y conocimiento del gran escritor colombiano Gabriel García Márquez, para describirles la Colombia de la cual me siento orgullosa.

Yo quiero a mi país porque se parece a mi madre; es honesto, amable, trabajador, amigable y sencillo. Ahora, ustedes y yo vamos a suponer que Colombia es una mujer, ella es fértil en el campo, en la costa alegre como la cumbia, en las ciudades, refinada, bien vestida, hablando el mejor español (el castellano). Colombia fue nombrada La Antena Suramericana por la Academia de la Lengua Española.

Colombia fue conocida por su heroica historia y sus grandes héroes, así como también, por sus leyendas tales como "El Dorado", la cual atrajo a numerosos aventureros de diferentes países. En Colombia se encuentran las más hermosas esmeraldas del mundo, y así como estas preciosas piedras, también tenemos hermosos caballos de paso, rosas y orquídeas, las cuales son exportadas para diferentes partes del mundo.

Colombia está geográficamente localizada en la esquina noroccidental de Suramérica. Este estratégico lugar le da el privilegio de poseer dos océanos, el Atlántico y el Pacífico. Además de tener todos los climas a un mismo tiempo, estos son posibles todo el año, también tiene extensos llanos con lindos paisajes y majestuosas montañas coronadas de nieve perpetua, ríos y selvas, tierras fértiles donde el mejor café del mundo es cultivado. Si algún día usted llega a ir allá, podrá disfrutar de cualquier estación en cualquier época del año, así como de la gran variedad de música y comidas típicas.

Yo siento pesar por aquellas personas que ofenden a mi país con su indignante comportamiento, porque ellas son las responsables de que Colombia sea tristemente famosa. Espero que algún día Colombia pueda encontrar "su lugar" otra vez en el mundo y así, reivindicada y orgullosa, pueda rescatar su propio respeto y el de los demás.

Mi sueño es ver a Colombia erguida como la Estatua de la Libertad, llevando sobre sus sienes una corona de oro puro, ornamentada con esmeraldas y ofreciéndole al mundo, una tasa de nuestro aromático café.

Deseo despedirme, con un pequeño trozó de una canción que debería ser nuestro segundo himno. ¡Ay, que orgulloso me siento de ser un buen colombiano!

Yo soy Colombia

Yo soy Colombia que llora, y llora porque algunos de mis hijos me han desprestigiado con sus malas acciones. Yo soy Colombia, indignada, por la vejación de que soy víctima por parte de extraños y, lo que es peor, por parte de mis propios hijos los cuales se avergüenzan de mí, negando como Judas que son mis hijos, cuando alguien les pregunta de qué país son.

¡Yo soy Colombia que reclama! A esos hijos que son mi vejación y desprestigio, y que, además, se avergüenzan de mí. Recuerden que no es de Colombia su patria, de quien renegar, sino de sus propias malas acciones, las cuales me han colocado en el lugar donde me encuentro ahora, el escarnio total. ¡Yo soy Colombia que implora!, un poco de piedad por parte de quienes me juzgan y condenan tan drásticamente, sin ni siquiera conocerme.

Yo soy Colombia, orgullosa de tener el privilegio de ser la única en poseer dos océanos, de tener todos los climas a un mismo tiempo durante todo el año, orgullosa de mi historia y sus héroes; de mis escritores, mi folklor, mis lindos paisajes, mi idioma el castellano, mi achampado a la antigua estilo de vida; orgullosa de mi aromático café, ¡el mejor del mundo!, y no por ser precisamente cultivado en lo alto de las montañas; también orgullosa de mis hermosas esmeraldas, mis finos caballos de paso y de tantas cosas más; así como de aquellos hijos que me quieren y respetan; que viviendo en un país extraño enseñan con sus buenas costumbres y buenos modales mi verdadera cara, además, ellos no me niegan ni se avergüenzan de mí, por el contrario se sienten ¡orgullosamente colombianos!

1988.

Hora de Reflexionar

Hermanos colombianos, una vez más deseo llegar hasta ustedes con mi mensaje; me he dado cuenta durante los doce años que tengo viviendo en este país y viniendo a participar de nuestro festival, que desafortunadamente la mayoría de ustedes solo asisten, pero no participan en el festival colombiano, ¿por qué? Nuestro festival es solo una vez al año.

¿Qué les pasa? ¿Acaso para nosotros los colombianos no es, y debería ser, el acontecimiento más importante del año? ¿O acaso solo venimos a mirar que trajo este año de nuevo el "circo"? Digo esto por cosas que han pasado y por comentarios que he oído de lindas niñas colombianas, que cuando las "hacen vestir" algún lindo traje típico, se sienten ridículas. También he observado que en los últimos años solo quedamos unos pocos viejos luchando por conservar nuestro folklor, nuestro *beautiful Spanish* como llaman los gringos a nuestro idioma castellano, nuestras buenas costumbres como son "buenos días" y otras "cursilerías" más.

Me pregunto, ¿qué será de todo lo nuestro cuando estos viejos ya no existamos? ¿quedará olvidado nuestro colombianismo? Perdonen si este no es el calificativo apropiado, ¿así como quedó macondo, el de cien años de soledad, después de la opulencia de las bananeras?

Hay tantas preguntas que debemos considerar, ¿por qué ya no hay un grupo de baile folklórico en nuestro festival? ¿Ya a nuestros jóvenes no les interesan nuestros bailes típicos? ¿Por qué nadie, ni los mismos organizadores, se preocupan por hacerle la "propaganda" adecuada al festival? ¿Por qué vetaron a Lisandro Meza en un *Night Club* colombiano? ¿Por qué en dichos lugares no se escuchan pasillos, porros, vallenatos, galerones u otros de nuestros ritmos? ¿Qué pasa? ¿Nos avergonzamos de nuestra linda, alegre y variada música que tanto a los extranjeros les gusta? ¿Desde cuándo Colombia solo tiene para exportar salsa pesada, socka, y esos otros ritmos extraños que oímos en nuestros *nights clubs*?

Ya es hora de que reflexionemos porque estamos aquí, tan lejos de nuestra linda Colombia. ¿Nos equivocamos como aquellos conquistadores ávidos de riquezas en busca de "El Dorado", de la fuente de la juventud o del paraíso perdido? No permitamos que el monstruo de la distancia y la mezcla de tantas costumbres nos roben las nuestras, así como en tiempos del descubrimiento aquellos que nos "descubrieron", destrozaron nuestros templos, las tumbas de nuestros antepasados, nuestra cultura y se adueñaron de muchas de nuestras riquezas. Luchemos por mantener indisoluble nuestro pasado precolombino y nuestras raíces. ¿Cómo? Inculcándoles a nuestros hijos y nietos desde pequeños nuestras buenas costumbres, a vivir si es preciso pobres, pero con dignidad, como el coronel que no tiene quien le escriba de la obra de García Márquez, enseñándoles el amor por nuestra lejana patria, y el orgullo de haber nacido o tener raíces allá. "Obligarlos", si es preciso, que hablen nuestro castellano, que vistan con dignidad y orgullo cualquier traje típico, que aprendan a escuchar la linda letra de nuestras canciones, a sentir la cadencia de nuestra música, darles a conocer un tiple, un requinto, el romanticismo de nuestros bambucos, la alegría y elegancia de un pasillo, la gracia de un galerón, la ingenuidad de un torbellino, o guabina. Creo que, si todos ponemos de nuestra parte, en los años venideros nos reuniremos todos a participar de nuestro festival de "cuerpo entero", vistiendo nuestros trajes domingueros, acompañados de nuestros hijos y nietos que, al igual que nosotros, llenos de patriotismo cantaremos ¡Oh gloria inmarcesible, oh júbilo inmortal!

Pájaro azul

¡Colombia, madre mía! Hoy me siento como aquel hijo pródigo, que un día por azares del destino te abandonó; en aquel entonces yo era aún muy joven, y no sabía apreciar lo que te tenía y lo que estaba perdiendo. Para mí, dejarte y abandonar todo lo que me dabas no significaba nada; solo contaba la aventura de viajar hacia aquel país "encantado", nunca me pregunté por qué te dejamos.

Al llegar al país, quedé deslumbrado por las luces de colores que anunciaban tantas cosas fantásticas, que cubrían casi todo con sus destellos y no me permitieron ver las cosas como realmente eran. En medio de esas "maravillas" imaginarías transcurrió parte de mi juventud, "disfrutando" al máximo y sintiéndome que no me cambiaba por nadie.

El tiempo pasó, con ellos mis años locos, y empecé a ver sin deslumbramiento lo que este país "encantado" ofrecía, mucho de dónde escoger, y fácil de obtener, por esto tan difícil de saber cuál fuera lo correcto. Nuevas costumbres, culturas, idioma, de pronto me sentí perdido; al recordar, añoraba, muestra cultura, buenas maneras para convivir con los demás.

Comencé a experimentar una curiosidad y una pregunta llegó a mis labios, ¿por qué te dejamos, madre mía? Pregunté acerca de ti y luego de escuchar sobre tus climas, tus bellezas naturales, tu variado folklor y tantas otras cosas que se encuentran en ti, me fue difícil entender, el porqué de nuestro abandono.

Hablando con mis padres un día, me contaron la fábula del "Pájaro azul", aquel de exuberante plumaje, matizado con varios azules y quien lo poseyera tendría siempre alegría, riquezas y mil cosas más. Mis padres creyeron en la leyenda al igual que tantos otros paisanos y salieron a buscar aquel pájaro azul.

El tiempo inexorable seguía su marcha, mi curiosidad se fue volviendo añoranza y ansiedad de volver a verte madre mía. Dios me permitió regresar, después de diez años de ausencia; cuando divisé tu lindo cielo y puse mis pies nuevamente en mi tierra, lloré de alegría; ese amor por ti que estaba dormido, despertó con fuerza al sentir el calor de tu presencia y de ese amor que toda madre brinda a sus hijos sin importarle su comportamiento. Tú, como buena madre, solo sientes que son tus hijos quienes te buscan de nuevo, comprensiva y amorosa abres tus brazos para darnos la bienvenida.

Así pude disfrutar una vez más, de tu amor maternal, admiré como nunca antes tu belleza, disfruté tu música, en especial los Vallenatos y pasajes, que como centauro viene gritando "Soy colombiano", así como la cordialidad de nuestra linda gente, lo sabroso de nuestra comida y tantas otras cosas más que solo en ti podemos encontrar.

Después de un corto tiempo de estar contigo, pude darme cuenta de que mis padres se habían equivocado al pensar que aquel anhelado Pájaro Azul se encontraba al norte; yo lo hallé en el azul de tu cielo siempre limpio, en el azul de tus océanos, así como también en el azul de tus lejanos cerros.

Mi alegría fue efímera, duró tan poco, cuando tuve que dejarte nuevamente, me resistía a esa dolorosa realidad, te confieso madre mía que esta vez mis lágrimas fueron las más amargas que yo haya derramado, sentí como mi corazón se desgarraba al alejarme de ti.

Ahora de nuevo, lejos de ti, sigo amándote, más que antes y te prometo madre mía que no voy a olvidarte, que regresaré cada vez que pueda, te honraré dando buen ejemplo como hijo tuyo y ahora más que nunca, sintiéndome orgulloso de haber nacido en mi patria ¡Colombia!

Nota: Este escrito fue la experiencia de mi hijo menor al regresar a Colombia por primera vez después de diez años de ausencia. 03–1989.

Desilusión, dolor y vergüenza

Hermanos y amigos colombianos, este año, como en los anteriores, estoy aquí presente; estuve tratando de encontrar las palabras apropiadas con las cuales pudiese expresar toda esta confusión de sentimientos. Este es el repertorio que yo tenía para este año con una mezcla de chisme, crítica, sarcasmo que es el veneno que le da el gusto a mi estilo, el cual considero muy colombiano: recordarles una vez más La Carroza de las Flores, nuestro consulado sin cónsul y un vicecónsul que, a pesar de su política, según el "de puertas abiertas, pero de teléfonos sordos" no tiene tiempo de asistir a la única celebración en el año, donde los colombianos que aún nos sentimos de "allá', nos reunimos alrededor de nuestra linda bandera a cantar nuestro Himno. ¿Qué puede ser más importante para un vicecónsul que la celebración de la Independencia de su patria?

¡El año pasado el "capitán" Echeverría recibió un homenaje! ¿Por qué? ¿Quizá porque volara más barato o porque es quien genera la mayor fuente de empleo para sus paisanos, colombianos? ¿Por qué casi siempre, nuestros boxeadores colombianos vienen a servir de "sacos de arena" solo a recibir golpes? Tal parece que a sus "garroteros"... ups perdón, a sus empresarios lo único que les interesa es el dinero que les queda en sus bolsillos y no la preparación, descanso y bienestar de sus "pupilos".

Felicitaciones al periódico *El Colombiano* por ponerse de "pantalones largos" a nuestro presidente, el señor Gaviria, por el honroso nombramiento que le permite pertenecer a la ONU y representar así a la comunidad latinoamericana, a nuestra Miss Colombia por su desempeño durante el certamen de Miss Universo y por sus declaraciones a los medios de comunicación.

¿Mas a quién hoy día le importa todo esto?... ahora solo sentimos desilusión, dolor y vergüenza por todo lo que nos ha pasado en solo unas pocas semanas. Junio del 94 quedó grabado con fuego en nuestra carne viva: perdimos la oportunidad, no de llegar a ser campeones y llevarnos la codiciada copa del Mundial, ¡no!, sino, la gran oportunidad de aprovechar la enorme "ventana" abierta al mundo entero para mostrar lo bueno, verdadero y lindo que tiene nuestra patria Colombia.. Hoy celebramos nuestra independencia, ¿verdad? Yo me pregunto: ¿independencia de qué?, ¿o de quién?, si seguimos encadenados a la ignorante arrogancia que nos hizo sentir infalibles y cuando comenzábamos a "brillar" con luz propia la "embarramos", ¿qué nos pasó? Nos emborrachamos y no precisamente con aguardiente, sino con esa mezcla de triunfo y soberbia por los primeros logros alcanzados, en vez de esperarnos a celebrar, teniendo el premio entre las manos. ¿Por qué cometimos el pecado de taparnos con la misma cobija petulante y fatua que caracteriza a nuestros tangoooooleados hermanos?... ¡Qué vaina!

Colombia ha sido conocida por, entre otras cosas, su café, el más suave del mundo, sus codiciadas esmeraldas, el variado de sus climas, paisajes, flores, comida, folklor, su lindo *Spanish* y muchas más; no por el fútbol soccer, entonces, ¿por qué tanto achante?

El día 22 estaba destinado para Colombia, en Rodeo Dr. Dayton way, lugar que la Cámara de Comercio ofreció en Beverly Hills con el nombre de "Beverly Hills Salute the World", un pequeño salón para que todos los países participantes en el mundial tuvieran por un día su vitrina de exhibición. Al saberlo me alegré, y fui buscando consuelo para calmar mi tristeza; me imaginé el despliegue de colombianos exhibiendo nuestras artesanías, agencias de viajes ofreciendo información para viajar a Colombia, haciendo despliegue de fotos turísticas, a los grupos folklóricos Aires de mi Tierra, poniendo su sabor costeño, como lo hicieron en el partido entre Colombia y Corea, así como a Fanfarias Colombianas mostrando al mundo algunos de nuestro bailes típicos, pero no había nada...

Mi tristeza aumentó cuando vi que el salón estaba vacío, solo un letrero que decía "Junio 22, Colombia Yari More y su orquesta, 2:00 p. m. – 4:00 p. m.". Esto era todo. Desconcertada me pregunté, ¿dónde está el "roscón", digo, el Circulo Cultural colombiano? ¿Qué tampoco aprovecho la gran oportunidad? Y pa más rabia, ni el Yari More se presentó ese día, no tuvo Colombia quien diera la cara por ella. Yo estaba sola allí vistiendo mi traje típico, me sentí huérfana; tragándome las lágrimas de rabia y desconsuelo y no precisamente por el mentao fútbol. Regresé a casa a ver el partido del día, ¡que partida de sentimientos y con autogol y todo! Mala suerte, nuestros jugadores parecían robots manipulados desde afuera, ya en el último partido del mundial ganaron, como dijo el bobo: ¡ya pa que!

Colombianos en el Mundial del 94

Resumen: empezamos el Mundial con mucha alegría, orgullo y demasiada vanidad; esta última quizá fue la que nos "fregó" con J grande; llegamos al estadio como una familia, papá, nuestro honor, mamá nuestra dignidad, el hijo mayor, nuestro orgullo, la hija intermedia, nuestra alegría y la "cuba", la más consentida, ¡nuestra vanidad! En el primer partido, nos hirieron de muerte nuestra alegría e insultaron nuestro orgullo y vanidad, perdimos, "subimos como palmas, bajamos como cocos"; tratamos de recuperarnos para el segundo partido confiando que esta vez ganaríamos, hubiera sido posible si nuestros jugadores le pusieran "berraquera" a todas las jugadas, más parece ser que la "B" la dejaron en Colombia y solo trajeron "era". Durante el juego fue como estar crucificados, mientras la muchedumbre se mofaba gritando: "Ese equipo es como la Cumbia; no tiene cuerpo ni tiene corazón"; yo agregaría que todo el equipo fue como el esqueleto de la adivinanza que pregunta, "¿por qué un esqueleto no puede cruzar la calle?" La respuesta: porque no tiene *"guts"* y esto fue lo que le falto a nuestro equipo, "huevos".

Luego, el infortunado autogol, mala suerte, mientras nuestra alegría agonizaba, a nuestro orgullo le patearon los testi...monios de grandeza. A nuestra vanidad la violaron de la manera más cruel y luego la arrastraron por el campo de juego, para finalmente, ya en pedazos, dejarla tirada, junto a nuestra bandera en las afueras del estadio. Por última vez, unos pocos paisanos acompañaron a nuestro equipo que parecía no darse cuenta de la tragedia que los colombianos estábamos viviendo, ¡o quizá sí! Por esto esa vez ganaron, ¡ya pa que!, ese triunfo fue para nosotros como un Mejoral para el dolor de cabeza a un decapitado, sin embargo, alegrémonos de que no nos "orinaron los perros y de que las vacas no vuelan", o nos hubiera tocado usar sombrilla durante el Mundial.

En fin, nada de lo que pasó en estos días justificó la falta de respeto por parte de nosotros mismos, al abandonar y quemar nuestra gloriosa Bandera. ¿Cómo vamos a esperar que extraños nos respeten? Y para cerrar con "broche de oro", asesinan al jugador Escobar, solo porque le toco ser el "chivo expiatorio", que dolor, ¿por qué actuar como Caín, matando a nuestro hermano? Desde Colombia, Pastrana grita a vos en cuello, "que al señor Samper, nuestro presidente electo, la Mafia le financió su campaña, ¡qué vergüenza! ¡Qué dirá nuevamente el mundo! ¿Hasta cuándo nos perseguirá la mala fama? Si somos nosotros mismos quienes la creamos. Si fuéramos avestruces, podríamos esconder la cabeza en tierra, pero como somos colombianos, nos es difícil bajarla. Ahora todos juntos tenemos la obligación de hacer méritos con la ayuda de nuestros padres: orgullo y dignidad; y de nuestros hermanos ya recuperados del Mundial, todos como una familia a trabajar juntos, con disciplina, entusiasmo y enseñar a nuestra juventud a independizarse de las malas compañías, malas influencias y bajos instintos; a superarse con integridad y amor propio, a saber perder, para que en el futuro logren todo lo que se propongan, para lograr en un tiempo no lejano ser campeones del Mundial.

Perdimos una batalla, no la guerra, enmendemos errores, y como decía mi taita, si lo tiraba el caballo, "no hay que aflojar, apretar la sincha y volver a montar". Antes de despedirme, deseo de todo corazón dar las gracias a nuestros hermanos mexicanos, centroamericanos y todos aquellos latinos que nos "enjugaron las lágrimas" y nos apoyaron con lo del fútbol. También felicitar a los narradores de Caracol y a los pocos colombianos que no bajaron la bandera, y a los vestidos de paisas, pues ellos no dejaron que se desvaneciera nuestro nombre en el Mundial. También deseo darles mi más sentido pésame a nuestros hermanos de más pa bajo, ¡que, por escupir tan alto, les cayó en la cara!

Bueno, ¡a levantar ese ánimo! Y disfrutar de este día con nuestra acostumbrada alegría, ¡como buenos colombianos!

¡Qué viva Colombia!

Julio de 1994.

Otro año

Saludos, hermanos colombianos y amigos de nosotros; otro año, uno más para los jóvenes y uno menos para nosotros los viejos, pero en fin, hoy celebramos una vez más el poder estar reunidos como una gran familia con el pretexto de nuestra Independencia, y digo pretexto porque si realmente la celebráramos, el primero en encabezar la ceremonia debería ser el señor cónsul, el cual ha *brillado* en los últimos años por su ausencia. Ojalá este año tengamos el gusto de conocer al nuevo cónsul de Colombia y ojalá también él supiera de mi "cantaleta" de años atrás y tuviera "eco" en su conciencia, de esta forma sería tan fácil hacer realidad la carroza de las flores para el primero de enero. Colombia podría lucir todo el esplendor de sus flores, la maestría de sus artistas y la buena voluntad de sus hijos en el extranjero, así como lo han mostrado algunos países latinos últimamente. ¿Por qué no tenemos la misma tenacidad para mostrar lo lindo de nuestra patria Colombia, al igual de quienes se empeñan en desacreditarnos de la manera más cruel, valiéndose de cualquier "pequita" para volverla una mancha indeleble?, ¿por qué lo hacen? Quizás porque Colombia no tiene en sus hijos los defensores que debería tener, los cuales, al primer indicio de ofensa o desprestigio, "saltaran" dispuestos a lo que fuera con tal de defender a su madre patria, en vez de hacerse cómplices con su silencio.

En este día deberíamos de guardar un minuto de silencio por nuestros hermanos que ya no están aquí en Los Ángeles, tales como el Capitán Echeverría, "Jimmy" el boxeador que murió en Las Vegas y nuestros compositores en Colombia que Dios los tenga en su gloria. También sentirnos "más mejor" por las noticias sobre el narcotráfico, pues ahora ya salió "el peine" y pudimos saber de algunos responsables de este flagelo que no son precisamente colombianos, como siempre dicen "a la bulla de los cocos"; además, nuestro gobierno ha demostrado que se tiene bien ganada la "ayuda" para combatir la droga. Hay que reconocer que no todas las noticias referentes a Colombia son sobre los narcos, o acerca de nuestros futbolistas que siguen haciéndose los "pendejos", y por una u otra razón no "pueden" o no "quieren" mostrar que Colombia tiene un buen fútbol, dando así pie para que se crea, desde el año pasado, que nuestro fútbol es solo especulación periodística.

Pasando a otro tema, demos gracias a las personas responsables de que al fin pudieramos disfrutar de telenovelas colombianas completas, *Escalona* y *Café con aroma de mujer*, esta última tan "completa" de paisajes e información sobre nuestro café, dichos y refranes casi olvidados por nosotros los viejos, y desconocidos por los jóvenes.

Como les quedaría el ojo a quienes vieron y escucharon a nuestro futuro presidente, que actualmente tiene 11 años y sabe tanto de leyes como un gobernador y se desenvuelve como un político experto, de seguir así, Colombia cuenta en el futuro con alguien que la va a reivindicar, ojalá el tiempo y los amigos no hagan que el "chino" cambie. O a quienes vieron jugar fútbol a hombres ciegos que, aunque no ven como juegan, hacen gala de buenos deportistas; lo mismo hace nuestro ciclista el "corroncho", quien compite en desventaja por faltarle una pierna, pero que le sobra valor y berraquera cuando está sobre la "cicla". ¿No habría una organización o alguien que la formara para que por este medio se pudiera ayudar a estos hermanos "fuera de serie"? Ahí les dejo esa inquietud y como en años anteriores los invito a gozar "sanamente", con unos cuantos aguardientes entre pecho y espalda, si nos los permiten, y aprovechar nuestra música, recuerden que esto es solo una vez al año así que felicidades colombianos y amigos.

Acróstico:
Cielo azul con
Olor a flores y frutas frescas;
Linda y radiante como ninguna;
Orquídea de exportación.
Majestuosa,
Bella e
Imponente,
¡Amorosa!

20 de julio: Independencia

Hoy celebramos 204 años de nuestra independencia. ¿Independencia de quién o de qué? Si o'ra tamos más jodidos qui antes, pus' primero sabíamos que solo esus "bellacos" españoles eran quienes no tenían la pata en el "pis cuezo", pero ora ya ni se sabe quenes son los "quinos" esclavizan. El gobierno con sus malversaciones del dinero del pueblo, con su palabrería "barata' en tiempo de las elecciones, ofreciendo escuelas donde no hay niños y puentes donde no hay ni siquera agüita, haciéndose los de la oreja "mocha" cuando nuestros campesinos son desapropiados de sus tierritas, sus hijos arrancados de sus hogares por los guerrilleros y solo cuando alguien importante es secuestrado "hacen" bulla. Ya qui ellos muestran que "tenen" poder pa hacer lo qui les dé su real gana: despropiar a nuestros campesinos de sus tierritas, con alevosía y premeditación, extorsionar a los negociantes minoritarios pus con quenes tienen dinero y poder, ellos nadie los "jode". Ayer "jogy" en las noticias por Caracol que las "negociaciones" en Cubita la bella no "adelanta" pu's los guerrilleros no "queren" paz sino un nuevo gobierno. Seguimos "jodidos, no creyen" sus mercedes ¿cómo "quen dice, limosna con escopeta?" y nosotros sin pueder hacer nada ¿"u" hay algo qui podamos hacer al respecto? Ojalá alguien tuviera la respuesta acertada para esta situación qui esta "dandu" pie, pa qui en río reguelto, ganancia de pescadores, y de pronto al más "pendejo le toca el pez más grande".

Tal parece que los negociadores de la paz, se copiaroun di aquil hacendau que tenía cuatro gozques: cual, ese, yo no sé, se parece; y una gosca, llamada culpa, pu's cuandu alguien priegunta, quen jue el risposable de esa matanza, los guerrilleros respoinden: "Cual"; y si mencionan uno del guviernu, respoinden "Ese", al prieguntales dondi está su guarida, la rispuesta "Yo no sé", tenemus la joto di su jefe, dicen los del gobierno, "Se parece" y cuandu les prieguntan di quen es la "Culpa" intonsis, ellos dicen la "Culpa no es mia", esa gosca es di otro.

Pasando a otro tema, ¿qué pasa con nuestro cónsul el señor Carlos Celis Gutiérrez, que no ordenó algún programa para nuestra independencia, como años atrás lo hacían los otros cónsules? "Aunqui juera" una misa por la Paz con izada de bandera y nuestro Himno Nacional, pa qui como dicen los "letreros" en la página del consulado "Ser colombiano es llenarse de orgullo, celebra ser colombiano" "¿pero comu? Ni siquera temus un lugar pa levantar nuestra bandera y cantar nuestru himno, estu es lo qui a yo me "embejuca y estu es lo qui a yo me aflige", no tener "quen de la cara" por los colombianos pu aquí. Comu cuando "esistia" el verdadero Festival Paisa, hecho por el señor Dukardo Hinestrosa; allá el cónsul de turno se hacía presente, se izaba la bandera y todos cantábamos nuestro Himno. Sería "retegonito" que el consulado trajera por medio de la "rama cultural" artistas y artesanos, pa qui otros países, conozcan un poco más de nuestra cultura colombiana, ansina comu lu hace ese siñor colombiano pu allá, en Nueva York, trayendo a los auténticos silleteros paisas. Tal parece que él sí se siente como muchos de nosotros ¡Orgulloso de ser colombiano!

Una vez más, ¡no "creigan" qui mi gusta el chisme no! ¡Soy muy comunicativa! ¡Chao!

20 de Julio de 2014.

Ligia Chiriví Giraldo.

Angustia e impotencia

¡Colombia mi patria querida! Hoy al verte desprestigiada, humillada y flagelada por propios y extraños, que mientras tú te desangras, ellos se reparten tus vestiduras y sacan el mejor provecho de tu sangre, estoy estupefacta ante tanto dolor, vergüenza, sufrimiento y no puedo contener mis lágrimas. Lágrimas de angustia e impotencia.

Angustia por tanta infamia y difamación en tu contra, e impotencia al no poder remediar tu dolor ni siquiera un poquito; y me pregunto, ¿por qué te han crucificado? Quizá porque fuiste demasiado benévola al darnos tantos privilegios para que fuéramos los únicos que disfrutáramos de tener dos océanos, el variado de tus climas y de tu vegetación, la belleza y colorido de tus flores y paisajes, la alegría y cadencia de tu música, así como el mejor café del mundo y las más preciosas y codiciadas esmeraldas; también nos diste señorío, honor y dignidad para que viviéramos libremente. Y no conforme con todo esto nos "encimaste" una de las más variadas alacenas para que nos regodeáramos con las diferentes clases de alimentos que tu generosa tierra nos ofrece, así como también, tus mares y ríos.

¿Y cómo hemos pagado tu amor y benevolencia? Hiriéndote donde más te duele, en tu honor y prestigio, mancillando tu nombre bendito y olvidándonos de todo lo que nos diste y enseñaste.

Resulta que ahora nadie de quien comió en tu mesa y gozó de tu hospitalidad te recuerda, ni te nombra, y si lo hace es con desprecio y burla; mas no desmayes madre mía, te prometo que aunque yo sea solo un granito de arena en el desierto, un grito ahogado entre la multitud o una gota de agua golpeando la roca de la indiferencia, no me daré por vencida y, mientras tenga vida, seguiré insistiendo hasta que tus hijos, mis hermanos reaccionen y te bajen de esa cruz donde te encuentras y así, entre todos, restañaremos tus heridas y restauraremos tus vestiduras, para que una vez más puedas erguirte orgullosa y mostrarle al mundo que te ha despreciado que a pesar de todo tú sigues siendo única y privilegiada, y que jamás serás vencida, Colombia madre mía.

¡Porque sí... Porque no!

Hermanos colombianos, hoy quiero empezar mi mensaje haciendo un recordatorio de mis escritos.

Primero, *Orgullosa de ser colombiana*, inspirado en la mala fama que teníamos los colombianos, en aquella escuela donde yo aprendía mis primeras letras en inglés; por esto mi escrito en *English-Spanish*.

En *Yo soy colombiana*, me puse en el lugar de nuestra madre patria cuando oí cosas como "¿Colombia? da pena decir que soy de allá", olvidándose del amor y respeto hacia la madre que nos parió, nos amamantó y crio. Entonces estudiaba en un *College* aprendiendo mi carrera, por esto también está en bilingüe. Impotencia por la misma razón.

Mi último deseo, que es mi testamento, *Hora de reflexionar* y *Pájaro azul*. Se preguntarán el porqué de este último recordatorio. Bien, no sé si el año que viene Dios me dará la licencia de estar otra vez con ustedes como es mi deseo. Para mí, nuestro festival es lo más importante del año, pues, aunque sea por unas pocas horas, vivimos como hermanos, y como una gran familia compartimos nuestra comida, música, alegría, inquietudes y puntos de vista sin el temor de ser censurados. Entre todos formamos un pedacito de patria, por esto aprovecho para soltar mi gota de agua sobre la roca formada por la indiferencia, ceguera y sordera de quienes pudiendo hacer algo para remediar, aunque sea un poco la mala fama que día a día hacen en nuestra contra, en los medios de comunicación oímos casi siempre que los narcotraficantes y asesinos son colombianos.

En la televisión, reportajes mostrando nuestras llagas y pobrezas y como si fuera poco, ahora muestran nuestras compatriotas que "trotan" por las calles del Japón, en el cine en *Scare face*, *Romance of the Stone* donde muestran a nuestra linda Cartagena como un pueblecito olvidado, habitado solo por bandidos y como único medio de transporte el burro y para acabar de completar *Mac Bain*, ¿qué nos pasa? ¿Por qué no decimos o hacemos una protesta?, (claro con clase). ¿Es que de tanto ver y oír lo mismo ya nos curtimos? ¿O es que para nosotros los colombianos es "Okey" si ofenden, desprestigian o insultan a nuestra patria? ¿Ya no nos corre sangre por la venas? ¿Se nos ha vuelto labasa? ¿Estaremos perdiendo nuestra dignidad, orgullo y arrogancia que tanto nos caracteriza? También, quiero aprovechar para lavar la ropa sucia en casa.

¿Por qué no tenemos una carroza en la Feria de las Flores? Porque si las tuviéramos podríamos hacer derroche del color y variedad de nuestras flores, plantas y fauna.

¿Por qué no nos hacemos respetar cuando en un lugar como en una biblioteca se nos da permiso y tiempo para hablar y hacer patria más allá de nuestras fronteras, y permitimos que a mitad del programa se nos recorte el tiempo y tengamos que hacer de prisa el final? Porque si lo hiciéramos tendríamos el tiempo suficiente para hacer una buena programación, ¿no es cierto?

¿Por qué si ofrecemos un video que presenta algunos de los eventos más importantes de Colombia, no lo hacemos con profesionalismo y al enviarlo lo hacemos por entrega inmediata? Porque si lo hiciéramos así, mostraríamos que también sabemos hacer buenos videos, nos sobran eventos, paisajes y colorido de nuestra linda Colombia. Estoy segura que se venderían como pan caliente.

¿Por qué si no podemos tener el periódico de ayer no podemos tener noticias de los acontecimientos de mañana? Porque si así fuera, podríamos asistir a muchos de estos programas, pues tendríamos tiempo para hacer planes.

Por qué no formamos un grupo folclórico con colombianos y colombianas que deseen participar sin ánimo de lucro, solo con el deseo de dar a conocer nuestro lindo, variado y colorido folclor. También hacer concursos donde se identifiquen canciones y ritmos ya casi olvidados, abrir lugares donde podamos oír música colombiana, chistes y anécdotas, disfrutar de nuestra buena comida y, como regla general, vestir como colombianos.

Porque si lo hiciéramos quizá nuestros jóvenes se interesarían un poco más en la cultura de sus padres y abuelos. ¿Se han dado cuenta, paisanos, que nos están plagiando "Yo me llamo cumbia"? Y que hay un restaurante dizque "colombiano" con el nombre The Latin Taste con música de mariachi y que ofrece platos suramericanos, que le cambiaron de nombre a la Fiesta de la Hispanidad por la Fiesta de la Cerveza. ¿No creen que si nos ponemos las pilas podríamos demostrar que los grandes solo son grandes cuando nosotros estamos de rodillas?... ¿qué esperamos? ¡Pongámonos de pie! ¡Acordémonos que cuando se es colombiano es muy difícil ser humilde!

Festivales

Hola mis "mompirris" ¿cómo han estado? ¿Chévere, que no? Ustedes mis aguantadores paisanos y yo aquí de nuevo, al pie del cañón como desde hace veintipico de años. En este año no podemos quejarnos, tenemos tres festivales en julio y otro en agosto, hay para escoger. Yo prefiero "malo conocido, que bueno por conocer", además, este festival es el auténtico Festival Paisa. ¿Qué pasa? ¿Por qué tanto festival? ¿Será que al fin se les despertó a estos organizadores el amor por su patria? ¿O creen que esto del festival es un buen negocio? Ojalá les vaya bonito y sigan haciéndolos en los próximos años. Pasando a otro tema, ¡mi nueva anécdota! En el festival pasado recibí un nuevo periódico *La Prensa Colombiana*, ya en casa, lo leí, lo revisé y me sentí orgullosa de este nuevo medio informativo; un periódico con clase, ¡la Berraquera! Llamé para felicitar a sus editores y hablé con el señor Jairo Duque y aproveché para contarle que me gusta escribir acerca de nuestra patria y de las cosas que nos atañen a nosotros los colombianos. El señor Duque se interesó por mis "escritos" y me ofreció un rinconcito en su periódico —yo toqué el cielo con las manos al oír esto— para publicarlo; pero cuando el señor Duque y el señor Cándelo (el joven) leyeron algunos de mis escritos allá en mi casa, hubo "cambio de luces" entre ellos, creo que el que más les "conmovió" fue el del festival pasado y la cartelera,

Don Duque le tomó video a esta y a mi altar colombiano. Después de algunos rodeos el señor Duque se disculpó por no poder publicar mis escritos disque porque yo llamo "al pan, pan y al vino, vino" y él no iba a empezar haciendo enemigos. Bueno, escribí algo más "suave" y de acuerdo a las noticias del mes. ¡La Copa Suramericana! ¡Y el Descubrimiento de América! Y tampoco pase la prueba. En una sola palabra, al señor Duque le dio culillo. Volviendo a la cruel situación que están viviendo nuestros hermanos allá en Colombia; violencia, secuestros, extorsiones y muerte, y los que pudieron salir fueron discriminados en países que antes fueron amigos, ¡qué desgracia! ¿Qué paso con todas las promesas para hacer una Colombia nueva, señor Pedrito Coral Tavera? ¿Con las negociaciones de paz? Puro cuento, cobrando un sueldo no trabajado, regalando y negociando con lo ajeno y haciendo creer que sus promesas eran "máximas" Papa.

Algo raro pasa en Colombia en donde ya no hay "títere" con cabeza, en donde ni el clero es respetado por los "mompirris" de Pedrito el escamoso, porque tanto el Pedrito o su familia nunca fueron víctimas de ninguna violencia. ¿O se callaron pa no hacer sufrir al pueblo? Y ahora para terminar el "partido", y no de fútbol, estallaron más bombas en un lugar donde disque iba a estar Pedrito, que de buenas él no estaba, así matan dos pájaros de una pedrada; despistan al enemigo y Pedrinchi queda como un príncipe. Es obvio, Pedrito y Kiquin, mompirris hasta el final. Perdonen mi ignorancia, yo pregunto ¿para qué o por qué en Colombia algunos y algunas se las "pican" de héroes o suicidas postulándose para ser presidentes? ¿Es tan confortable la silla presidencial que exponen la vida y la tranquilidad de sus familias por ella? Ni que tuviera "guenas" patas y todo ¿pa qué? Al final indispues de darle contentillo al pueblo sufrido y aguantador, quienes disponen son los mompirris usando la misma táctica que les ha dado tan buenos resultados: "violencia" para ellos decidir sobre la soberanía de Colombia.

Una vez más, un llamado a todas las organizaciones colombianas, sin importar el nombre que tengan o el fin para el cual fueron formadas, ustedes como hermanos mayores, únanse y reúnan a cuanto colombiano, hombre, mujer y niños puedan, para formar un gran grupo y así, como familia, ir a pedir ayuda al señor Bush; pero no monetaria porque "esta" se descambia o extravía, sino una ayuda militar para poder "exterminar" la guillotina que pende sobre las cabezas de nuestros hermanos, y que tiene nombre propio, Manuel Marulanda, alias Tirofijo. Ahí les dejo una vez más esta nueva inquietud, desde ahora me comprometo a ir a esa caminata. Me despido, no sin antes recordarles que no jarten tanto aguardiente, recuerden que los "tombos" están "pilosos" esperándonos a la salida; manejen con cuidado. ¡No más cantaleta! Que coman gueno y sabroso, y que gocen el día que pa esu emús venido.

¡Chao! Hasta el próximo año, si "chuchito" no me ha cancelado la patente; mejor dicho, si no he "colgado las alpargatas", ja, ja, ja.

Cordialmente,
Ligia Chiriví.
20 de julio de 2002.

¡FESTIVALES DEL 2005!

Buenos días familia colombiana y amigos que nos visitan. ¿Cómo han estado? Espero que muy bien. Yo, aquí de nuevo, con mis comentarios y mi "probé" opinión, acerca de los últimos "festivales colombianos". Yo, como dirán, algunos, "como piedra en el zapato".

El año pasado fui a tres de los cuatro festivales "dizque" colombianos, ni parecidos al autentico "Festival Paisa" que disfrutamos, por los últimos 30 años; aquel que el señor, Dukardo Hinestroza, sostuvo; como un buen sostén y no por ser de "Victoria Secret".

Aquellos festivales con izada de bandera, Himno Nacional, misa y Cónsul. En estos "nuevos festivales", ni nombre propio tienen. ¿Por qué disfrazar Nuestro Festival con otros nombres?, diciendo: estamos celebrando, ¡nuestra Independencia junto con otros países! ¡Yo no soy envidiosa! ¡Lo nuestro es nuestro! ¿qué pasa? ¿Hay algún problema? U, les da, vergüenza decir, este es un Festival Colombiano.

El Festival Latino, como "mentaron" el del Rolo, celebrado el pasado 10 de Julio, estuvo bien organizado, buena vigilancia, muchos "tombos", primeros auxilios, mesas con sombra y personal encargado de la limpieza. ¡Chévere!, peru, hubo algo, que "mi desoriento," ¡VIP PEOPLE! ¿qué carajos es? Priegunte, dijeron: VIP People, quiere decir: "personas importantes", Yo, mi, dije, en los auténticos festivales, nus "codeábamos" con el Cónsul de turno y su "parentela" y ora, ¿por qué ponen "gallinero"? ¿P'a, que las gallinas de arriban, se ca..gen en las de abajo?.

En estas reuniones, todos pagamus, lu mismu, estu nus da derecho de ser PIV, "o todos en la cama o todos en el suelo" bustedes, ¿qui opinan? Porque, en este, jestival, no jubo una persona, que diera la bienvenida a los concurrentes ¿por qué dejar la animación, a esas dos niñas, que no sabían, que hacer o decir? ¡Qué FALLA!

¡DE LO PROMETIDO! ¡QUE NO VIMOS! La señora Cónsul, el show de los caballos de paso, nunca salió; parece ser que los jinetes, todavía estaban "mareados" por la trasnochada del sábado y los caballos enfermos de caca-floja, el desfile de las Reinas en traje de baño, ¡"siticos" los señores que no pudieron pensar! Que porquería la que tengo al lado, cuando vieran esas muchachitas con cuerpo de "guitara" desfilando.

El único consuelo para ellos fue mirar y admirar a nuestras jugadoras de futbol colombiano y decir "esas si son piernas, no como las de mi mujer" ja, ja, ja.

De lo prometido, ¡que se vio y oyó! el sonido malo, el grupo Esmeralda, mi "consentido" perdió su autenticidad; no más pasillos, como aquel 'ESPERANZA" que se jogia tan requetebonito, ¡qué lástima!

El señor Lizardo Mesa, reponiéndose de un accidente, no toco su acordeón como sabe hacerlo; los Roqueros, solo ruido y gritos; un grupo del cual no mi "arricuerdu" el nombre; el grupo NICHE, el DJ de FORD y por último, el señor Víctor Manuel, "salvaron" el festival.

Don Jediondo, "más mejor" dicho "don hediondo", pue 'se "jeta bulario" ese, Don en vez de boca tiene una" alcantarilla", a él, se le olvidó, que esto era una riunion, jamiliar y no el club nocturno donde se presentó la noche anterior, aquí en Los Ángeles. ¿Por qué no traer desde Colombia, alguien que represente nuestra cultura? como el Indio Rómulo, los Carrangueros, ¿u otros que hay pua' ya?

Sugerencias: Tenemos y debemos hacer nuestros festivales con nombre propio, ¡FESTIVAL COLOMBIANO! Con izada de bandera e Himno Nacional, ¡Como debe ser! Buena organización, seguridad y limpieza; buen sonido, buena música colombiana, comida, artesanías y un programa, donde, haya, competencia de: conocimientos, de compositores, canciones y ritmos.

También, refranes, dichos, trajes y bailes de nuestros, diferentes, departamentos; así como todo aquello, que nos recuerde, Cultura y costumbres colombianas. ¿No creyes bustedes, si nos empeñamos, en hacer esto y lo pasamos de padres a hijos, de hijos a nietos, nuestra Cultura podrá sobrevivir, a través del tiempo, sin dejar, que la "maleza" de las diferentes culturas cubran la NUESTRA?

Antes de despedirme, quiero hacer énfasis, en algo: "CUMPLAN" con lo que Prometan, ¡Carajo! ¡Aprendan amarrar el "Perro con Longaniza! como lo hizo el organizador del festival de orquestas colombianas el año pasado. Si los nuevos organizadores,

NO cumplen lo prometido, es justo, que nos regresen las "vueltas", $$ de lo que pagamos a la entrada. El precio fue completo.

¡NOTA DE ULTINA HORA! Felicito a nuestros futbolistas, por lo bien que jugaron y se portaron, Méjico jugó bien; ustedes mejor; ahora, para el final, les deseo mucha suerte y buen pulso. ¡Si ganamos, qué bien! ¡Si perdemos, ni modo! Lo importante, fue participar y llegar más lejos que otros países.

Familia colombiana y amigos, les prometo, que mientras "chuchito" me de vida, YO, seguiré con mi "perolata" ¡bueno! Asta el próximo Festival, espero, sea de "verdad" ¡COLOMBIANO!

Chao, mis chinos queridos....... ¡ORGULLOSA de ser COLOMBIANA!

Descertificados o Envidiados

Hola, mis chinos queridos ¿cómo están? Y digo "chinos" no porque esté entre ellos, sino, porque me acordé de aquel saludo bogotano que fue tan típico.

Mis deseos como siempre es que todos ustedes hermanos colombianos y aquellos amigos nuestros estén bien. Yo, como podrán ver, estoy un año más vieja, pero no pen...sativa, por el contrario, dispuesta a disfrutar de este día como si fuera mi último festival. "No lloren, les prometo que en el año que viene vuelvo".

No se molesten si yo sigo como disco rayado con respecto a la carroza de las flores, toda la información que reuní la dejé con el señor cónsul, quien luego de revisarla meticulosamente, dijo que para que este proyecto camine, se necesita mucha plata, eso es cierto, pero es más cierto que dinero, se necesita mucha buena voluntad, como quien dice meterle el hombro con berraquera. ¿Dónde están los dirigentes de Proexpo, la Federación Cafetera, la Aerolínea Avianca y las otras importantes empresas que aquí y en Colombia sacan tan buenos dividendos de nuestros productos?

Deberían pensar, como sería de lindo ver la metamorfosis en la proyección de Colombia al mundo entero, ¿no creen ustedes que valdría la pena? Ahí les dejo una vez más esta inquietud que, como mensaje dentro de una botella, espera llegar algún día a la playa y ser rescatada por alguien que lo haga realidad, no importa cuánto tiempo me lleve "seguiré repicando hasta ser oída".

Bueno, dejo la cantaleta, no vaya a ser que me den en la "gente", ya me conocen y saben que mis escritos son: una mezcla de crítica constructiva, un poco de chisme y una gran dosis de sarcasmo o "veneno", que es lo mismo. ¿Saben qué? Mientras escribo, estoy escuchando unos torbellinos de Viena... si de "bien adentro", de Boyacá, ja, ja, ja, ja... me los vacile, ¿verdad?

¿Recuerdan la invitación que les hice en el festival pasado para que visitaran la biblioteca de Culver City? Bueno, tuve la suerte de tener mes y medio para hacer nuestra exposición colombiana que fue presentada bajo el título del Círculo Cultural Colombiano, porque este es un nombre con "prestigio", en cambio, el nombre de Ligia Chiriví Torres es solo conocido por ustedes mis hermanos y amigos.

Recibí algunas llamadas de americanos curiosos, que deseaban saber el porqué de esta exposición. Yo contesté que fue hecha por dos motivos... uno, para mostrar lo positivo, sencillo y lindo de nuestro país; el otro, porque nos sentimos muy orgullosos de nuestro país, ¡Colombia! Doné dos videos (en inglés) *Colombia que lindo país* y el otro de los *Indios que habitan la Sierra Nevada de Santa Marta*. El señor cónsul me honró con su visita y donó una copia del video *Colombia que lindo país* (en español); desgraciadamente no tengo una foto de él y su comitiva, porque me pasó como dice la canción Paisa "Si tuviera manteca le fritaba huevos, pero es que no tengo die'so". En otras palabras, no hay una foto porque el fotógrafo del colombiano nunca llegó, yo no tuve una cámara lista, y cuando la tuve, no tenía rollo, ja, ja, ja... ¡Si no me creyen priegunten! Ya casi al final de la exposición nuevamente hubo llamadas de felicitación por parte de algunos gringos que deseaban la dirección de la *store* donde pudieran comprar algunas de las artesanías exhibidas. Solo un colombiano llamó, bueno, uno es mejor que nadie...

Esto no acaba aún, solo empieza, porque para julio de 1998, si Dios me da licencia, con la ayuda y apoyo de ustedes, podremos "echar la casa por la ventana". Esta vez abriendo la exposición colombiana con una linda ceremonia en donde estarán presentes nuestro cónsul, *of course*, algunas personalidades de la ciudad de Culver City, uno que otro reportero y propietarios de negocios colombianos. Oportunamente, les ofreceremos el programa con anticipación, es importante su asistencia así que la ma...nera pa que no se olviden es anotarlo en el almanaque del 98!

¿Ya se dieron cuenta que tenemos una o unas aliadas en el programa *Edición Especial* en el canal 52? Allí, al contrario que el señor Gratas que usaba su programa para desprestigiarnos, ellas, las conductoras del programa, se han tomado la molestia de recopilar —¿así se dice?— noticias positivas sobre Colombia, como han sido: El doctor Barraquel, ese "ojista" que desde hace un "jurgo" de tiempo y sin la técnica que aquí hay, está haciendo operaciones y trasplantes que aquí son *today* lo más avanzado de la ciencia, y otro doctor que... olvidé su nombre, pero no lo que él hace, acupuntura eléctrica la cual conoció y estudió "pu'aya en la estranja", y luego de perfeccionarla él mismo, la ha puesto en práctica con muy buenos resultados para hacer que algunos niños ciegos o sordos dejen de serlo, y otro doctor, que también se me escapa su nombre —me estoy poniendo vieja—, que fue quien hizo la vacuna contra la malaria.

Otros reportajes sobre nuestras flores, en especial nuestras rosas, nuestro café, su proceso de cultivo, recolección y cateo por los expertos que les dan el visto bueno antes de ser exportado. Pero el que más me llamó la atención fue aquel sobre nuestras frutas exóticas. ¿Sabíamos acaso nosotros que nuestro país tiene la más grande cantidad y variedad de estas frutas de exportación? ¿Qué ni siquiera sabemos cuántas? ¿Y que los hombres "sabios" del mundo no pueden dar una explicación del porqué Colombia tiene el privilegio de tener solamente ella estas frutas?, ¿y que este privilegio u acontecimiento, la coloca entre los únicos? Y esto me acuerda de un chiste "humilde" que va asi...

"Chuchito, allá en el cielo, recibió una carta de queja firmada por todos los países de la tierra reclamando el por qué Él le dio a Colombia todo lo mejor y único, dos océanos, el mejor café, las más preciosas esmeraldas, todos los climas y tantas cosas más. Luego de leerla Chuchito dijo: "¡Uh! Esperen a que conozcan la clase de gente que puse allá".

¿Será cierto tanta belleza? ¿Será esta la razón por la cual nosotros los colombianos seamos los únicos que sufrimos de culillo? Bueno, antes que piensen algo malo, culillo, según el diccionario de la Real Academia, significa: miedo, intranquilidad y desasosiego.

Leí el mes pasado, un artículo en *El Colombiano* donde dice que en Colombia todos sufren de esta enfermedad... yo me pregunté, ¿solo en Colombia? Tal parece que los que vivimos afuera nos trajimos "el virus" y por este motivo es que nos da culillo, y no defendemos nuestra patria cuando es ofendida con razón o sin ella, ¿o será que la enfermedad no nos permite desarrollar nuestro civismo, haciendo o colaborando en programas culturales? Si esto es así, vamos a tener que pedirle al doctor... que invente una vacuna para esta enfermedad, y ya curados, podamos ser y portarnos como lo que somos... los privilegiados.

Hablando de privilegiados, supieron que la estampa de la antioqueña Andrea Betancourt dejó "pensando" a los rusos, que no habían conocido antes a una colombiana de un metro 82 centímetros de alta, con medidas 90–60–90 y todo este "menumento" envuelto en una piel canela, color desconocido por ellos. Todo esto le dio a ganar el segundo puesto en el concurso *Top Models of the World* y un contrato de modelaje con la revista italiana *Grogia*, ahí les traigo una foto para que les quite el sueño.

Claro, que tenemos otros privilegiados, no con tanto "privilegio tan regado por todo el cuerpo" como son: el ciclista que le falta una pierna y, a pesar de esto, compite con los grandes; el chino barranquillero que es un genio con los timbales y qué del otro que quiere ser presidente de Colombia y del pueblo donde los jóvenes hacen sus propias leyes y no por esto, son pandilleros, al contrario, son un ejemplo de lo que es la ley.

Si analizamos estas "cositas" podríamos cambiarle el título de Colombia descertificada, por el de Colombia envidiada, ¿no les parece? ¿Nos tienen bronca por ser los privilegiados?

¡Ah! Me olvidaba, dizque en este festival van a regalar un pasaje pa no sé dónde, a quien tenga el traje colombiano más típico; yo espero ser la elegida por el pueblo (carajo', como que ya estoy hablando como politiquera).

Se me acaba de "acabar mi repertorio", así que hermanos y amigos, el día es corto, vamos a gozarlo al máximo y a portarnos bien. ¡Chaíto!
Ligia Chiriví Torres.
¡Orgullosamente colombiana!

Nuestro país insólito

¡Quiubo! Mis hermanos colombianos y bustedes quienes se sientes "nuestras llavecitas" ¿cómo han estado? Espero que mejor que el año pasado. Bueno, yo aquí como siempre de "metiche" como desde hace veintiún años, hoy no podría ser la excepción. Entré "colada" para contarles mis chismes y no es que me guste este "oficio", solo que soy muuuy comunicativa. Empezaré contándoles cómo me sentí cuando leí una invitación del Círculo Cultural Colombiano y O. F., donde decía que ellos solicitaban el "honor de mi presencia" para la celebración de la Independencia colombiana. Me sentí importante, ¡carajo!, "¿el honor de mi presencia?". Subí como palma, bajé como coco", cuando terminé de leer y me di cuenta que en realidad "ellos", El C. C. C. y O. F. solo solicitaban "el honor de mi dinero", bueno soñar no cuesta nada. ¿Como amanecieron aquellos "compais" que estuvieron en dicha fiesta? Enguayabados supongo, lástima no poder ofrecerles una changüita, "caballuna" pa que se sientan mejor y puedan disfrutar de este único día del año que tenemos como excusa, el Festival Paisa, pa riumirnos, comer gueno y jartar sabroso, por lo demás la misma mier...melada, una misa que nadie escucha, un acto patriótico en donde nuestro Himno Nacional no tiene ya casi letra, se nos "borró" el ¡oh gloria inmarcesible, oh júbilo inmortal!, porque, ¿en dónde está la gloria? ¿Y de qué tenemos júbilo? ¡Si ya no cesa la horrible noche, y el surco de dolores cada día es más profundo! Nuestra patria herida y sangrante como la virgen que en su agonía se arranca los cabellos y los cuelga de un ciprés.

Como podemos ver, solo nos quedan unos fragmentos de nuestro hermoso Himno Nacional, claro que podríamos cantar en cambio: *violencia, maldita violencia, porque no permites que reine la paz.* Hermanos, ¿se han dado cuenta que nuestro país sigue siendo un país insólito? Porque mientras el país se debate en medio de un caos de explosiones, destrucción, muertes, secuestros, masacres en los campos y nuestros hermanos tienen que "juir" despavoridos porque el gobierno no les brinda ninguna protección. Donde el presidente del país va hasta la guarida de dizque "el enemigo" Tirofijo, para hacer arreglos con él, pedirle que detenga sus incursiones hasta después del 7 de agosto del 2002, y tal vez para asegurar esto, ¿Don Andrés les entregó o les regaló a las FARC un enorme territorio en "Caguan"?, ¿con qué derecho? Será por esto que el presidente del partido liberal denunció un "supuesto pacto", Gobierno–Conservadores–FARC? Donde un presidente se toma fotos que dicen, "Cuando el río suena, es porque piedras lleva", ¿por qué tanto "apapacho"? Y hasta parecía que se estaban "Chupando los mocos", ¿sería por la emoción del arreglo? Que a las claras se ve, no fue por la paz de Colombia, pues la violencia continúa. Un país insólito en donde los empresarios son extorsionados por la FARC y "ellos", los guerrilleros le llaman eufemísticamente, impuestos para la paz, o impuestos de guerra, y si no pagan les bloquean sus negocios, o los dueños se mueren de muerte "natural" en una explosión.

En donde los ejecutivos están al filo del "carisellazo", con cara ganan los "malos" y con sello pierden los "buenos", en donde el jefe de las fuerzas militares del país dice: "Todo aquel que se deje extorsionar es un delincuente". ¿Será esta la Colombia nueva de que tanto habló el señor Andrés Pastrana cuando fue elegido presidente?

Mientras tanto, aquí nuestros hermanos que llegan como huérfanos desorientados, son presa fácil de latinos inescrupulosos, que aprovechándose de la necesidad que ellos tienen les dan un empleo con "escobita y todo", salario mínimo, 12 horas diarias, 7 días a la semana, no pago de tiempo extra, no días de enfermedad, ni un solo domingo libre ni pa ir a misa y si no les gusta así, pues váyanse.

¡Nuestros hermanos están atrapados entre la necesidad y el idioma, ¿cómo pueden ir a la escuela si siempre están trabajando? No sería posible que aquellas organizaciones dizque colombianas como son: el Círculo Cultural Colombiano, La Casa Colombia, Unidos por Colombia y la más "tiernita", Federación de Colombianos del Suroeste. ¿Si todas estas organizaciones son *Non Profit* entonces por qué carajo cuando hacen algún evento cobran tan caro? ¿Y el dinero colectado es para el beneficio de quién? Disculpen mi ignorancia.

Como mencioné antes, estas organizaciones deberían copiar a la abogada colombiana que vive en Miami y que abrió una oficina para ayudar a todos los colombianos que llegan con alguna necesidad, las iniciales, como ella se identifica, son CASA, además, los servicios son "gratiniano". ¿Por qué aquí en Los Ángeles estos grupos no se preocupan por buscar cómo ayudar a nuestros hermanos? "Otra pata que le nació al cojo", ¿por qué fue que ninguno de estos grupos se hizo presente para mostrar el disgusto que nos causó a nosotros los colombianos la "broma pachuna" de que fue objeto nuestra reina de belleza por parte del "gringo muelon del canal 2" y con ella nuestro país Colombia? ¿Qué pasaría con el presidente del certamen de belleza que amenazó con demandar a ese tipo? "Sería que solo fue sudor y pe...dos? ¿Por qué nadie reaccionó y todos se conformaron con un "*I'm sorry*" por parte del ofensor y una invitación a la reina a su programa? ¿Vieron cuándo entrevistaron a nuestro cónsul? Le preguntaron si él estaba conforme con la disculpa del "gringo muelon" y él respondió "Si estoy conforme" tímidamente. "Que pen...noso" nuestro cónsul,

¿por qué él no aprovechó esa ocasión para hacer aunque fuera una mala cara, si fue su país, Colombia, el que recibió el escupitajo en plena cara?

Tengo unas preguntas para todas esas personas que pudiendo decir o hacer algo al respecto pero que no lo hicieron, ¿ustedes no se sintieron ofendidos? ¿O fue que no entendieron el mal chiste? ¿O sería que les faltó huevos... pa'l desayuno? ¿O les "icho achiii" por temor de "meter la pata" si hacían o decían algo? Bueno, después de este momento de "efervescencia y calor", y de pensar con cabeza fría, parece que no hay razón para disgustarnos por una "broma". Si analizamos, somos nosotros los primeros en faltarle el respeto a nuestra patria cuando avergonzados, desviamos la mirada y negamos nuestra nacionalidad y permitimos que cualquier pen–dejo nos cuente como Colombia es conocida, además, ¿se acuerdan cuando el Mundial del 94? ¿Qué pasó cuando nuestro equipo se tuvo que ir "como perro apaleado con el rabo entre las piernas"?, ¿cuál fue la reacción de algunos de nuestros hermanos? Pisotearon nuestra bandera, la arrastraron por las calles y luego la dejaron cono una niña violada, abandonada y sucia en un país extraño, tal parece que los peores enemigos de Colombia somos sus propios hijos, unos allá desangrándola y otros aquí deshonrándola.

Pero bueno, no todos los colombianos nos portamos mal, fíjense en nuestra "Corronchita" Shakira que "va palo arriba" y no se olvida de su patria, ella ahora no anda "con los pies descalzos", ni está "ciega o sordo muda" desde que encontró al ladrón que le robó el corazón.

Sofía Vergara quien tampoco se queda atrás, ¿ya vieron su nuevo almanaque? Donde ella además de mostrar todos sus atributos físicos, muestra también los granos de café más suaves del mundo, el nuestro, y el colombiano "El Berraco" que viaja en bicicleta a través de USA pidiendo por la paz de nuestro país, al igual para un sacerdote que, aunque no es colombiano, se preocupa por los gamines y los está ayudando, ¡gracias!

Ah, no puedo dejar pasar esta ocasión para darles las gracias a los productores de *Despierta América* Canal 52, por la forma tan desinteresada como defendieron a Colombia cuando la FIFA canceló lo de la Copa Suramericana, para todos ellos y también para nuestros hermanos que ayudan detrás del anonimato, ¡mis respetos!

Sin más por el momento, me despido no sin antes recordarles, que no jarten tanto aguardiente y pilas que los "tombos" nos están esperando a la salida.

¡Chao! ¡El año que viene vuelvo si Dios me tiene con vida!
Ligia Chiriví.
20 de julio de 2001.

La Selección

La selección colombiana no son solo los integrantes del equipo de fútbol, ¡no! Son todos esos colombianos que luchan día a día por sobrevivir, en las calles, como desplazados o echando el miedo de la inseguridad y el hambre a la espalda, trabajando de sol a sol pa ganarse el sustento diario pa la jamilia.

Claro que el chino James fue el "mesías". Él y su equipo lograron unir por un mes a ovejas y lobos, sin que hubiera nada que lamentar, todo un pueblo bajo la misma emoción y el mismo grito: ¡Colombia!

Pregunto, ¿por qué no se puede seguir viviendo con esa hermandad, olvidando odios y rencores? Trabajar para hacer un equipo mejor que el de la selección de fútbol y poder ganar la copa que realmente le daría la gloria a Colombia, ¡la anhelada paz! Claro que nos falta un buen entrenador que enseñe las reglas del juego, la disciplina y lo más importante, la obligación de ganar, sudar la camiseta sin desmayar hasta ganar la competencia sin importar el esfuerzo que haya que hacer, aguatar las malas "entradas" por parte del equipo contrario con dignidad y cuidándose de no "buscar" tarjeta roja pa poder seguir en el juego.

Lo pior de tu "estus" sueños, ¿es quién jinansiaria el equipo?, ¿quién sería el entrenador pa este?, ¿quién su capitán?

La jinanciasion debería ser por parte del gobierno, pu's si ya si han tirao ocho millones de dólares en esas charlas, qui astora no han servido pa nada, y asegún el siñor presidente Santos, es dinero del gobierno, ¿pero de dónde sale? ¿Quen trabaja pa ganarlo? ¿Por qué no invertirlo en tanto pueblo hambriento y desplazado? Pu's parece qui pu'ay no habría presupuesto, entonces ¿quién podrá ayudar? ¿El chapulín colorado?

¿Por qué nuestros 'amus' los curas que se meten en todo, no colaboran con algunas monedas de tanto diezmo que recogen del pobre pueblo? Qui se copien del padrecito Camilo Torres pa ayudar aunqui sea apadrinando el equipo con las camisetas, pantalonetas y los guayos. Asustando a tanto rico con sus sermones, pa que apriendan a compartir con los proves sus riquezas y ansina podrían saboriar la delicia de compartir, algo qui solo "chuchito" nos da y naiden no lo puedo robar.

Hermanos colombianos, todos juntos unidos en un mismo pensamiento, la paz podemos hacer más que cualquier comité que pretende entretener al prove pueblo con esu' de las charlas sobre la paz, mientras esus bellacos siguen haciendo de las suyas, comu Pedro por su casa, sin qui naiden los detenga.

James, Juanes, Fonseca, Carlos Vives y nuestras Barranquilleras: Shakira y Sofía; bustedes son el orgullo de los colombianos, comu quen dice: nuestra selección, gracias sus mercedes, sigan comu astora, dándonos gloria, cadi' cual en su respectiva profesión: el chino James pu'alla en España.

Juanes, Fonseca y Carlitos con su música y pa sellar con broche di oro la Shakira con su video pa'l mundial; estoy segura qui o'ra toda Colombia ya si a olguidadu cuando ella cantó nuestro himno y olvidó prenunciar la S in sublime y o'ra todos juntos con ella cantaremos LA, LA, LA, LA.

09 de noviembre de 2014.

Ligia Chiriví Giraldo.

Nuestra malicia indígena

Ala, mis chinos queridos, ¿cómo están? ¡Me habían extrañado verdad! Yo también a todos ustedes. Como ya se han dado cuenta, nuestro Festival Paisa ya murió y ahora tenemos dos o tres para escoger cuando y a donde ir. Les cuento que mi familia y yo fuimos al Festival de Orquestas presentado en el Valle de San Fernando, ¡felicidades! Muy bien organizado, buena seguridad, varios puestos de artesanías, comida y bastantes baños, pero como siempre, no faltó "una mosca en la sopa", la basura. Faltó gente para que la recogiera. La música colombiana fue interpretada por un grupo compuesto de personas de otros países, los dos cantantes y creo que el trompetista fueron los únicos colombianos del grupo. Pregunto, ¿por qué los organizadores no se preocupan por presentar grupos o conjuntos auténticos? ¿Acaso aquí en Los Ángeles no tenemos ni uno? ¿Será que los que quieren venir no los deja pasar la "Migra"? Después que terminó el grupo donde estaban los colombianos nos consolamos con nuestra buena música en CD's que pertenece al grupo Viva Colombia.

En este festival se presentó el señor Tito Rojas que tal parece que él es de los que "crían fama y se echan a dormir". Llegó tarde, parecía que se acababa de levantar y que se había tomado alguna "medicina" pa la gripa porque ni vos tenía al cantar. En mi humilde opinión, esto fue "una falta de respeto" para con el público que pagó para ver y oír a un artista dizque famoso, ¡qué carajo! Eso fue un fraude, ¿qué tiene él que no tienen nuestros artistas colombianos? Yo diría unos cuanto kilos "más" de manteca. Quisiera comentarles acerca de *nuestra malicia indígena* desconocida, quizás por mucha gente, pero "como el pan de cada día es nuestra linda Colombia, más que el pan, quizás como nuestras tarjetas de crédito que nos sacan de apuros", para muestra, un botón.

A. Algunos ciegos colombianos tuvieron la inquietud de jugar fútbol como los videntes ¿pero cómo hacer si no ven? Muy sencillo, usan latas grandes de betún, así pueden seguir el ruido y saber dónde está "la bolita".

B. Nuestros pescadores costeños que, por falta de plata, no pueden comprar un bote que los lleve mar adentro, se inventaron su propio equipo, compuesto por una cometa, una cuerda de donde cuelgan los anzuelos y unas latas vacías de gaseosa las cuales llenan con arena para darles el peso necesario. De esta manera la cometa vuela mar adentro, regresando con pescados bastante grandes.

C. Otro colombiano que estudiaba por "la Sutatenza" un programa educativo de televisión, como no recibía una imagen clara, se inventó una antena con un platón de aluminio, o sea, que se hizo su propio satélite.

D. Qué del muchacho que hizo una motocicleta de guadua, un modelo Harley Davidson sin siquiera haber conocido una en "persona", solo viéndola en revistas. La copia quedó tan perfecta, que los diseñadores de la misma quedaron con los "ojos cuadrados".

E. En Colombia hay un pueblo en una empinada montaña donde habitan y cultivan nuestros hermanos campesinos. Ellos tenían un problema de transportación, no tienen carreteras, no hay carros y necesitan bajar pa'l pueblo a vender sus cultivos y hacer su mercado. Poniendo en marcha su malicia indígena edificaron un deslizador colgante ¡así como se oye! Enterraron dos postes, uno arriba y el otro abajo, al poste de abajo le amarraron llantas viejas de carro las cuales sirven para amortiguar "el guarapazo". Amarraron un cable metálico de arriba abajo al cual le añadieron una polea con un gancho de carnicería. Ustedes se preguntarán ¿cómo viajan? Fácil, cuelgan un costal grande del gancho, en forma de columbio serrado, en la espalda y a los lados y usan una horqueta de "palo" para controlar la velocidad. Sentada va la mamá y sus "guanvitus", y algunos talegos que llevan pa'l mercado. Después va papá con su cosecha pa vender en el pueblo. Se sueltan y a volar se ha dicho. Así, uno a uno, se transportan y de esta manera el problema quedó arreglado. Solo unos pocos se han "matado", dijeron unos campesinos cuando los entrevistaron. La regresada les toca en sus Dodge "patas".

F. ¿Sabían que en Colombia ya no hay trenes que viajen a nuestros pueblos como lo hacían antaño? Bueno, están los rieles y las distancias como desafió. ¿Qué hacer? Una vez más, volver a usar nuestra malicia indígena. Con una plataforma, dos bancas de madera atornilladas a esta y una motocicleta sin llantas para que pueda encajar y correr por los rieles. Si quieren sombra, pues a usar una sombrilla ¡la berraquera!, de transportación, rápida, segura y barata, según los usuarios. Pa terminar me pregunto, ¿qué será la vida del hijo e 'tuta? ¡Sí! Ese mismo, el que prometió hacer una Colombia nueva. "A Pastrana me lo imagino viviendo en una chocita durmiendo tarde, comiendo arroz con carne y habichuelas, paseando en el meche del año y sin trabajar, despilfarrando el sueldazo que se regaló como ex, sin importarle dejar a su patria Colombia más jodida que antes y en manos de sus amigos, Tirofijo y sus secuaces"; y digo sus amigos porque si se acuerdan, él a ellos les regalo tierras que a ese hijo e 'tuta no le pertenecían. ¡Solo queda desear que el señor que está sentado ahora en la silla presidencial no tenga las mismas mañas!

Bueno, hasta el otro año si "chuchito" no me ha cancelado la patente, o mejor dicho, si no he colgado, no los tenis, ¡sino mis alpargatas! Ja, ja, ja. ¿Saben qué? Acabo de ver las fotos del Festival de Orquestas en la Internet. ¡Carajo! ¿Qué paso? Ese fotógrafo fue un aprendiz, un pendejo o estaba borracho. ¿Por qué? Porque en el festival había muchas caras bonitas de nuestra gente linda, artesanías, puestos de comida y la gente disfrutando de este día. ¿Y qué fue lo que este fotógrafo captó? Pasto, árboles, el cielo, baños, cercas y espaldas, y las pocas caras que tomó fueron siempre las mismas ¿serian sus familiares? ¿O le dieron un "billete" para que fuera fotógrafo personal? ¡Qué pena! Señor fotógrafo, para una segunda ocasión, tome unas clases de fotografía.

¡Se acabo el chisme!

Chao,

Ligia Chiriví Giraldo.

20 de julio de 2004.

¡Colombia, la nuestra, la única!

Que dijeron, ¿esta "jeroz" hoy no saludó? ¡"Pus" no Siñor!, la educación antes que todo. Saludos a toda mi familia colombiana y a todos nuestros amigos que nos visitan. Yo estoy bien, un año más vieja, pero no pendeja ¿y ustedes qué tal? Ja, ja, ja...

Primero que todo, quiero que recordemos y reconozcamos que nuestro auténtico "Festival Paisa" fue el del señor Dukardo Hinestrosa y se celebró por más de 30 años aquí, en la ciudad de Los Ángeles. El año pasado estuve en tres de los cuatro festivales "dizque" colombianos. El primero ni supe, el del "Rolo" estuvo "gueno"; el de Long Beach, el festival de Orquestas estuvo "regueno", en este, el organizador que nunca supe su nombre pero "jogy" que no era colombiano, demostró ser un buen empresario, cumplió con lo ofrecido y él sí supo "amarrar el perro con longaniza".

El 30 aniversario del auténtico Festival Paisa fue muy triste, no hubo mucha gente ¡no sé el por qué!, la música estuvo mala, la comida escasa, fue como un velorio sin aguardiente, nadie habló del "difunto", no hubieron chistes verdes o comentarios. No fue justo que nadie se hubiera preocupado por hacer un homenaje, aunque sencillo, al señor Dukardo Hinestrosa, quien como un buen "sostén", y no por ser de "Victoria Secret", sostuvo este festival por más de treinta años consecutivos después de que sus creadores lo dejaron olvidado. Gracias al señor Hinestrosa, nos acostumbramos a reunirnos, nosotros los colombianos, una vez al año, con amigos y familiares, y así poder escuchar nuestro Himno Nacional, ver izada nuestra Bandera, algo que no veo en ningún otro festival colombiano; también disfrutar todo un día de nuestros bailes folclóricos, nuestras comidas, trajes, dichos, en fin, de un poco de nuestra cultura y lo más importante, nuestra "camaradería a lo colombiano" ¿Ola chino?, ¿cómo estás?, ¿qué hubo mijo?, ¿cómo estás hermano? Desde aquí, gracias al señor Dukardo Hinestrosa, por aquellos inolvidables y auténticos festivales paisas.

Espero que esta nueva "racha" de festivales sean una buena competencia, que "don Hediondo" sea realmente un personaje autentico como la chicha, las alpargatas o el zurriago y que su "jeta bulario" sea "dicente" y "chistu do", y que lo ofrecido sea algo que se cumpla. Yo, como la mayoría de colombianos y colombianas, estoy contenta porque ahora podemos disfrutar de más de una ocasión, para reunirnos, estar alegres y disfrutar de nuestra Colombia en Los Ángeles.

Esta vez voy a contarles algunas cosas que hacen que nosotros los colombianos seamos diferentes y únicos. ¡Acomódense, para que lean el porqué del título que escogí *Colombia, la nuestra, la única!*", donde pasan y se hacen cosas únicas, como las que voy a contarles:

– Dice un noticiero de Los Ángeles, que en Colombia usan un transporte como "arrancado" de una película de Indiana Jones, refiriéndose a la "motomesa" que usan nuestros paisanos para transportarse de un pueblo al otro por las líneas de tren.

– Una de las telenovelas, como *La mujer en el espejo*, una mezcla de cuento de hadas, por aquello del espejo. De Kaliman, por la transformación tan increíble y de Sherlock Holmes, por la intriga del asesino de los guantes negros. En esta telenovela, Paulita Rey demostró que más que cara bonita tiene su talento y lo que le faltaba en su belleza, se lo puso y le quedó muy "pechocho".

– En otro caso, hay una "monja loca" que escribió un libro con recetas de "remedios caseros", pa cualquier "achaque", que más parecen bebedizos de hechicería, o si no juzguen ustedes: para los "locos", maten un perrito de dos o tres días de nacido, hagan una sopa y désela por varias veces, pero eso sí, usen un perrito nuevo cada día y el "loquito" se cura. Para los "borrachitos", consigan de cinco a seis ratoncitos, ahóguenlos en vino rojo y déjenlos por siete días en una botella bien corchada "pa que coja sabor", luego que el borrachito se la tome en traguitos y colorín colorado, no más "borracheras". Lo curioso de todo esto es que este libro solo se vende en las "sacristías" y los curas apoyan lo que esta monja escribió, ellos no ven nada malo en él, pero si algo bueno, "el billete".

– En Barranquilla, vive un entrenador ciego, el señor Murillo ¿entrenador de qué? ¡Carajo!, se me olvidó, los años no pasan en vano; el de Rafa, un joven con "mentalidad de niño", que cree ser dueño de una esquina de la calle y de un circo, donde él trabaja y al mismo tiempo este joven, que tiene una mente privilegiada, en sus ratos de "ocio" ayuda a los universitarios a resolver sus tareas ¿cómo la ven?

– En Cartagena, abrieron un gimnasio para ir a pasarla "rico", allá los ejercicios son bailar sabroso al son de conjuntos costeños en vivo y directo, ¡que envidia! Ahora ya sabemos de dónde "Bally's" saco la idea de poner salsa en sus aeróbicos, ja, ja, ja.

– En un pueblito del Tolima Grande, hay un abogado "excéntrico", un hombre que estudio leyes solo por complacer a su padre, pero que a pesar de ser un buen "tinterillo" no ejerce, no tiene oficina, ni casa, le gusta vivir sin complicaciones, al aire libre, debajo de una "tolda" ¡pero eso sí!, si alguien necesita o pide su ayuda, el "abogadito" desempolva su diploma y sus libros y a trabajar se ha dicho. No cobra ni un peso y su gusto es que se haga justicia. Sus colegas lo llaman "El doctor harapos", el abogado de los pobres.

– En Medellín existe un fanático de fútbol como muchos de nosotros, este le va al Independiente Medellín; su casa está pintada con los colores del equipo y llena de adornos de este, él viste todo el tiempo con pantaloneta y camiseta del equipo, y para que no quede duda de su amor al mismo, se cambió su nombre legalmente y ahora se llama nada menos que el señor Independiente Medellín Echeverría Giraldo. Puso a trabajar a varios abogados pues fue la primera vez que esto ocurrió en el mundo. El señor Medallo, como ahora lo llaman, desea cerrar con broche de oro su fanatismo cambiándole también el nombre a su esposa, por el de la señora Medalla. ¡Esperamus que su sueñu se realize!

– Otro paisa encontró la manera de crear una nueva especie de "cuadrúpedos", los "cebra caballos"; ¿cómo?, cruzando una cebra macho con una yegua, y el resultado fueron hermosos ejemplares, más fuertes y saludables que cualquier mula o muleto (como le digan). Felicidades.

– En Icononso, un pueblito en donde el "chisme" es castigado con cárcel o multa por considerarse un arma muy peligrosa, allí las personas se tienen que cuidar de que hablan y con quien lo hacen, en este pueblo no deben de haber viejas o solteronas sin oficio. Ja, ja, ja...

– En los Llanos Orientales, donde para poder participar en el "Reinado del joropo" las candidatas tienen que ser "vírgenes certificadas" y no por un médico, sino por sus padres, familiares y amigos. ¿Y esto por qué?, se preguntarán. Tal vez, porque no queremos dejar morir nuestras costumbres o porque seguimos siendo "anticuados".

– De un "chupa" que por cumplir con su deber de policía de Tránsito, hizo remolcar una ambulancia por equivocación que estaba estacionada en la entrada de un centro comercial, y que por hacer esto casi lo linchan, ¿por qué? La ambulancia iba a recoger a un anciano que había sufrido un paro cardiaco ¡sitico él!, ¿quién? No el viejito, no, él fue llevado a un hospital cercano; sino, el "probe tombo" que desde ese día lo llaman "El chupa hijo e'tuta".

– Y que de nuestra "malicia indígena". ¿Sabían bustedes que se está haciendo en Colombia con las mangueras de las llantas de carro viejas?, botas, bolsas, billeteras, cinturones, chalecos, faldas (cuidado niñas cuando caliente el sol), y todo lo que este material permite, y lo mejor es que lo están exportando para España y las Mayamis...

Bueno Paisanos, después de contarles estos chismes, y no por ser chismosa sino "comunicativa", me despido, deseando que tengamos un día feliz. No jarten tanto aguardiente, recuerden que los "tombos" están "pilas" y además tenemos nuestras familias que nos esperan.

No más "lata". ¡A gozar se ha dicho! ¡Hasta el próximo año, eso espero!

Ojalá alguien se acuerde de izar el pabellón colombiano y podamos escuchar nuestro Himno Nacional una vez más y así recordar nuestra patria. ¡Qué viva Colombia!

Festival Colombiano 200.

Ligia Chiriví Giraldo.

El Festival de Pico Rivera

Del Festival Colombiano de Pico Rivera; guena organización, música, comida, bebida, comercio y pista pa bailar; di estu naiden se quejó; peru nadie pienso en los proves prójimos, qui nu solo tuvimos qui subir y bajar las escaleras pa buscar la sombra; como el ganao allá en mi pueblo; porque no poner una sombrita sobre la pista pa pueder bailar aquella música que comu el son boyacense, no cambió mucho de ritmo, primero los vallenatos y pa luego el CD de cumbias... solo los jóvenes, se animaban a bailar, luego de tener unos cuantos aguardienticos entre pecho y espada, exponiéndose a quedar como camarones, mientras nusutros "los viejos" no comjormamos con ver "los toros desde la barrera".

¿Por qué cuando el señor cónsul, o su representante, habló, no hubo una bandera colombiana para este momento? ¿Porque nadie hizo callar la música que tenían sonando en el puesto de la Cámara del Comercio y la Prensa Colombiana, mientras cantábamos nuestro Himno Nacional colombiano? Que falta de respeto, ¿no creen? ¿A quién le falló la malicia indígena?

Cuando el primer grupo de baile de las comparsas colombianas salió a la pista, y miramos esa vestimenta y ese ritmo sonando; más di' uno quidamos pendejos, purqui no sabíamos quiénes eran u qui ritmo bailaban, hoyi decir "¿Quiénes son?, ¿de dónde vienen?", y in dispués, el grupo de muchachas en *jeans* y tacones, ¿qué baile jue' ese?, alguien a mi espalda dijió: "Ya se copiaron del pasito duranguense", ¿será estu cierto? Pu's Bambuco, Guabina o Contradanza; nu'era y ansina, el baile que yo creía era el Mapéale, resultó ser una clase diesu qui llaman aeróbics y los muchachos no se tiraron al suelo pa qui las niñas pasaran puen'sima di ellos; la Cumbia, sus vestidos con mucha injuencia del carnaval de Brasil, no de Colombia.

Yo mi sentí una ignorante, cuando una de mis nietas mi priegunto: "¿Abuelita, que bailes fueron esos y de donde son?". Llamé a misia Lucy, la directora di esus grupos, y le pregunté lo mesmu que mi nieta; ella me dijo que ella sabía lu qui hacía, pu's tenía diplomas de diferentes escuelas de baile, adimás su grupo son comparsas, ¡nada típico!, ¡qui lástima!

Lo lindo juera que en nuestros festivales se joyera música típica colombiana y prójimos vestidos, no solo de paisas, sino de acuerdo a cada departamento; para que cuando llegaran al festival, ¡todos supieran que son colombianos! No pierdo la esperanza, di qui algún día, haya alguien que organice un ¡verdadero festival colombiano!

¡No jarten tanto aguardiente y pilas con la manejada!
Chao,
Ligia Chiriví Giraldo.

Conozcan mi tierra

Hoy les tengo una invitación para aquellas personas que no tuvieron la dicha de haber nacido pu'aya en mi tierra Colombia, y de no haber podido disfrutar de tanta belleza que brindan sus paisajes, la variedad de sus climas flores y frutas, la diversidad de su folklore, ritmos y comidas; pero lo más importante, y que todos los que estamos juera del terruño y que tanto añoramos, ¡Ese calor humano de nuestros hermanos!

Cuando llegué a este país amigo, solo oía decir "cosas" ofensivas y denigrantes, cuando se referían a mi Colombia. Lo peor es algunos de nuestros hermanos cegados, dando "papaya" pa que las noticias y Hollywood enlodaran y despedazaran el nombre de Colombia, al punto de que mi patria fue tratada y arrinconada como si fuera una "lacra", nombrada solo cuando se hablaba de narcotráfico. Esto motivó que algunos paisanos se avergonzaran de decir "Soy colombiano", y cuando les preguntaban de que país venían, acobardados como Judas negaban el nombre de su patria, Colombia.

Yo lloraba de impotencia al no poder hacer o decir nada, y gritarle al mundo que esa Colombia, tristemente "famosa" y tan explotada por los noticieros y el cine, no existía, pero la barrera del idioma me lo impedía, yo quería dar a conocer la verdadera ¡Colombia!, que todos quienes la amamos y respetamos, añoramos. Ese "sentir" me motivó a escribir en un inglés con barreras muy altas ¡*I Am Proud to be Colombian*! Orgullosa de ser colombiana.

Así empecé: la Colombia de la cual yo me siento orgullosa de ser parte, no es la misma que muchos conocen a través de las noticias o el cine, ¡NO! Yo quisiera tener la sapiencia y talento de nuestro novelista ganador del premio Nobel años atrás, el señor Gabriel García Márquez, pirú yo carezco di estu pa describir mi patria, entonces lu hagu a mi manera.

¡Colombia es única! Tiene dos océanos, al norte el Atlántico, al occidente el Pacifico, está situada sobre la línea ecuatorial y esto le da el privilegio de tener todos los climas al mismo tiempo, dependiendo de la ubicación del terreno (alto o bajo) las 24 horas al día, los 365 días del año. Caliente en sus costas y tierras bajas, templado en sus valles, (tierra en medio de las montañas), frío en tierras altas y helado en los picos, de donde descienden los ríos que riegan y fertilizan los valles. Colombia no tiene estaciones climatológicas.

Quiero hacer énfasis en algo que quizá muchos desconocen, ¡la Sierra Nevada de Santa Marta! Una cadena de montañas que brotan en las playas de esta ciudad costera y se extienden cerca de los Llanos Orientales, con una altura que le permite tener nieve perpetua en sus picos todo el tiempo, habitada en cercanías de Santa Marta, por la tribu KOGI, allí, ellos construyeron "terrazas" para cultivar de arriba, pa abajo, he intercambian sus productos entre ellus mesmus; los que viven cerca del mar, cambean pescado y sal por otros cultivos, no socializan con los di ajuera, son un grupo independiente y se llaman ellos mismos "los hermanos mayores".

Colombia tiene una cadena de montañas llamadas cordilleras, al sur occidental está el macizo de los andes, donde el cóndor habita. Luego se divide en tres ramificaciones, en donde se encuentran, volcanes y nieve perpetua, ansina mesmo, esmeraldas, oro, carbón y otros minerales; en sus laderas se cultiva el café más suave del mundo, en contraste al oriente, se encuentran extensas llanuras de ardiente clima, al sur occidente está el Amazonas, "el pulmón del mundo", con su caudaloso río, su variada flora y fauna únicas y donde habitan los cazadores de cabezas y la temida anaconda.

Por la diversidad de sus climas, Colombia produce una gran variedad de cultivos que son intercambiados dentro del país y también exportados. Por esta misma diversidad allá se encuentran diferentes clases de comida, música, danzas y manera de vestir y hablar, lo único que no cambia pu'alla en mi tierra es la calidad humana de mis hermanos.

Yo amo y respeto a mi patria, como amé y respeté a mi madre; las dos son iguales: generosas, trabajadoras, sencillas, hospitalarias, alegres y altivas. Imaginémonos a Colombia, como una mujer; en el campo fértil, cadenciosa y sencilla, como nuestros bambucos y guabinas, en las ciudades, refinada, elegante y hablando el mejor español, nuestro idioma, castellano, mi patria fue nombrada La Antena suramericana por la Academia de la Lengua Española, también conocida por su historia y sus héroes que después de crueles batallas en contra de la tiranía española, lograron nuestra independencia; conocida también por sus folklóricas historias, la más famosa, "El Dorado", la cual atrajo a muchos aventureros que buscaron tierra adentro, aquel codiciado tesoro por mucho tiempo sin tener suerte.

Ahora, yo los envito pa que conozcan mi tierra linda y endi'pues que disfruten de todo lo que hay pu' allá; la belleza de sus paisajes, los diferentes verdes de su vegetación en contraste con el azul de su cielo y sus cerros y el azul verde de sus mares, la cadencia de la música de los festivales del Bambuco, la alegría de los carnavales y los festivales vallenatos, lo bravío de la música llanera, de los desfiles de los silleteros en la Feria de la Flores en Medellín, con aquel despliegue de variedad y colores de sus flores y el de carrozas en Manizales, jaladas por briosos caballos y adornadas al estilo Andaluz; y si hablamos de bailar, Cali con su feria, una semana pa rumbiar día y noche y tantus otros entretenimientos que hay pu'alla en mi tierra. Allá no hay tiempo pa aburrirse, si no mi creyen vayan sus mercedes mes mus y cuandu guelvan, cuenten a sus amigos y jamiliares comu les jue, comu los trataron, sean bustedes los jueces de cómo es realmente Colombia.

Me despido diciendo como siempre: ¡Hay que orgullosa me siento de ser colombiana!

Despúes de que un gringo leyó este escrito, llamó a Diosito y le preguntó, que porque le había dado a Colombia tantos privilegios, y Dios le contesto: "Eso no es nada, espere que conozca a la gente que puse allá".

01 de septiembre de 2007.

¡Que estafa, carajo!

Julio y agosto, meses pa estafar a los colombianos crédulos y llenos de añoranza por todo aquello que significa patria. "La Feria Colombiana", nada pa comprar, tombos pa tirar pa lu altu. "El festival de Long Beach y el del Pico Rivera", no alcanzaron a colmar las expectativas del pueblo aguantador, no quedaron ganas pa golver pu'aya, jue lo que "joyi" y a según me contaron, p que yo les cuente a los demás. En el "Mayan" donde anunciaron la llegada de dos orquestas colombianas, no llegó sino una y les metieron "gato por liebre", pero lo que llenó el plato de "piedritas" "jue" el Festival Colombiano de Arte y Cultura, de los hermanos Esteban y Hernán Pinilla, ¡qué estafa! Publicaron una lista de artistas encabezada por los

Charrangueros; Elda Flores, la voz bravía del llano; Petrona Martínez, la voz afroamericana más auténtica del Caribe; ¿si misia Petrona es afroamericana, como puede ser ella la voz más auténtica del Caribe? Como quien dice, ¿la negra grande u "toto" la momposina, se "blanquiaron" al lado de ella? También decía el anuncio, "Descubra la riqueza musical colombiana, desde el Atlántico hasta el Pacífico, desde los andes hasta los llanos; taller de arte y cultura, música y danzas tradicionales de diferentes regiones de Colombia", si queríamos más... ¡Que nos piquen caña!

Con este "anzuelo tan afila'o" y esa carnada tan llamativa, muchos colombianos, incluyendo a mí y mi familia, nos comimos la carnada, el anzuelo y hasta la pita; compramos los boletos a precio e'guevo; cincuenta dolares por persona y por adelantado, tres semanas antes, cuando llegamus todus ilusionadus, en el parqueo, los carros como "sardinas", caminamos esperando encontrar el taller di artesanías, y solo encontramos dos puestos vendiendo camisetas; la asoliada tan "hijuemichica", parecíamos camarones a la brasa, pues el "tiatru" no tenía techo; pero todo lo soportamos pensando en nuestros artistas. Una de mis hijas y yo, nos "juimos ataviadas" con nuestros trajes típicos, nos imaginábamos bailando *la cucharita se me perdió* y uno que otro torbellino o un galerón llanero.

Comenzó la "presentación" con música pa "Semana Santa", "interpretada disqué" por artistas colombianos, que viven púa qui y que perdieron el ritmo de un pasillo y la cadencia de un bambuco; así siguió por un largo rato el mesmo son, la gente se paraba a caminar pa no dormirse, la paciencia se agotaba, hasta qui alguien llegó y dijio que: "¡Afuera dicen que algunos de los artistas anunciados no llegaran!"; alguien más grito: "¿En dónde están los Charrangueros?, ¿a qué hora los presentan?", nadie respondió. Otra vez la misma pregunta en coro por un grupo que estaban allí esperando ver y joyir a los Carrangeros; esta vez el siñor Ron Hernández habló por el micrófono y dijio "Nosotros no somos políticos, ni damos visas".

Nos emberracamos y juimos a buscar a los "garroteros" pa saber "a' qui atinernus", pillamos a uno de los siñores Pinilla, a Esteban, quien al preguntarle acerca del rumor que se "joyo", le dijo: "Hace apenas una semana que supimos que estos artistas no vendrían porque les negaron la visa", "yo priegunto", ¿cómo "jibán a enjalmar la bestia antes de trairla?", ¿o cómo se atrevieron a anunciar a estos artistas si saber si tendrían visa?, ¿o es "qui acaso" no se "jirma" un contrato antes de pedirla?, ¿o jue solo "cuento pa embolatarnos?". Le "priegunte" al siñor Esteban "purqui usted' no jue honesto; jubiera puesto un aviso con los nombres de los artistas que no se presentarían, así nosotros los presentes decidiríamos quedarnos o lárganos pa la casa"; él nada contestó. Comenzamos a pedir nuestro dinero de regreso, llegó Herman Pinilla y el siñor Hernández quien risongo: "Fue culpa de la cancillería colombiana de que estos artistas no llegaron"; "¿disde cuándo las visas las dan in esa oficina?"; y cuando pedimos una aclaración, "él se esjumó".

Cuando "disolvieron" la plata, no dejaron volver pa dentro a naiden, pero esta gente tampoco se pudo ir pa sus casas, no había como mover los carros y tuvieron que quedarse en la calle con aquel calor tan "berraco", hasta que terminó "el evento de 6 horas". Yo "enchipada" por darme cuenta que había sido "pendejiada", tuve que rigresar pa dentro, no podía exponer a mi familia aguantar calor, la falta de una butaca u del excusado; lo peor jue que, ni un aguardiente pa tragarme la rabia que tenía "atorada entre pecho y espalda".

Ahora que estoy escribaniando, mi doy cuenta de cómo nos "emús cibililisa'o", al punto de confundir, "la decencia con el pendejismo". Si estu jubiera pasa'o en nuestro pueblo, no queda "títere con cabeza". En dispues de casi un mes, el siñor Hernán Pinilla hace alarde del éxito del festival, organizado por él y su hermano Esteban, tanto que "trabajo" pa traer "cultura y educación", sobre nuestro "folklore"; este le carga "el pato" a la Cancillería colombiana, diciendo que ellos les sacaron "el bulto" y los dejaron "colgados de la brocha" al no darles a los artistas lo prometido: visas, pasajes, viáticos, dólares y algo más.

"Yo priegunto, utra vez", "si los artistas fueron pagados por la Cancillería colombiana y si este era un evento "cultural", ¿porque hubo "garroteros"?", se supone que lo "cultural y educativo" es "gratiniano, ¿no?".

Parece que en la pelea de comadres, se saben las verdades, "¡uju'e, que la tela no alcanzo pa tantos pasajes, visas y viáticos, ya que misia Petrona cargó hasta con el más joven de la familia!". Eso sí, ellos y sus instrumentos típicos fueron lo único autentico traído de Colombia y el show que hicieron "jue requitegueno", pero esto no compensó la jalta del tiple, el requinto, la guacharaca, el cuatro, los capachos y el arpa de nuestros artistas tan ansiados y prometidos. El grupo de baile, ¿de dónde lo sacaron?, las mujeres bailaron la cumbia "con zapatos" y "gueliando" las naguas como si juera un "jarabe tapatío", ¡qué pena! Sigo preguntando ¿a qué bolsillo jue el dinero de ochocientos boletos vendidos? "A según dijio" el siñor Hernández por el micrófono, cuando reclamo, "¿Dónde está la prensa colombiana, que no están tomando fotos?".

Siñores Pinilla, avisen cuando pongan en venta el video del "exitoso evento", mejor "dichu", (el encierro de seis horas), quiero comprarlo pa ver si "divisó" algún otru artista traído de Colombia, que no "juera" costeño. Tal vez el calor me "nubilo" los ojos; los "desajio" a que mi "desmientan" con esa grabación que hicieron desde dos puntos bastante estratégicos. Todavía se atreven a decir que a pesar de ese "esjuerzo, pa organizar ese evento, pa educar al pueblo, ¡piensan hacer otro!".

Esto me arricuerda un chiste: Un colombiano vara'o en Nueva York, usó su malicia indígena pa levantar plata, "palabrio" al dueño di un tiatru, lo convenció pa que se lo rentara por dos tardes y le hiciera volantes anunciando que las mejores orquestas colombianas del momento se presentarían el próximo sábado. Él pagaría después de la presentación, los boletos a cinco dólares por persona y la salida gratis. Llegó el ansiado sábado, mucha gente dentro del tiatru, la hora de empezar la presentación no se oía nada, pasó media hora y nada, la gente comenzó a impacientarse y hacer ruido con las sillas; el dueño del tiatru le dijo al colombiano: "Salga y dígales algo antes que me rompan las sillas"; él salió y les dijo: "Señores, señoras, lamento decirles que no se presentara ninguna de las orquestas anunciadas"; el público se paró emberracao y grito: "¡Devuélvenos la plata!", pero él haciendo alarde de sangra fría y descaro dijio: "Déjenme explicarles, llegué a este país hace seis meses, mi mujer enferma en el hospital, mis nueve hijos en casa sin nada que comer, yo sin trabajo ni dinero para comprar comida para mis hijitos". El público, se compadeció del pobre hombre, alguien dijo: "Solo fueron cinco dólares, que uno se gasta en unos cigarrillos, pobre paisano". Todos fueron saliendo en calma, el colombiano al ver la reacción del público, les gritó desde la tarima, no se les olvide que mañana hay "matiné" a la misma hora. ¡Ja, ja, ja!

Siñor Ron Hernández, pilas, no debería "buste empriestar su prestigioso jama", esa disque di artista, deportista y di tu esas utras arandelas que li adornan "pa alcahuetear" a esus "garroteros" sin escrúpulos. "Gueno", esu era o que yo creiba, "pe'ru indispues di leer su entrevista", me doy cuenta que usted no hizo el trabajo "completo", maistru de ceremonias; pero se descuidó de asesorar a los hermanos Pinilla, como lo hace con tanto empresario con plata, pero sin malicia indígena. ¿Qué paso?, ¿la tajada "ofrecida no jue suficiente?", pura curiosidad, ¿por qué no dio a conocer el nombre de algunas de sus cuarenta películas o de uno de sus cuatrocientos shows en la tele, pa tener el gusto de verlo? ¡En la foto publicada salió usted chévere!, parece ser que estuvo usted pu'aya en Cali con la Monalisa!

Ya pa terminar, les cuento, en medio de tanta estafa, hubo algo digno de mencionar, "El Festival ColomboPeruano", ¡Cárajo!, algo juera de serie. El lugar amplio, limpio, cómodo, con mucha sombra, sillas y güena ventilación, cerveza pa jartar dondi uno quisiera, no tombos, y de ñapa, con las orquestas ofrecidas; a ellos no les negaron las visas, que suertudos, ¿no? "Jeliciatciones" a Juan Carlos "el colombiano" y a Juan Carlos "el peruano", "el binomio perje'uto pa estu de los festivales". Lástima que "jalto" pueblo, "por culpa de unos, pagan utros". Muchachos, sigan cumpliendo lo prometido, "así amarraron el perro con longaniza", comenzaron muy bien, no cambien; es seguro que quienes estuvimos con "bustedes", "disfrutando" la tarde, salimos cantando "el año que viene, vuelvo si Dios nos tiene con vida", "si no mi creyen", prieguntenle al maestro de ceremonias, que también "jue' pu'allá a" ese día. Punto y aparte, felicitaciones siñora Amparo Grisales, su mercé, como un güen vino y los años haciendo al "venia", como quien dice le resbalan, luce buste muy bien; que envidia dirán muchas y otros dirán, ¡esa si es una mujersota!, no como la que tengo en mi casa.

Siñora Grisales, su mercé es la mejor *"bisnes card"* de los cosmetólogos colombianos; claro, que su mercé hace lo suyo "pa mantenerse in güena jorma", ¿verdad?

El hijo de Probeta

En uno de los festivales, pasaus y cuando ya me iba pa mi casa, se mi acercó un hombre y mi entriego un papel, diesus qui yaman "volantis"; yo lu recibí pu'e educación, mire qui disia "Arrieros somos". Pensé "otru restarante paisa", y lo pusi en mi mochila.

Días endispues, cuandu guardaba mi ropa del jestival, encuentre el volanti y con curiosida lo leyi, mi quidarun mis ojitus cuadrados y boca sabiendo mi a mier...coles era dijicil di creer lu ese papel decía, denigrando a la mujer, con palabras y comparaciones groseras, burlonas y vulgares, quide ¡pendeja! No entendía cual jue el propositu di escribaniar y repartir, ¿estu conqui jin?

Enchipada, yo quiria, mirarles la jeta y pueder decirles a quen mi entriego el papel y a quen lu escribanio, lu cobardes qui eran, al tirar la piedra y escunder la manu. Tubi que aguantar mi un año, pa puider decir lu qui yo sentía. En el procimu jestival, repartí mi escritu, "El hijo e Probeta", y toy segura di que mis palabras llegaron donde yo quería, a ese par de guaches. Comience prieguntandu a estos jeroses, al que escribanio y al qui lu estuvo ripartiendu, ¿cuál era su propositu di denigrar a la mujer en esa jorma? ¿No tenían una en casa? ¿Abrían tenidu un desamor muy cruel? ¿O quizá eran guerjanitus? ¿Y pue'su taban enverracaos con las mujeres? A mi entender, nada di estu les daba el derechu di escribaniar esu.

Traté de entenderlus, si les pusierun lus cachus, pur algu seria, pos san tus no son y si ansina jue, porqui no mienta a la jeroz cun su nombre y apelativo pa qui eya sepa que buste está ardiu, y mesmamente si esta disquitandu di eya.

Claru que si son guerfanitus; siticos eyus pus no pusierun, lu qui jue tener una teta cun lechita calienti al pie la jetica, ni unus brazus maternales acunándoles, ni aqueya voz amorosa de la mamá, cantando lis "duerme ti niño, duermiti ya u guiene el "coco" y ¡te comira! Comu puedi yo piensar, estus proves, no tugieron nunca madre y ni si quera si les puedi decir qui son unus ¡hijo e' tutas! Pus misia Tuta es tambén mujer, pur lo tantu, si no tugieron madre, son ¡hijue'probeta! Di lu contrariu, hubieran pensau dos veces antes de escribaniar y repartir esus volantis, ¿bustedes no creyen?

83

Nota: este texto lo escribí años atrás y perdí el original, hoy traté de recordarlo y lo hice de nuevo, yo sé que el primero me quedó mejor.

La Copa Suramericana

Queridos hermanos colombianos, quiero unirme a todos ustedes, a quienes todavía tienen la dicha de vivir allá y aquellos que como yo estamos ausentes del terruño. Me uno para darles las gracias a nuestro buen Dios, no solo por habernos permitido ser la sede de la Copa Suramericana después de tanto desacuerdo, angustia y lágrimas; Diosito nos dio esa dicha y de remate nos dio la "ñapa" ¡la Copa!

Gracias también Diosito, por habernos permitido al fin mostrar al mundo como es Colombia por dentro y como somos los colombianos; hospitalarios, amigables y alegres, en una sola palabra "Chéveres". También mi uno para agradecer a todos los países que confiaron en nosotros, en especial a Honduras por aceptar nuestra invitación sin ponerle peros por ser a última hora, nos ayudaron y "Chuchito" los premió con satisfacción y orgullo al obtener el tercer lugar en la Copa, y ahora ser conocidos mundialmente. Ustedes fueron lo opuesto de algunos argentinos que, sintiéndose la mamá de los pollitos, se atrevieron a decir "Sin la participación de nosotros no habrá fútbol ni Copa", ¡que arrogancia!, ¿verdad? Parece que todavía sangra la herida que les dejaron los gooooooles que taladraron la portería argentina años atrás, pobrecitos porque se dieron cuenta que Colombia no fue solo la sede de la Copa, sino, que se ganó limpio y honradamente el codiciado premio, ¿cómo les quedo el ojo?

En cuanto a la seguridad y paz que se vivió en Colombia, fue quizá lo más sublime y nuestro Himno Nacional tuvo finalmente sentido, "Oh gloria inmarcesible, oh júbilo inmortal, en surco de Dolores el bien germina ya". Estos días fueron como si Colombia hubiera estado iluminada por el arcoíris, no más lágrimas o angustias, solo caras sonrientes, alegría por doquiera y la gente gritando: "Si se puede". Claro que si queremos; podemos. Debemos buscar el tesoro que dicen que se encuentra al final del arcoíris, tal vez allí encontraremos la clave de cómo se pudo cambiar la situación drásticamente y deprisa, ¿cuáles fueron los puntos claves?, ¡la estrategia del gobierno? El pueblo unido en un solo pensamiento, si se puede o la guerrilla que, ¿al fin sintió piedad por sus hermanos? Por favor hermanos colombianos, no volvamos a permitir que después de este gran triunfo de *paz* y *seguridad* que acabamos de vivir, retornemos otra vez a ese caos de violencia y terrorismo, sabiendo como fue este remanso de paz y armonía, usemos esos mismos métodos para seguir viviendo en paz y seguridad.

Recuerden que el pueblo unido en un solo pensamiento "Si se puede", logrará que en Colombia renazca la paz. No pierdan este entusiasmo que han tenido hasta ahora, sigan preparándose como si nos hubieran nombrado ya para la Copa Mundial.

Orgullosamente colombiana.

Ligia Chiriví.

31 de julio de 2001.

¡De nuevo el Festival Paisa!

Comu el pa'jaru esi qui llamaban el Ave Fénix, que renacía di entre sus cenizas, u comu el Conde Dracula, que se levantaba de su ataúd; ¡el Festival Paisa renació con nuevos bríos!

Dukardo Hinestrosa, como el pionero de estas festividades, sabía que cuando él quisiera hacer de nuevo, nuestro Festival Paisa, quienes lo conocimus y emús gosa'o por tantos años con este día tan espera'o por los colombianos, pa pueder compartir con nuestros paisanos y amigus di otras nacionalidades, nuestra guena comida, alegre y variada música.

El festival, muy anima'o, guena música, cervezas pa jartar los qui uno quisiera y dondi uno cele diera la gana, mesas y asientos donde pudimos disfrutar la sabrosa lechonita de doña Carmen, así como su fritanga; carne a la llanera donde "Chucho" y la comida del Pacífico, todo el día jue gueno y anima'o, no hubieron quejas.

Así pues, Dukardo, pa'lante, utra vez, pa'tras ni pa coger impulso; comience disde ora a planear el Festival pa'l próximo año 2010.

Antes qui mi guelva a olvidar, hay les va este comentario qui se me había queda 'o, pega' o al tintero... ¿se arricuerdan bustedes de... aquella entrevista que se vio el 4 de julio del año 2008, en después del tan sona'o rescate de la Betancur y sus compañeros de cautiverio, en el programa *Contexto*, a donde jueron invitados el siñor Dukardo Hinestrosa, periodista y escritor de novelas colombianas, quien opinó en jabor del siñor Uribe Vélez?; el otro invitado, que naiden sabe quién jue, lo llamare "don Bellaco", purque jue una "bellacada" lo que hizo. Se le olvido que el jue pu'allá a dar una opinión, no pa acusar sin pruebas al presidente de su país, echando pa fuera todo lo que tenía atranca'o entre pecho y espalda, por algunos años, tal parece. El, como comadre "ardida", acuso al señor Uribe Vélez, de cosas "feyas" que él hizo antes de ser presidente y lo dijio con tanta saña que, dio la impresión que él sabía lo que decía y el por qué lo decía; parece ser que en las "peleas de comadres, ¡se saben las verdades!".

Peru' si nos prieguntamus ¿cómo supió don bellaco todo lo que se dijio de las andadas y cochinadas hechas por el siñor Uribe Vélez? Pudiéramos pensar que quizás, don Bellaco y el siñor Uribe Vélez, tomaban guarapitu en la mesma totuma, o que don Bellaco fue uno de sus esbirros. Ahí les dejo esa inquietud y pa buste don Bellaco, que "bobito" jue, jubiera usado tu esu que sabe, pa habérsele tirao la compaña al siñor Uribe Vélez, cuando él se postuló o lo postularon pa presidente, o haberlo "chatajia'o", pa lagartearse un guen puesto en su gobierno, en vez de venir o'ra a sacarle los "trapitos sucios", que como dijio el bobo, "ya, pa que".

Sin más pu'el momento, me despido, espierandu que nus veyamus en el Festival Paisa del 2010 con don Dukardo.

¡Chao! www.ligiachirivi.com

Mayo, 2009.

Diferentes Temas

Hola mis chinus queridus ¿comu están sus mercedes?, esperu que más mejor que en los años pasaus. Yo, puaqui utro vez comentando, criticando y denunciando esas cosas cotidianas que nos atañen, poniéndoles un poquito de "chisme y sarcasmo" (venenito dulce), qui uso pa "sazonar" lo dicho y pa sacarles la "piedra" a unos cuantos prójimos y pa hacer reír a muchos más con mis vainas.

Tengo tantu que quero decirles qui nuse pur donde empiezar. Las novelas colombianas, al fin "dando palo", ¡hasta que se nos hizo! Sobresaliendo *Sin senos no hay paraíso* y ahora *El Cartel*, qui argumento, dirección y ese ramillete de muchachonas qui nu tienen "presa mala". *Doña Bárbara*, sus paisajes divinos y con su ramillete; solo qui a la protagonista le falta lo qui a la de *Madre Luna* le sobraba, berraquera, y así como las novelas, los libros de Dukardo, ¡son de película! O'ra un comentario nuevo, ¿si han da'o cuenta bustedes, comu progresan las "fabricas" di hacer medicinas? ¿Qui todos los meses muestran algo nuevo en la tele? qui si pa estu, u pa lo otru, pus ellos los "sabidos", encuentran y bautizan tu esas nuevas enfermedades, qui o'ra tenemos y "amangualaos" "yerbateros y matasanos", nos recetan tuesas purquerias, que si te sirven pa'l dolor de barriga, te joden los riñones, el hígado y quien sabe que más; en dispues, esos Jeroses "matasanos" que tal parece qui o'ra no hacen el juramento a don Hiprocates, de curar al prójimo como lo hacían

87

antes los "dotores". O'ra "la misión" es embutirte de purquerias a ver si le atinan "al mal" y ansina sigue el calvario, pues ¡nada di estu te sirvió pa un carajo! En dispues si te pones pior, ti ofrecen una cirugía exploratoria, pa mirarte pu'ay adentro; si eres suertudo y no te encuentran nada, ¡que gueno!, ¿pa quién?, ni si sabe, pu's los "matasanos" cobran por su "trabajito" y tú te quedas requeté jodido, con una cuenta y cicatriz, así... de grande.

A leguas se ve que los "sabidos" yerberos y matasanos "jorman" una muy guena organizada "mafamilia", que nos esclaviza y explota, y lo quis pior es que nos hacen creer que están "buscando" la cura pa unas cuantas enfermedades y esto les da derecho pa pedir plata, qui usan, ¡sobra Dios pa que!, ellos se reparten "la marranita" sin romper ninguna ley, sola la doblan a su jabor, ¿bustedes qui opinan?

En después de este razonamiento, tengo unas preguntas qui' miasen cosquillas en la punta de la lengua: ¿quiénes son los protectores de nuestros huerfanitos y niños probres colombianos?, aquellos que se anuncian en *La Prensa colombiana*, ¿dónde aparecen cupones pa llenarlos y así comprometerse buste a ayudar un niño? Si mal no recuerdo, estu comenzó en el 2000, bustedes se preguntarán: ¿cómo yo supi la fecha? Pues les contaré. Cuando salió pur primera vez *La Prensa colombiana*, en el Festival del 2000, yo llamé pa felicitar a su "propietario". Charlamos un guen rato y este siñor me dijo que si podía el ir a conocerme a mi casa pues él había leído lo que yo escribanie pa'l festival y le gustó.

Este siñor llegó a mi casa, en compañía de utro siñor de apelativo Candela, ellos filmaron "el altar colombiano" que tenía en mi sala, luego ellos me dejaron saber el motivo de su visita, era un proyecto que tenían pa ayudar a los niños probes colombianos, en su educación. El nombre de este proyecto seria "¡Ayude a un niño pobre colombiano!". Ellos me pidieron que yo colaborara escribiendo algo bonito acerca del proyecto, pa que así bustedes mis paisanos soltaran el billete. El plan era que bustedes apadrinaran a un niño pobre, enviándole dinero cada mes pa ayudar con su educación, ese dinero iría pur medio de estus siñores, quenes a su vez, tenían unos "compaes" allá en Colombia, que se encargarían de invertir esa platica en las escuelas de los niños proves.

La idea sonaba bien, pero yo antes de escribaniar, hice unas llamadas a algunos conocidos pa joyir sus opiniones. Mi acosaron a prieguntas, ¿buste conoce a esos señores?, ¿desde cuándo?, ¿quiénes son?, ¿de dónde son?, ¿en qué trabajan?, y muchas más... Yo no supi que contestar, entonces llamé al siñor Candela y le comenté lo que pasaba. Él se emberracó y dijo: "Yo no tengo porque discutir mi situación migratoria con nadie, ¡si no quieren colaborar que no lo hagan!". Yo me ofrecí apadrinar uno di esus huerfanitos, pa así saber cómo iba "el agua al molino", y pueder contestar algunas prieguntas y poder escribaniar algo bonito y sincero, que llegara a los corazones de mis paisanos. Pero nada pasó, sigo preñada esperando el niño o niña pa apadrinar.

Golviedu con mi priegunta, ¿quiénes son ora los guenos corazones, que jorman el grupo de ayude a un niño colombiano?, ¿sus tesoreros aquí y en Colombia?, ¿a quién le rinden cuentas de la plática recogida tu estus años? Pu's no'e avisto a ningún anuncio mostrando como distribuyen ese dinerito, o al menos en que bolsillo (s) se queda, ¿por qué será que el alcalde no hay quien lo ronde?

¿Qui paso con aquel viaje a Cali?, ¿pa 'ir a llevarles útiles y a construir una escuela en uno de los barrios más proves de pu'alla? Esta invitación la hizo el tan mentado comentarista de deportes, el siñor Mauricio Cárdenas, la noche que se presentaron los Hermanos Monrroye's en ese lugar llama'o Las Canoas, donando el dinero de las entradas di esa noche pa'l proyecto. También don Mauricio presentó a un grupo de personas llamadas "Smiles", qui a según él, ellos también estaban o iban ayudar a los niños proves colombianos. Este siñor, emvitó a que los priesentes, qui jueran a Cali pa yudar a construir la escuelita y así se podrían dar cuenta como se distribuye la plata recolectada, también aclaró que los que quisieran ir pu allá, tendrían que pagarse su pasaje y todo lo demás.

En dispués de ese momento di "efervescencia y calor", todo se enfrío, o mejor, se quedó dormido, pus naiden golvió a mencionar nada de "aquellito". Pasu el tiempo y nada, yo intrigada pur' tanto silencio empiecé a preguntar, me apalabrié con alguien que sabe cómo "va el agua al molino", pero que no le gusta meterse en chismes; me informó del viaje a Cali, se retrasó purqui el dinero que se necesitaba llevar no se alcanzó ajuntar, pero que ni se diga, esa platica está en guenas manos (o mejor en guenos bolsillos), ¿será estu cierto?, que el grupo "Smiles" resultó un "fiasco" pus pa qui ellos ayuden, tienen nuestros "pela'us" que ser bautizados bajo la religión que ellos predican, o si no, "mamolas". Tal parece qui utra vez, esu de ayudar a los niños proves se golvió bla, bla, bla, ¡que vaina, carajo!

Menús mal qui hay in verdad guenos corazones que, sin hacer alarde, como fariseos, ayudan a nuestros niños colombianos, si estoy refiriéndome a nuestra linda y sencilla "corronchita" Shakira y al paisa de la camisa negra Juanes, que Dios los siga bendiciendo, se lo merecen.

Como verán sus mercedes, hay requintearás preguntas en el tintero, pus, a pesar que el proyecto de ayude a un niño pobre en Colombia lleva nueve años "caminando o gateando", nada cambia en sus vidas. Pa la muestra un botón: niños en Colombia hacen sus zapatos con botellas grandes de plástico y cabuyas, para proteger sus pies de las piedras y vidrios que hay en la carretera por donde van a la escuela. Noticia que salió en el programa *Al Rojo vivo*; nos damos cuenta que nuestros niños han heredado de sus mayores nuestra malicia indígena, para poder sobrevivir, porque si se confiaran de nuestra ayuda, ya no existieran.

Hablando de malicia indígena, ya joyeron que en un pueblo de Boyacá, llamado Turmequé, tiene una escuela con una maestra de las guenas, que está ensiñandu a sus escuelantes esu tal difícil y agurrido como son los números; hay qui aprinder comu contar, sumar, restar, dividir y tu esas arandelas y como pu allá no llega la tan sabida "tecnología" —así se dice—, ella, la maestra, usando su malicia indígena, enseña "aritmética" a los pelaus ¡juegando al tejo!, así mismito, como luoyen, ¿cómo les quedó el ojo?

Se preguntarán ¿cómu lu hace? Les enseña desde cómo llenar una planilla, pa llevar las cuentas, les puso un numero diferente a cada juegada, pa empiesar: número 2 pa las manos, número 5 pa la mecha totiada, número 10 pa la embocinada y número 15 pa la moñona.

Al final del partido, los escuelantes, suman, restan, multiplican, mijor dichu, "sacan cuentas", pa saber cuál equipo jue el ganador. ¡Jeliciatciones señorita maestra, buste hizo una guena moñona, con esa ideota! Los pelaus se divierten, hacen ejercicio y aprienden y se preparan, quizá pa un campeonato de tejo in años venideros. Sus mercedes ¿qui opinan? Gueno, sin más por o'ra, me despido, no sin antes recordarles a quienes se sientas "aludidos" con mis prieguntas, que se dejen oír, por algún medio, yo o'ra tengo mi *"email"*, allí me pueden dejar sus "recados", son todos bienvenidos a ligiachirivi@, y visiten mi página web: www.ligiachirivi.com.

Chao, hasta la próxima.

Ligia Chiriví.

13 de mayo de 2009.

Leigan pa que se entretengan

Guenos días sus mercedes, ¿cómo están? ¿"jelices" como yo? Al 'pueder' gozar de este único, Festival Colombiano, qué nos queda y ojalá, no se nos 'acabe' y siga pa'lante, dejando conocer nuestra música y músicos auténticos (¿ansina se dice?). Gracias a los organizadores por seguir sintiéndose colombianos y 'prejiriendo' lo nuestro; no como "aquellos" que solo usan el nombre de Colombia y la fecha de nuestra independencia, solo pa ganar plata. Me gustaría 'joyir' que dirían nuestros hermanos puertorriqueños, si en su festival anual, el grupo principal fuera colombiano. ¿Qué nos pasa, familia colombiana? ¿Qué estamos dejando, que nuestro único Festival se "pierda"? ¿Por qué apoyamos a quienes usan el nombre Colombia como "carnada" solo pa sacar provecho sin darle la importancia y respeto que este se merece y lo que esta fecha significa pa nosotros? ¡Quienes nos sentimos orgullosamente colombianos! A esus hay qui "ubicarlos" pus están "¡miando juera e'l tiesto!". Le pido a "Chuchito', que pa'l próximo año nuestro Festival tenga música de cuerda, aunque sea tocada en la "vitrola de mi abuelita"; concurso de trajes típicos, de los diferentes departamentos, pa quienes nos visitan conozcan el colorido y la diversidad de estos; también, traer tu esas artesanías que tenemos pu'alla en la "tierrita", ¿bustedes qui opinan? ¿Será mucho pedir?

Si los siñores, organizadores, me permiten, quiero "muestrearles" a la nueva prole "ansina" a mis contemperaros; la alegría de un pasillo, la cadencia de un bambuco, la inocencia de un torbellino y que oigan una autentica cumbia. Mis vestidos, los hice yo "mesma" con mucho amor por nuestra patria; yo sigo "luchando" pa qui tuavía no se nos "muera" lo poquito que nos queda de nuestra cultura, bustedes ayuden pa que no se "desvanezca" con el tiempo, la distancia y las mezclas de nuevas culturas.

Mientras "Chuchito" no me cancele la patente, aunque ya siento, la "lapida pegada a mi espalda", seguiré, con mi "cantaleta", pus yo soy ¡orgullosamente colombiana! Apoyémonos unos con otros, hagamos patria donde quera que estemos, con muestro guen comportamiento; "goltiando" la página; como ora estoy vieja y no trabajo, tengo tiempo pa'l chisme, joyendo y devisando a mi alrededor, me doy cuenta como ha cambiao la humanidad; ya no hay valores ni respeto, la palabra, ora solo sirve pa que'l más "vivo", embolate al más pendejo.

Ya se acabaron, los matrimonios se 25 o 50 años, también "esas", como "mentaba" Rafael el del Binomio, en su canción, *Esa, la de porte de señora y temple de mujer*, la que sabía "amarrar", al compañero, no por tener las TT's grandes o la cola "parada"; si no atenciones y cariñitos haciéndolo sentir, a él, ser más importante, en el hogar; como quien dice... ¡"amarraban el perro con longaniza"!

Pero ora tanto hombres como mujeres, solo se "priocupan" pur su "apariencia", los hombres las prejieren con las TT's grandes, como si jueran "chinos di amamantar" y "cola parada", como si temieran que no tuvieran suficiente en que sentarse. Ellas antes se conformaban, con ser "chirriadas o bonirriticas" y los hombres se vanagloriaban con ser "machos de pelo en pecho". En conclusión: ora todos quieren, ser "regonitus" y parece que esos "pelos son una vergüenza", ¡será pur esu del calentamiento global! A la mujer colombiana, se le admiraba por ser "berraca" y echa pa'lante, criar 8 o 12 chinos, atender la casa, cuidar la "huerta", los animales (incluyendo al jeroz del marido) y tuavía le quedaba tiempo pa otros "menesteres"; peru ora todo ha cambiado. Yo les pregunto, mujeres, ¿si ya habían ganado su independencia, del "yugo" del machismo, porque ora "vuelven" hacer esclavas, esta vez de su vanidad?

Pus solo por versen "guenotas", se exponen a que las dejen como "Betty" o lo que's pior, ¡que les cancelen, más rápido su "patente"! Ya, hasta nuestro escritor, el señor Gabriel García Márquez, dice: "Una mujer exquisita, no es aquella que más hombres tiene a sus pies; si no aquella que tiene uno solo que la hace realmente feliz y tiene un carácter firme y sabe decir ¡no!". Aquí yo me "colincho" y digo: Una mujer "integra" es segura de sí misma, es aquella que se mira al espejo recién levantada y no se espanta, ni se preocupa por las canas y las arrugas que se dibujan con la vejez; que se mantiene, limpia y bien peinada, cuidando su salud y apariencia. Esa misma mujer, es aquella que no compite con su compañero, sino que, hombro a hombro con él, camina por la vida, con mutuo respeto y amor, y de ñapa, como dice la "trova" cuando el hombre no puede, ¡la mujer le ayuda!

Bustedes, "probesitas", han pensa'o ¿qué les espera cuando se hagan viejas y ya no haya quien les dé pa'l "mantenimiento" de su hermosura, y quizá, con aquellas "protuberancias" desinfladas y el pellejo colgando? ¿Sin amigos que las adulen, solo recordando "Yo también tuve 20 años"? Pobrecitas, si hasta me dan ganas de chillar.

Algunas de bustedes dirán: "Vieja envidiosa, sí que 'jode', está 'ardida' porque no pudo hacer lo mismo que nosotras, 'las guenotas'"; Pus, jigensen que no; aquí donde me ven, a mis 72 años de edad, llevo un matrimonio de casi 55 años y "aún me tiento y mi allo".

Golviendo, con don Gabriel, él sigue diciendo: "Un hombre exquisito, es aquel que valora a una mujer como esa, que se siente orgulloso de tenerla como compañera, que no come mierda en la calle, teniendo un exquisito manjar en casa".

Gueno, ya no más "perolata", espero, haber logrado dibujar una sonrisa en sus labios y "robado" unos minutos de su atención. Si tienen algún comentario o crítica constructiva, visiten mi página de internet a www.ligiachirivi.com.

¡A gozar se ha dicho, no jarten tanto aguardiente, dejen algo pa Nochebuena, la vida es corta, cuídala!

¡Chao!

Ligia Chiriví.

14 de julio de 2013.

Pa' qui Recordar

Ola mis chinos queridos, u mijor, ¿cómo están su "mercedes"?, ¿mi han extrañau?, ¿u ni siquera se habían "percatado" de mi ausencia? U tal vez muchos de bustedes estaban contentus pur qui aquella colombiana, qui tantu jode con sus escritus, ya nu si había dejado joyir.

Me van a disculpar, peru mientras pueda voy a seguir escribaniando, dejando saber mis críticas y mis humildes opiniones, yo "sabo" que pa algunos soy comu una piedra en el zapato, u comu una pulga entre la faja, disculpen sus mercedes, "ansina" soy yo.

Gueno, mis comentarios hoy son: ¡*El patrón del mal* y la vaina de Cartagena! ¿Cuál será la verdadera razón de haber hechu esta novela? Pa rimover tu esus malos tiempus, llenos de miedo, violencia, sangre, dolor y muerte, ¿con qué fin? Si hasta la misma familia del señor Pablo Escobar, querían "enterrasen" vivos, pa que nadie supiera de ellos, pus sentían mucha vergüenza y dolor por lo que su esposo y padre hizo sin ningún remordimiento, amparado, detrás de aquella gente probe que él ayudó en su "momento", solo para tener en quienes "parapetarse" cuando él lo necesitará; y este momento llegó muchas veces. Lo mismo que hizo con "aquellos" miembros corruptos del gobierno, a quienes les llenaba los bolsillos con dinero manchado de sangre, lágrimas y dolor para que vivieran como los nuevos "ricos"; esta fue la estrategia, que le ayudó a llegar tan lejos, al patrón del mal.

Yo, creigo que todos los colombianos que tuvieron que sufrir en carne propia todu ese infierno y los desplazados por aquella violencia, solu queren olvidar, borrar de sus mentes y corazones todo ese infierno vivido; ¿sus personas qui upinan? Si la novela jue hecha pa ganar dinero, ¿expliquen pa quién? No creigo qui será pa ir de casa en casa, recompensandu a esas jamilias ajectadas, pur esa violencia. Olguidadu que, ya ningún dinero puede digolverles sus seres queridos, torturados u asesinados, u sus tierritas y to aquello que perdieron, ¿con qué derechu los obligan a recordar todo lo que quizá, ellos habían enterrado ya? Nu hay direchu, pero enjin siempre el "peje' grande se traga al más chiquito. Esperamus que esa novela no vaya a desacreditarnos de nuevo a nosotros los colombianos en el exterior, sería una lástima, pus ya comenzábamos, a ganar nuestro respeto otra vez.

Cartagena de Indias y no pur la india Catalina, sinu pur la pripago, y el gringo, cuando se distapo "la olla" se armó un escándalo, el "hijuemichica", y ora cualquiera quere sacar probechu del "suceso", (¿ansina se dice?). Los periódicos, la tele, las revistas y tu esas "jodas" que viven del chisme, cuentan lo qui pasu entre la pripago y el gringo; cadicual a su manera comenta lo que paso allá en la Heroica, pus la "china" no fue pendeja y reclamó lo convenido, sin importarle qui "tuiticu" el mundu lo supiera. Pus parece qui al gringo le pasó lo que dice la canción *"Después que matas el tigre, le sales corriendo al cuero"*. Parece ser qui esa china era nueva in esos "bisnes", pus in vez de decirle al gringo que ella quería un regalito de $800 pur acompañarlo pa que no le diera "meyo" y "apagarle" la vela en su cuarto, le jubiera dicho a "calzón quita'o", como dicen las que tienen esperencia; plata en mano y ¡c... en tierra! Más claro no canta un gallo, ansina se jubiera ahora'o, el "bochorno", ¿los señores qui opinan?

¡Oh! Antes dé qui se mi "olgide", la prove Shakira, ¿pur qué tanta crítica? ¿Solo pur qui olgidó decir "Sublime" y digio "Ublime"? Nu fue pa tanto, sus mercedes, al menús a la china, aunqui sea ciega, sorda, muda, loca y ande con los pies descalzos, no se ha olguidadu de sus raíces, ni de la C de Colombia. Todus sabemus qui donde ella se priesente, se siente orgullosa de ser colombiana, entonces, ¿purqui jastidiarla con J grande? ¿Cómu qui le tienen "tirria" en su propia patria? Recapaciten y pídanle una disculpa a lo grande, igual a como jue su crítica; sería lo justo, ¿no?

Mi despido de sus mercedes, ¡hasta otro día! Chao.

Ligia Chiriví.

22 de julio de 2012.

A ritmo de Fandango

Ala mis chinos queridos, ¿cómo están? Espero que bien. En esta ocasión tengo nuevas y algunas notas olvidadas de mi baúl.

El año pasado y para ser más exacta, el 24 de julio de 2005, joyi una noticia, que la cónsul en Miami ayudó a un colombiano que vino con visa y una promesa de trabajo, pero ya luego de estar en las Mayamis parece que a su futuro patrón no le gustó su "pinta" y le negó el empleo prometido; así que el probe se tuvo que conformar con quedarse en el aeropuerto, como hotel. De alguna manera, nuestra cónsul se enteró de la situación de este compatriota y ella solo "corazón", ¡lo regresó a Colombia! Con amigos así ¿pa qué queremos inmigración?

En un pueblo de Colombia hay un siñor que está combatiendo el hambre en una forma equivocada. Ustedes dirán, ¿esu purqui? Pues pur qui este siñor gasta unos ochenta dólares o más al mes, comprando carne, no para alimentar a los proves, si no a los "chulos"; sí, así como lo oyen, sí, a esos pájaros negros que se alimentan de animales muertos; ahora ya no tienen que buscar que comer, si no que llegan todos los días a la placita del pueblo, a comer "gueno", ¿cómo la ven?

En un pueblo de la costa de Colombia, llegó un hombre de púa aya de la estranja, de Australia, pero de descendencia colombiana, que se encariñó con la gente de ese pueblo y se quedó viviendo allá; él recibió una herencia "así... de grande", la cual empezó a compartir con sus paisanos y ellos lo apodaron "el gringo loco" y ¿por qué? El gringo dice que donde él se crio no hay niños proves, y él desea que al menos en este pueblo, no los hayan más, así que "al toro por los cuernos", llevó videos para enseñarles a los hombres sobre la esterilización masculina, pa que ya no jabriquen tanto "corronchito", y los que ya hay, puedan tener un mejor futuro. Pa convencerlos, él usó "su malicia indígena" que alcanzó a heredar; a cada hombre que aceptó operarse le dio un lote con escritura y todo, para que se pongan a sembrar y así poder sostenerse ellos mismos. Personas como este "gringo loco" son las que se necesitan como gobernantes, ¿verdad?

En Colombia, un muchacho di esus traviesos, inventó una guitarra sin cuerdas, sí, así como luoyen, que suena por medio de computadora, inteligente el chino, un candidato pa la NASA.

Otros dos muchachos se inventaron un gorro para "nadadores ciegos", que tiene unos dispositivos que alertan a quien lo usa cuando va llegando a la orilla de la piscina; ¡felicitaciones, sigan pa'lante!

Escuché al fin una noticia buena y linda acerca de Colombia. Nuestro país está entre los mejores países en donde los feyos se pueden golver requetebonitos. Colombia es el número uno en dentistería cosmética y en cirugía plástica, en donde llegan unos veinte mil extranjeros al año, buscando el "bisturí mágico"; quizás como los conquistadores, buscando El Dorado... Colombia ha ganado prestigio en el mundo, otra vez por las recomendaciones que hacen los ya "reencauchados" y que se sienten satisfechos con el precio, más bajo que en otros países, la calidad del trabajo y aquel calor humano que les brindan los colombianos. Gracias "Chuchito".

¿Se arricuerdan ustedes de la niña que necesita tener nariz y que mencione en julio? Ella se llama Alejandra y está siendo ayudada por Juan Carlos, un deportista colombiano que armó un espectáculo para recoger fondos para esa cirugía. Él se deslizó de cabeza desde el techo de un edificio, ansina di altu pa llamar la atención de la gente y así consiguió que uno de los mejores cirujanos plásticos "donara" sus manos; ahora solo falta reunir el dinero pa los demás gastos; yo humildemente priegunto, ¿habría alguna manera de ayudar a Alejandra? Quizás por medio del programa "Colombia nos une". Por favor, hagamos algo efectivo por y para ayudar, no solo a esta niña, sino para tantos de nuestros hermanos necesitados.

En Colombia, un grupo de doctores y enfermeras fueron "descomulgados" por un siñor di esus que visten de rojo y viven en la ciudad que se llega prieguntandu. Él les cortó la comunicación "con Chuchito" y los condenó a quemaren en el fuego eterno del infierno, ¿y esu 'purqui? Este grupo de doctores y enfermeras, con el permiso del gobierno, accedieron hacerle un aborto a una niña de 11 años, que después de ser abusada por su padrastro, desde que ella tenía 6 años, resultó embarazada. La abuela de esta niña fue quien movió "cielo y tierra" para lograr este aborto, que fue hecho en el único hospital de caridad de esa zona; ¿no les parece raro que esti siñor vestido de rojo, no "descomulgara" también a las personas del gobierno por dar permiso? O lo que sería más justo, al padrastro y a tantos otros hombres que, como este, han y están abusando de niños. ¿Será quía esti siñor, le hicho achiii si lo hacía? Porque, ¿qué tendría que empezar en su casa? ¿O será que él tiene cola que le pisen?

Ya pa terminar este "fandango", en Pereira hay actualmente una huelga bastante seria; la de las "piernas cruzadas", ¿y esu que's? Las pereiranas están buscando la manera de que sus maridos dejen las armas y la violencia en las calles, ellas usando su "malicia indígena", les están dando un golpe "bajo", ¡no "más sexo"!, hasta que ellos cambien. Un consejo pa que las huelguistas, no "aflojen las piernas", pónganse una aspirinita en medio de las rodillas y no la dejen caer. ¡Felicitaciones mujeres, suerte con su huelga y a aguantar se ha dicho!

La vuelta final, si hablamos de baile, a nuestros tan goleados vecinos, le quedaron "cuadrados los ojitos", se debe sentir refeyo que alguien de afuera demuestre que sabe y que ama más lo que es tuyo. "Provecitos ellos", una vez más y en forma limpia, les ganamos "la partida". Estoy hablando de la "competición mundial de Tango", en primer lugar quedó Colombia; pero "cuidado", que esto podría ser una advertencia para nosotros, si olvidamos nuestro folklor y raíces, nos podría pasar lo mismo.

¡Que se los dije!... en el programa de televisión *Sábado Gigante*, en el concurso del Chacal, los participantes deberían vestir con un traje típico de su país de origen; el sábado 9 de septiembre se presentó una colombiana a cantar cumbia, "ataviada" con una falda negra y alpargatas; ¡que vaina carajo! Si van a representar a su país háganlo bien, ¡la cumbia se baila con un vestido de cumbia y descalza!

My Colombia, un video presentado en el canal 15 de televisión, me trasladó por una hora a mi amada Colombia. Lloré de la emoción, al volver a ver aquellos paisajes, tan únicos, al igual que al oír nuestras bellas canciones tan sentidas; me impresionó una frase que dijo uno de los presentadores, "Dejamos a Colombia sin saber por qué"; es cierto, pero más cierto, que Colombia como "madre buena, nunca nos ha dejado, ni nos dejará". Siempre está con nosotros, sentimos su presencia con tan solo añorarla, al escuchar nuestra música, al ver nuestra bandera, al poder compartir con nuestros hermanos o cuando aprovechamos cualquier oportunidad para "hacer" patria, mostrando lo lindo y bueno de Colombia, ¿están de acuerdo?... ¡Chao!

Ligia Chiriví Giraldo.

Mariguana

En Colombia, en los años 60, originalmente se usaba una fibra de hilo llamado Cáñamo; esta fibra era bastante fuerte y se usaba para cocer todo lo relacionado con la talabartería, este es el arte de hacer sillas, galápagos, riendas y otros artículos para los caballos. Al igual nuestros águelos se dieron cuenta que la fibra no solo era juerte pues la planta también tenía propiedades curativas: curaba cualquier dolor del cuerpo tomándola en agua hervida, ayudaba con dolores del cuadril machacándola y despés calentándola en un tiesto (pedazo de olla de barro) y así hacían una cataplasma o parche y también ayudaba con el dolor de las reumas y el entumecimiento de las coyunturas remojándola en alcohol y frotándose. Así fue como se conocía esta Yerba Güeña.

Pero todo esto cambió cuando aparecieron los jipis, aquellos hijos de papi y mami que habían viajado a la "estranja" y regresaron a nuestra patria después de haber aprendido pu allá solo mañas y que ahora se encontraron en el "paraíso" al haber aprendido que esta yerba era como la yerba que los Pieles Rojas "jumaban" en la pipa de la paz y que la de Colombia era de mejor calidad. Lo malo de todo esto, fue que estos jeroses no solo se la fumaron gratiniano, sino que les enseñaron a nuestros chinos estas mañas desgraciando nuestras familias. No contentos con esto, también se dieron cuenta que esta yerba güeña podría ser tan codiciada como nuestras esmeraldas y le atinaron entonces comenzó la exportación de la misma. Los más pendejos cultivando y los más avispaos llenándose los bolsillos de billetes.

Paso mucho tiempo y naiden se daba cuenta que mientras personas nacionales y extrajeras se hacían ricos, nuestra honra estaba en juego y a quienes no tuvimos "vela en ese entierro", ni nos dieron parte del pastel, nos "jondiaron" (tiraron) el agua sucia por la jeta (cara) y nos jodieron porque quedamos marcados como "narcotraficantes" por el solo hecho de ser colombianos, y nuestra madre patria fue calificada como una plaga, humillada y puesta en un rincón como si se tratara de una "lacra". Y como dice una canción "y ahora quien va a digolvernos nuestra honra y prestigio limpios". Quien se va a encargar de libertar a esos proves que por pendejos y por mulas están en prisiones a consecuencia de este negocio.

Los colombianos hemos sufrido humillaciones, discriminación, escándalos y oprobios en contra de nuestra añorada patria por tener en nuestro suelo marihuana de la mejor calidad y ¿saben el por qué?

¡Sus semillas fueron un regalo a uno de nuestros presidentes por otro presidente del continente asiático cuando el visitaba ese país!

Hoy me pregunto, después de tanto pleito, multas, muertes y encarcelamientos, ¿qué pasó? ¿No pudieron con el enemigo y por esto bajaron la guardia y se unieron a él? ¿O finalmente aceptaron el hecho que esta yerba es medicinal? ¿O es que los dividendos son tan guenos que dan pérdida de memoria? ¿De dónde salió tanta yerba para abrir tantos dispensarios? ¿Pu'alla en Texas? De aquella que fue decomisada tiempo atrás, ¿o es qui horita, cualquiera puede tener su propia guerta en casa o comprársela al vecino como cualquier hortaliza?

En medio de tu este revoltijo (cambio) la verdad salió a flote, ¡la marihuana es una yerba medicinal en cuanto bien se use con todo respeto! ¿Sus mercedes qui opinan?

Nota: las palabras "folclóricas" que uso en mis "escritos" las he aprendido de nuestra música colombiana.

Ligia Chiriví.

16 de febrero de 2014.

Solvang, un piasitu he patria

Hola, paisanitus ¿cómu están bustedes? Listus pa disfrutar del jestival colombiano. Espiremos qui tuiticu lu prometidu sea una deuda que se cumpla; el grupo y lus demás mentaos sean di pu'allá di la tierrita, qui no nus vayan a salir con un chorro e babas, u nus queran meter "gatu pur liebre" que lus grupos folklóricos y lus bailes que eyus muestren, sean di a deberás colombianos, no cumo en otrus jestivales qui de colombiano solu tenía el letreru. Comu el anzuelu y la carnada tuiticu lu qui muestriaron, sin saber di dondi lu trajerum, pus ni se supió; ansina ritmos y música traídos di otrus países, ni cónsul qui de la cara, ni izada e bandera y ansina mesmu ni la canción nacional de la tierrita, comu quen dice ¡sin sabor a Colombia!

Bustedes se pieguntaran ¿porqui el nombre de SOLVANG en mi escrito? Pa ya iba yo; siempre compartu con mis paisanus mis vainas, ¿verda? Pus déjenme cuentearles de dondi saquí este nombre, mi yevarun a conocer un pueblitu queta yendo pa San Francisco, escondidu entre lus cerrus y lo mientan Solvang; está en un piasitu e tierra de su qui yaman valle; esti pueblitu tene comu tantus dijerentes historias di comu jue qui se jormó, di donde yegaron sus primerus puebladoris. Unus dicen qui juerum unos projimus alemanes qui yegarun a trabajar en unas minas qui ayí se jayaban y otrus qui juerum disendientis di aqueyos jeroses yamaos Los Vikingos. Guenu, luque guiene al cuentu es questus projimus trajerum sus jamilias pur la razón qui juera, construyeron sus casitas a imagen y semejanza, ansina mesmu comu las de su tierrita, quizá pa no sentir la nostalgia pur la lejanía. In cuandu yo vide estu sentí envidia, pus lus qui ayí viven son comu los caracoles u las tortugas, pus parece qui se tragerun su piasitu e tierra cun eyos, hasta sus raíces. Digu estu pus en lus techus de paja en algunas casas se devisan las cigüeñas con sus nidos y pichones comu quen dice; no dejaron nada pu'ayá atrás. Cuandu, uno entra pu'ayá pa dónde empiezan las casas, uno se sienti en otru país sin jronteras ni pasaportes que muestrar. Su iglesia, su tranvía tirao pur cabayotes, diesus ansina de grandorrototes y otru maneja'o por alguien, sus panaderías cun tantu biscochos tan requiteguenus, sus ristabrantes con sus comidas di ellos, claru qui tamben hay ristarantes de otrus países, pus parece qui ellos no son regionalistas. Adimas, esas ciementeras, creigo son di cebada y otras di uva, pus ayí no hacen guarapitu sinu, guen vino y cerveza. Mi olguidava, tenen, muchu ganao, cabayus y de encime una jinca de esas aves qui cuando tenen meyo meten la cabeza en la tierra, comu algunus projimus diesus qui no dan la cara al problema.

Gueno y digo, ¡qui envidia! ¡Se imaginan paisanitus nosotrus con un pueblitu paisa! ¿U di cualesquiera parte di nuestra tierrita aquí en LA? ¡La Berraquera! Pueder ir lus domingos a saboriar, nuestra lechonita y tamales tolimenses, nuestra fritanguita y tanta comida guena comu tiene nuestra patria, si miase agua la boca, guenu "soñar no cuesta nada", haber pa cuandu vamus a tener muestra calle aquí en LA, con el nombre de La gran Colombia. Se arricuerdan bustedes dil cuentu; jue comu tantas promesas qui hacen, lus que saben ofrecer y indispues se lavan las manus, jue puro contentiyo, tanto "bombo y maracas" anunciandu qui ya tenen el comité "organizador" pa estu y de prontu nada, cuando priegunto al que sabe "por dónde va el agua al molino", mi respondió qui esa gente se echo pa atrás y que tinemos que espierar qui alguien serio si haga cargo del asunto. Guenu, yo por mi parte seguiré soñandu, ya ques gratinianu. ¡Chao paisanitus!

Noticia dil última hora: La chiva voladora, asnina comu lu oyen, en Pitalito Huila a nuestru paisanu Daniel Orejuela, le junsionu su malicia indígena, el dijio: "Si Medellín y Bogotá tenen sus transportes colgantes pur qui no Pitalito". Se enbentó una chiva colgante, dondi caben seis projimus, pa qui los dil pueblo ansina mesmu, los vesitantes, se encaramen en ella, y uno, dos y tres, indispues de 20 metros de rodada ¡a volar! A una altura de 200 comu quen dice, lu mesmu qui un edijiciu de veinte pisos en el parador de los Peregoyos. ¡Jeliciatciones!

Ligia Chiriví.
Giraldo.
02 de abril de 2015.

La paz

Paz, una palabra chiquita y sencilla, qui al prenunciarla parece un suspiro, pero *la paz* is algo qui no se cumpra, ni se remienda conversando, ¡no! *La paz* son tantas cosas juntas: amor, no odio, risas y no lágrimas, lealtad, colaboración entre jamiliares y amigos, harmonía, consideración, educación, empleo, una tierrita labrantía pa qui trabaje el campecinu, mucho olgido y perdón pur todu el dolor que nus ha dejado ista guerra sin nombre, ni razón de ser, con artu amor, pacencia y dignidad hay quir armando nu la palabra, si nu el estado di tranquilidad qui da vivir en *paz*.

La paz nu es la ausencia di la guerra; is una virtud, un estado emucional, una disposición di pirdonar y amar, de ser honestus y confiar en quenes nus rodean; la paz tene qui empiezar di adentro de nuestrus corazones, entierrando rencores y odios pur quenes nus hicieron daño ansina mesmu, comu entierramos nuestrus muerticos.

Consideración cun lus viejecitus, lus guerjanos y tuiticus quenes jayán nacidu bajo esa era di violencia, ayudándoles a curar sus heridas y ogreciendoles una nueva vida; a lus viejitus, un digno albergue, amor y mucha pacencia cun sus achaques; a los mocetones, un mejor futuro, cun una educación qui les permita tiener un guen empleo, pa que cuandu sean grandis, se sientan orgullosus al saber qui cualquier cumodida qui puedan disgrutar es gruto de su esfuerzu y ansina cun mucha dignida ensiñar a sus hijos a conseguir lu qui necesiten con "el sudor de la frente", sin espierar qui del "cielo les llueva mana".

Reintegrando, a tuiticus lus displazados digolviéndoles sus tierritas quitadas pur lus más juertes a mano brava; ¿es lu justo que no? Ansina Colombia y sus habitantes puedrán cantar: "...*Cesó la horrible noche, la libertad sublime y en surcos de dolores el bien germina ya*". Nu si verían ya puy más jamilias viviendo disamparadas en las calles, sinu trabajando el campo, dándule a Colombia prosperidad al tiener nuegamente sus cultivos, ganaderías y un guen comercio entri lus dipartamentus comu antis, recuperar tantas utras cusas qui ya están casi olgidadas: comu la hermosa y sentida música del añorado tiple, el requinto, la bandola ; la cadencia di un bambuco, la inocencia de un torbellino, la alegría de un sanjuanero, la elegancia di un pasillo, aquellas serenatas di nuestros aguelos; las "Retretas" jueves y domingo en las noches, en aqueyus pueblitos de tierra caliente. Todu estu se murió por meyo a la violencia; y bustedes siñores, sí, bustedes lus qui están gastandu el dineru qui le pertenece al sugrido pueblo, allá en Cubita, la bella, con el pretexto de garlar "sobre la paz" comu si el tema fuese un colchón, ¿a bustedes quen les dijio que la paz se arreglaba echando lengua como gato tomado leche?

Comu si ve qui a estus dilega'os dil gobierno, qui si están dando "unas inmerecidas vacaciones" con silleteras incluidas y no precisamente las del desfile de las flores en Medellín, estu lu intuyo pur mi malicia indígena, ¿u cual is la razón u motivo pa tanta dimora pu allá? Tal parece qui a nenguno di estus delegados los guerrilleros nu lis han tocao ni sus propiedades u miembros de su jamilias, ¿verda? Pue su, pa eyus nu significa nada sentarse con los cabecillas de la FARC a "jartar ron del gueno en el mesmo vaso", jumarse un habanero de los guenos y decir como José José "ya lo... pasado... pasado".

Sus mercedes perdonaran mi inorancia; pirú las noticias nu son claras cun esu del tema qui se dibate en Cuba, ¿gobierno y guerrilla sentados a la mesma mesa? Sería gueno qui puseran las cartas sobre la mesa y dijeran: ¿cuál es la idea de que reuniéndose parte del gobierno con jefes de las guerrillas van a digolver la paz a Colombia? (me acabo de enterar qui tambén ELN es otro grupo guerrillero). Pregunto: ¿Están los cabecillas de los dos grupos dialogando allá en Cuba?

¿Quién pide perdón? Sin lugar a dudas los grupos subversivos; que ofrecen a cambio. ¿Dejar libres a los secuestrados y a los jóvenes que fueron reclutados a la brava?, a quienes "golvieron sus esbirros tronchando ansina un juturo promitedor; ¿Devolver las tierras usurpadas a sus dueños y prometer no volver a hacerlo? Comu quen dice ¿si acabaría las guerrillas y todus puedríamos vivir comu antis jelices? Si la vaina is ansina, parece cuento di hadas; pus jabría el chance di golver a vivir en santa paz.

¿Qui está ogreciendo el gobierno? ¿Penas más cortas pa tu estus arrepentidos? ¿Visitas conyugales más frecuentes? ¿Cuartos con aire acondicionado? ¿Guenos colchones? ¿U sirá siertu, lu qui dicen pu'ay las malas lenguas? Qui el gobierno les dará el perdón a tuiticus eyus, comu quen dice, no pisaran la guandoca y mesmamente tiendrán el chance de postularse pa puestos en el gobierno. Estaríamos jodidos si yegara a ser cierto, ¿no lu creyen sus mercedes? ¡Pido utra vez perdón pur mi inorancia! ¿Será algo di tuiticu estu cierto? ¡Esperemos qui nu! Peru, cuandu el río suena piedras lleva. No más especulación sobre este tema, ¡qui si joiga ya! ¿Comu y cuandu vamos a tener paz?

Mientras esista corrupción, lagartearía y malversaciones en los gobiernos, con los dineros que son del pueblo y para el pueblo, no podrá haber paz; un pueblo con hambre, sin techo, ni educación, y de ñapa, olgidaos y vejados pur lus qui se gastan el dinero qui les pertienece, es un pueblo resentido, malhumorado, qui solu ha aprendidu a hacer manifestaciones pa muestrar su descontento. ¿Qué pasará con el dinero que los gobiernos recogen en las redadas hechas a los narcos? ¿Se les volverá una bolita que se pierde muy fácil? Sería hasta honroso usarlo en el priesupuesto de los gobiernos y así compartilus cun los pueblos entri escuelas, jospitales y dimás menesteres, a naidenes limportaría saber qui jue un dinero mal habido, peru bien usado sus mercedes ¿qué creyen?

Para que haya *paz*, las religiones tendrán que cambiar; primero, arreglado aquello de que si te arrepientes das una guena limosna pa la Iglesia y rezas unos cuantos padres nuestros y otras cuantas avemarías, no importa lo que hayas hecho, Diosito te perdonará por medio de la bendición del "Santo" cura, ¡así cualesquiera! Con esta creencia; estos bellacos van, matan y comen del muerto, se confiesan y ¡ya! Pus tenen ya el perdón comprao. ¿Ora tambén eyos se han creído qui lus gobernantes son curas u qué? Y tenen la obligación di perdonar, nu sus pecadus, sino sus ¡atrocidades! ¿Porqui? ¿U es qui compartierun con ellos su dinero mal habido? Los curas en sus sermones no predican a sus feligreses amor, compasión u tolerancia, pur su prójimo solo explotan sus miedos, cun cualquier desgracia qui pase, pus jue qui nus portamus mal y papá Dios nos castigó, lo malu di esti panorama es qui Diosito solo castiga a lus proves is estu justo. Si lo dice mi "amo" el cura, ¡sí!

El pueblo ha perdido la fe en Dios, los curas tendrían que "trabajar" con mucho empeño para explicar el porqué, nuestro Dios tan misericordioso perdona a todos estos "bellacos" que solo han hecho mal a sus hermanos olvidando los mandamientos "No matarás, amarás a tu prójimo como a ti mismo", ¿solo por tener un dinero mal habido? ¿Qué les da el poder de hacer lo que les dé su gana?

Les dejo esta inquietud a los entendidos en la polémica. Yo, comu dijio pu'ay alguien "Yo solo sé que nada sé", piro alcance a sentir el "oleaje" de la violencia, al ver prójimos que jueron mutilaos y torturaos pur allá en sus pueblitos dondi eyos vivían y que mis padres refugiaron en nuestra casa, joyir sus historias llenas de terror pur la crueldad qui jueron víctimas y el dolur al tiner qui juir sin pueder tan siquiera entierrar sus muerticus pa pueder salvar sus vidas. Istas palabrerías entri genti grandi mi dava desazon y mi ponía el "cueru e gayina".

Estaré desubicada en el tema, u "¿estoy miando juera el tiestu?". Déjenme saber por jafor. Paisanitus, ricuérden estu: "El grande es grande u se ve grande, cuando nosotrus tamus di rodiyas".

¡Colombia llora, pero no se rinde! Intonces ¿no creyen bustedes, quis tiempu de estirar las piernas, sus mercedes?

Ligia Chiriví.

20 de julio de 2014

El Tratado por la Paz 2

El tratado pur la paz, sigue a pasu e tortuga y comu digio el ciego "amanecerá y veremos", lu malu jue qui amaneció y no vido nada, digu estu pus joyi qui no is solu en Cuba in dondi no si ponin de acuerdu los del parlamentu, jormao por los chusmerus y los delegaos del gobierno colombiano. Ansina mesmo, en Colombia le salió una piedra en el zapato del señor presidente, con nombre propio: el general en retiro Jaime Ruiz Botero, quen le está "cantandu" la tabla al señor Santos y tuiticus aqueyus qui dicen estar "trabajando" por la paz de Colombia.

Este general Ruiz Botero, es el mero mero de ACORE. A según yo, creygo esa vaina es el cabildu de los melitares ya retiraus y comu ellos se la saben de "todas todas" y en su memoria de murciegalu tienen tuabia vivitos los encuentros con aqueyus chusmerus qui ora se visten con "piel de chiva", a eyus no lus traman con discursitus aunqui sean dichus por el mesmo señor presidente, quien sabe que este general no toma guarapo en la mesma totuma, ni con él, ni con los del parlamentu; digio el general que el señor Santos, en uno de sus bandus lo ojendiu, mentándolo a él, comu alguien de mala je, acosador y sabotiador de la negociación por la paz.

Cuando le prieguntaron al general de porqui el no ta diacuerdu con el trata o pur la paz, contestu: "Cómo van a firmar paz con esos fuera de la ley, que siguen matando nuestros soldados y no quieren decir dónde están los campos minados con la excusa de que los que sabían ya tienen "la cruz podrida" y los demás nada saben de eso, y que ellos siguen sembrado minas para protegesen, mientras haber que pasa"; comu puédemus darnus cuenta, en dispues de haber gastao más de *ocho millones de dolares* costiandules las vacaciones a tuesus jerosientus, pur aya en Cuba, segimus comu el "pez caito" nada de nada. Mientras siga habiendu dineritu del pueblo aguantador pa seguir malgastadulo, no haberá ningún cambeo, ¿u qui algen nus diga di donde sacaron esa platica, quen la tenia horrada bajo el colchón y la regalu pa estu? No serian lus curas, ¿verda? Pus ellos son comu el azadón, tuiticu pa eyus, que si miaga la jeta chicharrón, pur lu que digo, piro es qui no se devisa nenguna solución pa estu.

Sera qui quizá, los entendidus diesti meoyo no haberan atisbao pa'l lugar indicao, donde puedieran estar las personas que risolvieran este entuertu en par minutos; ¿bustedes quen creyen qui puedieran ser? ¿Los santos de las Iglesias? ¿Algún ET, u quizá el "capo"? No, nenguno de estus, atisben utra vez: ¿Quien arregla cualesquier problema pur berracu que sea? ¿Quien cambea el panorama solu con una sonrisa y caya cuandu no hay pa comer? ¡Sí, esa! La de temple de señora y talla de mujer.

No si riyan, qui la vaina is en serio; digu estu no porqui yo sea mujer, ¡no! Si no por pruebas qui tengu. Pa muestra un botón, empiécenos con: Miss Universo, ¡esta china nació requeteboniritica y con una voluta del Carajo! Se decidió ser la segunda Miss Universo colombiana y lo consiguió, trabajo pa esto duro y parejo pa muéstrale al mundo que eya no nesecitu de nengún besturí pa yevase la corona.

En San Andrés, nuestras hermanas, pa ayudar a conseguir pa la yuca, tan haciendu de las "venas" di las hojas del plátano, adornus y bolsas que venden a las vesitantes, mesmamente las utras hermanas, pu'aya in la tierrita, sacan ripius, arayandu el palu el platanu, mijor

107

dichu, el vástago cun herramientas hechas pueyas mesmas y cun ajuja e croché tejen carteras y sombreros pa vender, ansina mesmu, cuantas más di nuestras hermanas, luchan pur la supervivencia del hogar, los hijos y el jeroz del maridu, usadu su malicia indígena, su amor, resposabilida y berraquera, imitandu a nuestras ágüelas pu'aya en la guerra de los mil días, que se bandierun solitas, pa mantener el hogar sin la ayuda del maridu u los hijos mayores, y si sigu con la historia nunca voy acabar, hijos de papá Dios. Recuerden que hoy en día, las mujeres son capaces de tocar la luna y las estrellas sin nesecida de que un hombre les este prometiendo al oído, el cielo con todu lo que tiene pegao, ¿sabieron de nuestra ingeniera espacial, la caleña Vanessa, quen se priepara pa explorar Marte y vive en Pasadena? ¿Y de la otra colombiana, Jimena Flórez, quien jue seleccionada pur míster Obama? Esta china trabaja con los campesinus pa que lu que de la guerta sea sanu (orgánico). Ansina mesmu, muchas de nuestras hermanas, luchan pur la supervivencia del hogar, y si sigo cun la historia nunca acabu.

    ¿Pur qui será qui lus hijos de Dios, no le dan importancia a tudo lu que la mujer haga? ¿Sira qui se chivean? ¿Al ver qui aunqui no queran reconocerlu, eyas les veyan una "pequeña" ventaja? Pus la mujer sirve de estera, cobija, almuada y cuando el jeroz no puede tan ben le ayuda; digo estu pus a muchos tuabia les queda grande cambiarle el panal u darle la boteya al chino si es menester y cuandu pierden un trabajo, se ponen a jartar en vez de mirar comu prieparase pa conseguir otro, si lus corren de sus tierritas, se largan pa la ciuda y aya se pierden, ¿hechu mentiras? ¡No! El inpedimentu es qui los hijos de papá Dios, se creyen que ellos se las saben todas y que son lus unicus que saben y pueden arreglar las cosas; toy requeté segura si juvieran mandao un grupo de mujeres pa Cuba, ya juvieran arrieglao ese intuerto, quizá se juvieran mechoniao, insultao, sacao los trapos sucios a ventilar, peru ya tarian de guelta con el "mandao", pus pa nosotras no hay nada más importante qui vivir en paz. Piensenlu, hijos de papá Dios, pus bustedes entuabia no le han dao a su costiya la butaca qui eya se mérese, denle guelta al papel, quizá ahorrarían unos pesitus del sufridu pueblo y comu diría mi aguelita "quien quita un cinco y cena".

Antes de cerrar la pagina, ¿ya supieron de la estrella que le dieron pu'aya en Hollywood a nuestra Sofia Vergara Davila? Esto nos debe yenar de orguyo a tuiticus los colombianos, no solo aya en la tierrita, sino tan ven aquí, ¿no creyen bustedes? La Sofía comu la Shakira, nos han dao muchas satisfaccionis pus las dos semprie han muestrao sentirse orguyosas de ser colombians; yo priegunto: ¿Por qué fue tan simple la ceremonia de la estreya? ¿Comu si juera pan de cada día? ¿Por qué no hubo alguen qui organizara a un grupo e projimus pa estar priesentes acompañando a la china en este su Día? ¿Dónde taba misia Lucy con su comparsa Barranquillera? ¿y aquel grupo Costeño que se priesentu en el jestival del Sancocho? ¿Y per qué ese mesmu día del Sancocho naiden envito a ese evento? Envidiosos, yo jubiera yegao tempranu ataviada con uno de mis mejores trajes tipicos, colombiano, yo no mi pierdu, ni la corrida di un catre, tratánduse de eventos de mi tierrita, mi jubiera "pavoneado" por esa caye de Hollywood.

Esa ceremonia a según vide en el Facebook, solu unos pocos colombianos estuguieron priesentes, ¿seria que no ofrecierum aguardientico pa'l frío? Don Germán, el dueño de la fonda antioquena, jubiera apobechao el acontecimiento, ya que taba pu'ay cerca, pa ofrecer a los paisanus aquel diesayuno". El amanecer paisa. Yo mi querida Sofia, desde el fondo de mi corazón, le deseo que su mercé siga cosechandu muchos mas triunjos.

¡Chao!

13 de mayo de 2015.

Ligia Chiriví Giraldo.

Se hizo realidad

Hermanos colombianos, les cuento que uno de mis sueños se hizo realidad y estoy más contenta que "marrano estrenando lazo". Este sueño lo he deseado como una madre desea un hijo después de la menopausia, casi imposible ¿verdad? Pero ahora puedo dar crédito de que los milagros existen; o que no hay que cree en brujas, pero que las hay, las hay. Desde que llegué a este país amigo y escribí "*I am Proud to be Colombian*", invité a las personas que hablaban mal de nuestra patria, a que fueran allá y juzgaran por ellas mismas como es realmente Colombia, esta invitación la hice más de una ocasión, pero nada pasaba, navegando en el internet una de mis hijas encontró un anuncio "*Know Colombia*", un viaje en grupo para ir a Colombia por 11 días, que sería el primero de la empresa Smart Tour, desde Nueva York.

El itinerario era tentador: salir desde Miami rumbo Bogotá el Sábado 13–09–2014, hoteles 4 estrellas y todas las comidas incluidas, transportación y guía en inglés durante todo el viaje, visitar el eje cafetero, visitar dos pueblos en Quindio y estar allá tres días, ir a Medellín y terminar el viaje en Cartagena. No lo pensamos mucho una de mis hijas, su esposo, su hija menor y esta susodicha, compramos nuestros pasajes, metimos cuatro mudas en una tula y nos juimos. Vulamus a las Mayamis el viernes pa no llegar tardi pu'alla. Vulamus a Bogotá, sábado in la noche, in el aripuertu nus esperaba un paisano, el siñor León Pardo, quen dispués di reunir el grupo compuesto por veintiseis extranjeros de diferentes partes de USA, una señora mejicana casada con un americano, un doctor puertoriqueño casado con una Ms. americana, y nosotros 4, iramus 6 latinus, un total de 32 pirsonas. El Sr. León Pardo, cachaco cumo yo, era nuestro guía turístico; él se hizo cargo del equipaje y la transportación al hotel Morrisón, allí nos recibieron cun un jugo e frutas como bienvenida. Isa noche, sábado, descasamos y el domingo el Sr. Pardo nus reunió pa qui cunuciéramos nuestros compañeros di viaje cun sus nombris y apelativos y qui digeramus él pur qui habíamos queridu ir a Colombia.

La mayoría di los viajantes, han idu a tantus lugares, qui les pico la curiosida di saber pu eyos mesmos, cual juera la verda sobre Colombia así qui sin joyir upiniones u consejos di sus jamiliares u amigos comu gente grande compraron sus pasajes. Eyus serian lus primeriticus in ir pu'alla; aventurar sia dichu, pus esti jue el primer viaje di esta compañía a Colombia.

Empiézanos el viaje; transportaos in un guen bus, visitamos Monserrate, nuestro baquianu si encargo de los tiques y qui todu el grupo juera unido, nus trepamus in telesjérico, nuestrus compañeros jelices con lu qui veyan, tumaron jotos, anduvimos pu'ay un corto tiempo, endispues baja mus pu'el junicular, ayá nus esperaba el bus pa llevarnos a los museos del Oro y del Botero, la Praza del siñor Bolívar y sus alrededores. Juimus al lugar dondi lus viajantes canbearon sus morrocotas pur platica di la nuestra, tambén vesitamus, la calle e la Candelaria, di allí juimos al mercado de las pulgas en Usaquén, un gonitu lugar pa cumprar artesanías colombianas, di pu'alla rigresamus al jotel. Ya in la tarde uno de mis hermanos Nicolás Chiriví, quien vive in Bogotá, y es músico projesional a quen yo nu devisaba disde unos treinta años atrás. Yegó a saludame cun música di a la qui a yo mi gusta, colombiana, traiba con él su esposa y jamiliares de mi dijunto esposo. La música la compartí con mis compañeros di grupo quenes si sentieron alagaus pu'el detalle. Luego di joyir la música, tuitos comimos, conversamos un rato y luego yegu el momento triste, la despedida, de los familiares.

El lunes temprano endispues del disayuno dirigidos por el Sr. Pardo, nos juimus rumbo a Zipaquira, a conocer la Catedral de Sal; al yegar pu ayá, nus dirigimus in grupo a la mina, siempre guiados pu'r el Sr. Pardo, adentru el comenzu cun la explicación sobre la historia de la mina (hubo lluvia de relámpagos, los flashes de las cámaras tomando fotos) comu y porqui si construyó la catedral, cuantu tiempu tardarum.

Cuandu acabamus el recorrido, algunas personas dil grupo compraron chucherías. Luego, ajuera mas jotos en la entrada de la mina, comenzó a lloviznar, nos juimos pa la ciudad almouersar, entramus a un restarante muy gonito peru no mi arricuerdu comu lu mentarun, allí tenían Ajiaco con todas las de la ley y carne a la llanera. Yo nu lu pensé dos veces y pedí ajiaco, otros di nuestro compañeros tambén lu hicieron, cuando les dije qui taba regueno, tudos ellos sabían que mi hija y yo éramos colombianas, regresandu a vesitar "la tierrita" ya satisjechos nus alistamus pa salir rumbo al aripuertu, pasamus por Chia, Cota y por la parte lejana de mi pueblito Suba (todos esos pueblos si han desvanecio con el progreso), jinalmente llegamos al aripuertu, el Sr. Pardo se hizo cargo di todu lo qui jue menester pa pueder seguir cun nuestro viaje.

Volamos a Pereira, "la trasnochadora" capital de Risaralda, rumbu al eje cafetero. Al llegar pu'ayá, nus espiraba el Sr. Carlos cun un bus, ansina di grande y requetegonito, qui el mesmo manijaba, si arrejunto al grupo Carlitos un joven antioqueño, cursando su último año de universidad pa graduarse comu baquianu turístico, iba cun el otro Sr. yo creigo qui él juera la persona que lo chivatearía in la escuela diciendo como se "portó el chino". Carlitos di solo 22 años, sería nuestro guía cafetero, en inglés, cun acento paisa, tudos eyus vestían camisa del mesmo color y cun un letrero qui dicía *Living Trips*. Arrancamus pa'l jotel El Mirador de las Palms, in el Quindio, pasamus pu'r Armenia, anduvimos comu cuatro u seis horas pur esi caminu tan planiticu, nu comu las calles de mi querida Bogotá, tuiticu lu qui veyamus al prencipiu jue muchas matas nu devisamus na'mas, pasamus pu'r La Tebaida, un pueblitu pu'ay juntó e'l jotel, ayí nos aprovisionamos de aguardiente.

Cuandu al jin llegamus, taba lloviendu, entramus corriendo pa guaresermus, nus atendieron gente muy amable. Nus dieron di comer y una guena taza e café, ansina nuestrus cuartus con cujas y todu. En la noche nus dormimos cun el cantú di lus grillos y ya tempranitu nus diesperto el cantar di tantus pajaritus qui hay pu'ayá, al mirar pa juera se veyan las nubes sentadas sobri el valle entri las colinas, comu esperadu qui taita Sol saliera pa verli la cara alegri. Lis cuentu qui el jotel taba "sentau" comu bajando la cuesta entri cerrus, lejus di la ciuda "impura" comu dice la canción, mentras desayunaba mus jogy guenus decires de los amercanus, rejerente al viaje, endispues el Sr. Pardo digió: "¿Están listus pa conocer el Eje Cafetero?"; tuiticos dijimos: ¡Sí!

Salimus y el Sr. Carlos taba ya al volante, todus como niños di escuela nus encaramamus al bus, Carlitos nus explicó qui el eje cafetero lu jormaban tres departamentus: Risaralda, cun su ciuda Pereira, Quindio, cun su ciuda Armenia y Caldas cun su ciuda Manizales, qui esti lugar jue bautizao con el nombre di Patrimonio de la Humanidad pur' esus gringos qui saben di tuiticu. Nus llevaron a conucer la mayor jinca cajetera di pu'allá, San Alberto, qui ista arriba di'un pueblitu yamao Buena Vista in Quindío. El Sr. Pardo y Carlitos nos priesentaron cun don Alberto, el dueño qui taba in

114

compañía di algunus di sus piones, tudos muy atentus. Nus sipararon in dos grupus, uno si quido cun el dueño y lus demás nus juimos loma arriba donde empiezaba el siembra'o del caje, cun el baquianu di la jinca el Sr. Francis, quen tanguien hablaba inglés.

Nus muestriaron comu germinan el cajé poniendo los granus en una cuja comu di arena, lus dijan ayá astaqui revienta la semilla. Di'ay pa'riba cumienza el cuidadu di verdá, endispues cuando la matica está un poquito grande, la meten cun la raíz pa bajo en bolsas plásticas pequeñas, ayí duran pur un año, qui es cuandu las sembran in el suelo y a seguir cuidándolas, revisando dibajo di las hojas, buscandu animalitus u parasitus. Pa recoger la primer cosecha si tienin qui espierar cuartu añus, endispues, tenen qui puedarlas cada cinco, ansina cun tuesus cuidaos las maticas de cajé puedian vivir comu 50 u 60 años. Tambén qui cuandu jayán al ricojer el cajé alguna semilla qui nu se parece a las utras la mandan pa la gregada u si jayán muchas las venden aparti pa qui nu disacredite la jinca.

Nus dijarun coger y pruebar una pepita e cajé, dulcita, in dispues juimus al laboratorio, pus ansina mientan la casa cun cuartus dondi, pelan, lavan, secan y iscojen las pepitas del cajé antis d'ir pa'l mercau. Cuandu ya nus digolviamus pa baju, alcansamus a devisar arriba el cerro jornaleros y chapoleras recojiendu el cajé. Nus cuentó el Francis cuandu alguie li prieguntó pur el sueldu di ellos; qui dipendia cuantus libras di pepitas tudas rojas riunieran, pus lis pagan puel pesu de lus granus y tamben cuentu qui tuiticos ellus, tenen qui vivir en la jinca hasta qui se recoja tuitica la cosecha, endispues se largan pa otra jinca. Ansina is la vida di ellos (mesmamente comu gitanos).

Cuandu lleganus utra ves abaju nos esperiaba in el patio de la jinca don Alberto y sus piones, tinían mezas cun mantelis blancus, pocillos pa'l cajé, vasus di vidrio cun agüita y tambén un dielantal ¿y tuesto paqui? Pa'l "bautizo cajetero", apriender a degustar un guen cajé. Hicimos tuiticu lu qui don Alberto nos digio y el nus dio a cadi cual un certificao di qui semus guenus catadores di cajé. Ansina comu él, qui tene certificaos cun cuartu estrellas, qui si lu dierun pu'allá in las Bruselas in lus años 20–12–2013, y di ñapa, una midallota di oro pur ser su cajé, el mijor producto dil año in Moscú en el 20–11. Todus contentus cun nuestrus papeles y dielantales, lus baquianos y nus otrus nus dispedimus di don Alberto y sus acompañantis, dimus las gracias; esu sí, esi mesmo día caminu pa'l jotel, juimus a vesitar dos pueblitos relindus: Filandia y Salento. Pu'aya in esus pueblitus, la gente muestro la cara bonirritica e Colombia siendu tan servicialis ayudandu aqueyitus qui no hablaban nuestra lengua, mis compañerus contentus, tomandu jotos tu el tiempu, pruebarun el pan de bono y las empanadas.

Pu el caminu el Carlitus, nuestru lu bastante sabido qui era y sin pena pa explicar las vainas sobre el cajé y tu esas otras cosas qui quierian saber los visitantes. Qui comu se llama el lugar pur dondi pasavamus, qui porqui los racimus di los plátanus estaban engueltus en chuspas plásticas, qui porqui esus arboles se veyan con sus hojas comu de plata y más al tus qui lus dimas... y muchas más. El Carlitos al pricipiu se chivio, peru ya endispues garlava comu lorito pidiendo cacao; lis digio lus nombres di lus lugaris, qui los racimus de plátanus taban en chuspas pa qui ni los bichitos nu si les pigen u lus pajarus lus picoten y qui lus arbolis cun hojas comu di plata eran los Yarumos qui antis servían pa dar sombra a lus cajetales.

Almuérzanos in un lugar cerca al caminu, tenían, poyo guisao u carne sobre patacun pisau, sabrosimisimo. Endispues golvimus pa'l jotel. Yo vesti mi chinge y mi me zampe in la alberca, mas tardi comenzu a llover, gatus y liebres, cun truenus y relapijos. Algunus aprovechamus pa darnus un rimojón, caminamus baju la lluvia, endispues juimus a comer, conversamus un ratu; luegu nus juimus alistarnus pa'l procimu día y en lueguito, a juntar pelo con pelo y el empelotao en medio, pegar pestaña u a dormir.

Ya pa'l utro día, encaramaos in el bus, nus larga mus pa un sitio llamau Cócora Valle, dizque un santuario pa guardar las palmas qui tienen cera, qui sun las más altorrototas dil mundo y pa rimatar solu nacen en Colombia y comu ya casi se acababan, pus los campesinus lis cuertaban tuiticas las hojas a las palmitas, pa venderlas in el pueblu disqué pa'l Domingo e Ramos. Estas hojas eran gendecidas pur mi amu el cura, y se enterraban in las ciementeras pa proteger las cosechas. Pur esto, se jueron acabandu las palmas de cera, asti qui algunus de lus governantis, atisbaron qui ya casitu nu jayaban di esas palmas y a las poquiriticas qui quidarun in Cócora Valle, las cuidan comu a las niñas di los ojus, ansina mesmu, comu tuesus, miquitus y pajaritus qui agarraban di los nidus y ya si taban acabandu tanguien. Gracias a tuesas personas qui queren a las maticas y a lus animalitus, pus ayá tan bien risguardaus.

Caminamus pur un senderu comu di herradura, pu'aya, pal monte asti qui lleganus a la orilla di un río, qui vadiamus, caminadu pur un puente di guadua, uno pur uno, jue emocionanti, seguimos hasta qui el Sr. Pardo nos alcanzu y gritó: "Is lo'ra di almuerzar". Golvimus al sitió di dondi salimus y jalli taba un restarante, nus tinían trucha frita sobri patacón pisa'o, sabrosísimu.

Endispues, un siñor di esus qui cuidan lu qui llaman "flora y fauna" llamu a nuestros baquianus y ellus a su vez llamarun al grupo. Juimus pa'alla, nus sipararun en grupos di a cuatru nus envitarun a siembrar una palma e cera, ansina lu hicimos. Esti siñor digió: "Esta palmita era nuestra cada vez qui nusotrus golvieramus pu ayá". Tanguien nus digio: "Denme un abrazo por el lado del corazón, ustedes se llevan el mío y yo me quedo cun el di ustedes". Istas palabras casi miasen chillar, in dispues todus jelices, rociamus nuestra palmita, más jotos pa'l recuerdu. Nus dispedimus y rumbu pal hotel, ya puel caminu, digustamus arepas de choclo comu quen dice, di maíz tiernu.

Ya in la tardi, yegamus al jotel discansamus un ratu y luegu el siñor Pardo nus envitu a cunocer un jardín qui taba pa baju del jotel, in dondi crecen unas jlores qui ni yo u mis compañeros sabíamus qui existieran; tan regonitas, raras, altas dil suelu y tan coloridas, yo creigo que's pues u qui las tienen pu'alla escondidas entri matas de guayaba, yuca y magus, comu un piesitu e paraíso. Todus eyus tomaron un jurgo e jotos dil lugar, golvimus al jotel cenamus, garlamus un ratu y lueguito a discansar pa'l utro día, qui seria la dispedida del jotel Mirador de las Palmas, pus sadriamus pa...

Medellin, la capital de Antioquia, la ciudá di la eterna primavera, in dondi cielebran tuiticos lus años la Feria de Las Flores. Tempranitu nus metimus pa dentru el bus, ayí taban el siñor Pardo, don Carlos el chojer, Carlitos y su acompañanti.

Comesú el viaje, lindu día tuiticos contentus, charlandu, tomandu jotos, enjin teniendu guen tiempu, segiumus devisando

117

tu esi verdor dil campu y a lu lejus lus Yarunos asumándusi comu quirendumi dicir "nu olgides tu tierrita". Antis di salir dil Quindio, el Carlitos nus muestró unas estuatas qui taban comu pegadas al barrancu in algunus lugares, hechas cun una mezcla di cementu, arena y utra vaina qui nu recuerdo lu quera; a sigun el Carlitos, las estuatas arricuerdan las tribus di lus indígenas qui vivierun pu'allá antis qui esus bellacus conquistadores llegaran y estu lu mientan barranquismo. Nu se si es pur la mezcla qui hacen, porqui ista pegada al barrancu u porqui lleva el apelativo del siñor qui las hace. El Carlitos lu digió: "Todu lu qui pasu jue qui a yo si mi olgidu iste ditalle, disculpen sus mercedes".

Di ahí pa'lante, ya dijamus Quindio atrás y segimus pa Caldas. Almuérzanos, in el restaurante Los Recuerdos, ayi discansamus un raticu y arrancamus di nuevu, mas adilante paramus a discansar las asientaderas y tomarnus un cajecitu, in una casita hecha comu una taza pal cajé. Ayá más jotos. Caminamus un poco pa istirar las piernas y utra vez pal bus, un guen ratu endispues, in la ultimita parada, comimus otra vez pan di bono. Yo, pa congraciarmí con lus gringos, comprí dus docenas de esus y los repartí, pa qui lus qui un haveyan pruebado sabieran lu gueno ques el pan di bono. Utra vez pa dentru el bus a seguir viajandu.

El caminu jue, pa arriba, pa bajo, angusto y curbiau, comu quen dice, "culebrero". Muestro chojer muy baquianu, ora sabíamus purqui lo habían ponido a manejar el bus, en esa ruta. In la nochi lleganus porjin a Medellin, taba charusiandu, nus baja mus y pa dentru, dil jotel Medellin Royal. Naidenes se quejó, ni pur lu largu dil viajecitu ni pur la lluvia; nus dierun nuestru cuartus, nus canbeamus di ropa y nus juimus pal Sata Fe Mall a buscar qui echar a la muela. Pu'aya todu muy gonito y limpito, endispues di comer caminamus, miramus tiendas y retornamus al jotel, ya pa descansar y alistarnus pal prosimo día qui vesitariamus...

Guatape, un pueblo cerca del peñón, esa piedrota, grandorrotota, qui cuenteaban lus águelos qui cayo dil cielu muchisimisimus años atrás; un lugar importante pa vesitar. Utra vez verdor pur tudos ladus, arboles con frutas y el caminu culebrero, varias lagunas cun botes. Llegamus al peñón, al piesitu taban las tiendas de las artesanitas, qui

118

hacen lus qui viven pu'aya; sun tantus las cositas tan primorosas pa traer pa acá, qui' uno un sabe qui comprar. Más cerca de la piedrota ta el lago, dondi hay planchunes, qui tenen música, bebidas, mesas con sillas, nosotrus nus encaramamus in uno de esus, pa darle la guelta al lago.

Comenzú a lluver cun truenus y relampijos, a naidenes nus priocupó, pusierun la vitrola cun música alegre y ¡bailar si ha dichu! Mientras yovía el planchón li daba la guelta al lago empujaos pur un motor diesus qui van ajuera. Cuandú rigresamus la lluvia había cesado, nus subimus al bus, nuestrus baquianus nus encaminarun pal pueblo e Guatepe. Esti pueblo tene una señal qui lu distingue de lus otrus pueblos, in lus sócalos di sus casas, lis pintan a tuiticu color la projecion del dueño, qui si es pescador un pezca'o, (piro nu guisao), si es ganaderu un toro, u si tiene chivas pus una chiva y ansina in tuiticas las casas. Ya adivinarán el entusiasmu di nuestrus vesitantes tomandu jotos pur duquier. Caminamus pu esas calles dil pueblo y llegamus a la Praza de los Sócalos, dondi cadicual tene su dibujo pintau in un muro cun escalonis, ayí más jotos. Ora tudos in grupo, todus quirian tiner recuerdus unos di otrus. Nus dispedimus de Guatepe y a buscar el almuerzo, entramus a un lugar gonito comu todus lus qui vesitamus y luegu a viajar sia dicho.

Caminu pa Medellin, se veyan unos edijicius in ruinas lus viajantes prieguntaron pur qui esas ruinas, el Carlitos lis cuentió qui esus edijicius habían pertenecidu al Pablo Escobar y jueron unos hoteles muy lujosísimos dondi el traiba personajes muy importantis, pire lueguito di su muerte, quenes juerum sus trabajadoris, se robaron tudo lu qui más pudierun. Di ahí pa lante comensarun las prieguntas sobre los narcus, bombardiarun al probé Carlitos, qui si estu jue siertu, qui si aquellu qui digierun las noticias u nuestro la tele jue verda... El chino supió comu salir dil bonbardeu contestandu sin titubeos, tuesas prieguntas cun pelos y señales.

De regresu pa Medellin el trájico taba muy aprietao, nuestru bus si muvía a pasu e tortuga. Intonsis el siñor Pardo, digió: "Vamus a cambear lus planis, pa orrar tiempu, nus vamus pa'l Pueblito Paisa, un lugar hechu pa recuerdar comu jue el primer pueblu Antioqueño"; todus dijimus: ¡Si! Ayá juimus y cunosimus las casas pur dentru y

119

pur juera, sus cusinas con jogón, predra e moler, oyas e barru pa la agüita y cusinar, in la alcuba, la cuja, cun su estera grandi, indevaju la vasémica, sobri la mesa el candeleru, gindao din un clavu; la peinilla, el perreru, el carriel y la mulera cubriendu el tiple pa risguardarlu dil polvo. Muchas jotos utra vez. Comu este pueblitu ta in la cima di una colina, podimus devisar Medellín di nochi, allí tamben jabían tienditas pa comprar vainas, endispues, pa dentro el bus a seguir pa'l jotel.

Puel caminu el siñor Pardo nus propusio si queriamus conuser el Parque Lleras, un lugar dondi se joye música alegri tu el tiempu, si queriamus bailar puediamus hacerlu. Algunus dil grupu hicimos planes pa ir pu'aya, yegamus al jotel nus arrieglamus un poquitu, juimus a cenar al Santa Fe Mall, lueguito cun lus compañeros qui nus apalabriamus pa salir nus reunimus, pidimus un tasi y nus juimus pa'l Parque Lleras. Mucha música y músicos varaus, mucha jodentu pu'ayá jartandu, venta e comida. Unu di nuestrus compañerus era amigu del dueño di uno de los jotels más elegantis de Medellin, el Envy Hotel; entramus y nus encaramamus hasti la'zotea, todu requetebonito, iban a tiner una jiesta pa un cumplianeru, desde ayí si veya tuitica la ciudá, tumaron jotos y nus digolvimus pa bajo, dimus las gracias y juimus a bailar a utru lugar, mas tardi golvimus al jotel pa discansar y alistarnus pa'l utro día.

Queriamus conucer utrus lugaris di Medellin. Nus disayunamus, nus dispedimus, dimus las gracias y pa'l bus utra vez. Cominsamus el día yendu pa'la praza dil Botero, caminamus, tomaron jotos y utra vez a encaramarse al bus. Di'ay pa'l parqui Lavapatas dondi los estresaus van a meditar, caminar y hacer ejercicios pa sacarse la pereza que yaman estrés, endispues, se lavan lus pieses in la juenti, hay pajaritus, grente al parqui, un edijiciu grandi, qui nu gasta eletricida, pus usa el calor dil Sol y el agüita la ricogen di la lluvia, ayí viven los proves. Nus juimus pa'l Metro, gonito trasporti, viajamus. Arriaus, llegamus al Metrocable, mesmamente comu el telesjérico e Monserrate, rapiditu nus incaramamus de a ochu personas in cada carritu.

Juimus hasta Santo Domingo, un lugar qui añus pa tras jue requitepeligrosu, pur las pandillas qui allí jabitaban, peru ora solu viven pu'ayá genti trabajadora, cun chinus qui van a la escuela.

Ayá tugimus un guen ratu, caminamus, jotos, miramus la ciudad, discansamus espierandu el carritu pa bajar y subirnos al bus; esta siria la última encaramada pus asta hay el siñor Carlos, Carlitus y el otru siñor, nus acumpañarían, solu hasta el aripuertu. Eyus regresarían pa'l Quindio y nus otrus seguiriamus pa Cartagena. Estu nus pusio tristes pus ya veyamus al siñor Carlos comu unu de los hermanus grandis y al Carlitus comu el cuba, cun lagrimas in lus ojos y un ñudo in la garganta nus despidimus; el siñor Pardo si apersonó de nosotrus, entramus pa dentru dil aripuertu, esperamus comu dos horas y aljin nus juimus.

Allá in Cartagena de Indias, nus esperaba otru bus pa llevarnos al Hotel Capilla del Mar in Bocachica. Nus recibierun genti amabli, nus dieron nuestrus cuartus, luego de asiarnus un pocu juimus a comer, charlamus un ratu y endispues a pegar ojo. Al otru día, tuiticos contentus, lus gringus y nosotrus, disayunamus y el siñor Pardo nus envitó a cunocer Cartagena. Nus metimus pa dentru el bus y conosimus a Marcia, una cartagenera quen nus acompañaría muestradonus la ciudá y lus lugares di interés pur dondi jueramus pasando. Juimus al Castillo de San Felipe, al monasteriu de La Popa, estando allí se largu un chubascu de aquellus qui dan meyo, cun relampijos y truenus y lu piur jue, qui estábamos comu sardinas in lata, pus jabiamus comu tres diferentes grupus di vesitores in el mesmo lao, guaresciéndunos dil aguaceru.

Nosotrus gozamus dil agüita, remojandunus un poquitu pa apaciguar el caluron tan jodidu que taba haciendu, endispues nus juimus pa la Plaza del Reloj, mientras dejó de yover, nus apiamus dil bus y caminamus pur lus alrededores, vesitamus un parque, comimus arepa con mucho quezu, compramus chucherías, endispues, utra vez pa'l bus. Nus juimus pa'l Museo de las Esmeraldas, ayá el patrun nus hablú dil comu sun las de adeveras, dil colur, comu la jayán, nus nuestru utras esmeraldas di otrus países peru nenguna tan requetibonitas comu las di Colombia; tambén vendían esu qui llaman replicas precolombinas y esmeraldas, una güerita mercu una pa su anillu qui tinía y la avía perdidu, quidó contenta con su cumpra, tamben yo comprié una réplica pal ricuerdu, jecha in metal peru bañaus in oro de 24 quilates. Di'ay nus digolvimus pal jotel, durante tu el caminu la Marcia nus cuentú tuitica la jistoria di Cartagena, muy sabida ella. Dil porqui estu u porqui el siñor don Blas di Leso, solu tinía una pierna, un brazo y un solu ojitu, pur sir un berracu pa'la pelea y tiner sapiensa pa dar órdenes cuntra isus bellacus y esbirros ingleses, cuandu sitiarum la ciudá; nus cuentú de la moneda qui jicierum esus jodidus piensandu quivan a ganarle al don Blas, pirú lis saliú "el tiro pur la culata".

Rigresamus al jotel, nos dispedimus de Marcia, juimus almuerzar, discansamus un poco y mi jámila y esta susodicha, nos juimus pa la caye utra vez, golvimus donde ya jabiamus estao peru dispacitu,; tomamus jotos, a tantas cosas jistoricas que ay púa aya, caminamus, aprovechadu el guen tiempu, miramus tiendas y cansaos rigresamus en taxi al jotel. Endispues de la cena, nus larga mus pa la caye, esta vez a pata, dar di en la noche rigresamus y garlamus un ratu con nuestrus compañerus, de tuiticas las cosa que habeyamus devizao, ansina mesmu de tuiticu lo que jabiamus hechu durante estus días, más tarde a duermir.

El lunes tiniamus "asueto", comu quen dice, naidenes cun nosotrus, puediamus ir a donde si nos pegara la gana. Nus levantamus tardi, disayunamus y pa la calle; nus encaramamus in un tasi y juimus a conucer la casa di La Inquisición, el Museo del Oro, peru di malas nu abrien lus lunes. Nus metimus a una galería dondi venden tamben replicas, a ser cumpras di ojo pus ya no tiniamus dinero. Caminamus pur esas calles y mi retrate cun una Palenquera, negrita y vieja comu yo, cuandu nus dio hambre almuérzanos pezcao fritu con patacunes y una "fría", que gueno taba.

Rigresamus al jotel a discansar y alistarnus pa la comida di despidida que nus daría el siñor Pardo in un restauranti qui el mesmu iscogió y se llamaba El Santísimo. Pu'el caminu pa ir pu'alla, el siñor Pardo jue prieguntandu a tudos comu les había parecidu el viaje y diu papeles pa escrebir pa mandarlus a Smart Tour; todos contestarun estar contentus cun todu lo vividu pu'ayá, hasta mi jamilia, lo contestu, yo callada, cuandu nus apiamus dil bus el siñor Pardo, mi prieguntó, porqui taba yo tan cayada, li digi,: "Queru darles las gracias pirsonalmenti a tuesta gente linda antis di comer"; entramus buscamus nuestru lugar, esperi qui tudos istuberan acomodaos,

122

pidieran su cena, lisé una seña al siñor Pardo y el digió: "Su atención por favor, doña Ligia desea decirles algo". Un pocu "chiveada" mi puse al grente dil grupo y les diji in mi inglés con barreras: "Gracias por haber venido a conocer mi patria, ahora yo sé que cuando sus amigos y familiares les pregunten cómo es en realidad Colombia, ustedes sin ninguna duda podrán decir lo que vieron y vivieron"; para que mis gracias no se les olvidarán, les canté *Cartagena, noches de Boca grande y Tierra de Promisión.*

Yo pae'su di la cantada ni la lotería, pirú tratánduse di mi Colombia, la negra grandi, mi quida "chiquita", mi aplaudierun quizá pur iducacium pirú hay si jue. Endispues in el jotel lis envité qui si animaran a echaren un aguardenticu pa qui pruebaran algu di lu guenu qui tenimus pu'ayá, algunus pruebarun y lis gusto — in Bogotá comprarun pa llevar—. Esa nochi charlamus un ratu ricuerdando comu lo sabíamus pasa u in grupo comu amigus u conusidus de mucho tiempu atrás, nus dispedimus y arreglar las tulas, pal día siguienti regriesar a Bogotá.

El martes, nuestru últimu día in Colombia, vulamus di Cartagena a Bogotá. Ya dentru dil aripuertu in Bogotá, sinus aguarun lus ojitus utra vez, la dispedida; primeru nus dispedimus dil siñor Pardo quen ya lu sentiamus comu di la jamilia, endispues di nuestrus compañerus dil viaje, di'ay pa las Mayamis, en luegitu pa nuestra casita in Los Ángeles. Le doy gracias a "Chuchito" pur dijarme vivir y gozar de esti sueñu tan disiau, pus creigo qui dio'ra pa'lante, van ir pu'allá, a mi tierrita, muchisimimas gentis a comucer La sucursal del Cielo. Paisanitus, ay lis compartu una vez más mis alegrías ansina comu e compartidu cun bustedes mis inquietudes todus estus añus; con el corazón rebosante de alegría digo "¡Ay que orgullosa me siento de ser colombiana!".

Hasta la próxima, ¡chao!
Ligia Chiriví.
GIRALDO.
22 de octubre de 2014.

Capítulo

Tercero

Opiniones y comentarios

El huevo del águila

  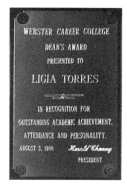

Mi ágüela, nus cunteaba a mis hermanos/hermanas y ayo cuentos, cuandu igamus a vacacionar a su casita qui taba pu' aya in en campo in la vereda, El Chorrillo, comu pa darnus ejemplos, animándonos pa nu tener meyo, pal juturo, al seguir un sueño, pur dijicil qui este se antojara, sin importarnos las críticas, u los obstáculos, que se priesentaran en nuestro camino; ella dicía: "Siay qui saltar la talanquera, se salta, siay, qui brincar el vallao se brinca y siay qui vadiar el riu siace". Esti jue uno de sus cuentus qui yo mas recuerdu:

Por una razón desconocida, una águila, pusio su guevo, en el nido di una gayina, in vez de suyo propio, a ya inlo altu di la montaña, la gayina ni puente rada, calentú tudos los guevos y cuandu salieron los poyitos los crio comu si jueran suyos.

El tiempo pasu, el pichón di águila era el más grande y menso pa caminar, pur estu siempre lus otrus poyitos, lo mulestaban; cualesquier, día mientras jartaba agüita, al levantar su cabeza al cielo, deviso, pu' aya muy al tu un grupo di aves grandis, qui volaban libres y majestuosas, sin saber él porqui; sintió nacer, en su pechu un desasosiegu pur querer volar. ¿Volar? Sí, volar. Muy altu comu aqueyas majestuosas aves.

Extendió y miro sus alas, grandes, piro débiles, más es tu no lu amedrentu, disde ese día, empiezó a ejercitar todu su cuerpo, pu niendo todu su esjuerzo, en sus alas; sus hermanus se gurlaban, peru él nu si desanimaba al cuntrario, cun mas verraquera seguía pa lante, quira saber puel mesmu sí li había quedao grande su anhelu di volar mesmamente, comu aqueyas majestuosas aves qui deviso en el cielu días pa tras; tamben quisio muéstrales a quenes se reyan del, cuandu trabajaba pa tener juersa en sus alas y qui nu creíban que algún día volaría hasta ese cielo azul, qui todu se puede con: esjuersu, displina y tesón, no li acucinaba, si taba cansao, yovía u el sol pringaba, el seguía pa' lante en su empeñó, mientras sus "hermanos" holgazaneaban.

Al fin, un día, el joven poyuelo di águila, sintió su cuerpo y alas juertes, cumenzó a correr muviendu las alas cun juersa y conjiansa, di prontu si dio cuenta di que taba volandu, bajo y dispacitu, se pusio contentu y cun meyo, peru ansina siguia día tras día, di pronto, sin percatarse, se encuentró volando altu, se sintió jeliz, li dio gracias a tata Dios, siguió empinándose, luegu se anotició, di quel no volaba solu, sinu con aquel grupo di majestuosas aves, qui lu motivaron a volar y queran sus jamiliares. Las águilas.

Moraleja: cualesquiera, de quienes lean esta historia, podrían ser " un huevo de águila", ¿cómo saberlo? Ejercitando sus "alas" sin desmayar, sin importar las críticas, solo con el deseo de superarse.

Ligia Chiriví.
05–08–2013.

La creación del hombre

Con esa vaina dis'que sinus acaba el mundo en el 2012, me die pa pensar en comu jue la creación del hombre.

A según dicen los libros viejos, Chuchito hizo el universo en siete días y para que hubiera quien mandara en él, creó al hombre de barro (¿será pue'su qui ellus siempre la embarran?) y a decir pur eyos mesmus, jueron hechos a imagen y semejanza de Dios, comu quien dice... ¡Chuchito es hombre y usa bóxers!

En cuanto al color de la piel, cuentan las malas lenguas, que comu Diosito estaba muy cansado, a los primerus hombres, los hizo güeritos, ojos azules y verdes, a los siguientes de piel y ojos cajeses, y ya pa los últimos, el barro ya estaba muy cosinao y salieron los corronchitos, a quienes pa qui no se sintieran mal, les dio un piasitu más grade qui a los utros.

Que tan gueno, pa los hombres, ser comu gotas de agua, con papá Dios; ora compriendo, pur qui la mayoría de eyos no creyen en naidenes; todo lo que hacen u' dicen es la Ley. No tienen pierde, peru lo más jodido jue qui nosotras las mujeres, creyimus lo mesmo y pusimos a los hijos de papá Dios en un altar, como ellos se merecen, creyendo aquello que ellos eran divinos, siempre cumpliéndoles sus gustos y aguantándonos sus disgustos.

Peru si seguimus leyendo, nus damos cuenta de que el prové hombre, solu no vale nada (le pasa lo del borracho) y esto lo tuvieron que admitir, ¡desde el Paraíso! ¿Por qué? Chuchito les dio todo pa'que él mandara y disfrutara de tuiticu lo creado, según la historia sagrada. El prove indispues de su tiempo, se sintió solitu y le dio meyo, sitico él, como quien dice, le hicho achi. Papá Dios que's tan gueno, le resolvió el problema, le hizo su compañera; creyó a la mujer diuna de sus costillas, según cuentan eyos; ¿por qué sería? ¿ya no habría más barro? ¿u Chuchito quiso darnus ese toque divino, usando una de sus costiyas? Pero lo que naiden cuenta, es ¿a imagen di quien eya jue hecha? En aqueyus tiempos ninguna había, ¿entonces comu lu hizo? ¿a imagen y semejanza del hombre? Solu qui ora Chuchito tubió qui hacer algunos arreglitos como cortar pu aquí, agregar pu'allá y darnus algunos toquecitos más pa que al juntarnos, casáramos comu pareja.

Endispues, nos dio; al hombre inteligencia, juersa bruta, músculos y la responsabilidad del ser el proveedor del hogar; pa la mujer sagacidad, malicia indígena y un corazón rebosante de amor, ternura, paciencia y mucho aguante, pa pueder con la responsabilidad de cuidar a nuestro compañero e hijos en todas sus necesidades y de ñapa, cadencia y gracia al andar.

Peru al parecer, Chuchito quiso divertirse a costillas de sus hijos y les dio su talón de Aquiles; la mujer, quien según eyos cuentan, que' eya aconsejada por un culebrón, qui no jue la suegra, la sedujo pa que hicieran lo único que estaba projibido en el Paraíso, "comer la manzana roja". Chuchito sabía pur qui pusió esta advertencia; indispuse de saborearla, no iban a dejar de comérsela, pu's nada más sabroso que disfrutar este gusto en pareja, ¿no creen?

Lo qui se les olguidó, escribaniar jue qui primero, el hombre siente la imperiosa necesidad de "comerse la manzana"; segundo, qui pa esconder qui el nu es el sexo juerte, le hecho tuitica la culpa a Eva. Analicemos qui desde siempre los letreros de sexo fuerte y sexo débil estuvieron equivocados.

Entre más leyemus, cualquier historia que cuente sobre la evolución de la humanidad, nos damos cuenta de que, jueron los hombres quienes hicieron las leyes con la ley del embudo, lo anchu pa ellos y lo angostu pa nosotras. Siempre hubieron héroes a montones y una qui otra heroína; muchas brujas, pocos brujos; sin embargo, alguien escribió "detrás de cada gran hombre, siempre hay una gran mujer", peru en estos tiempos, la frase seria "detrás de cada gran hombre, habrá una mujer sorprendida, ¡asombrada!".

Ellos (los hombres) se amangualaron unos con otros, pa hacer cumplir sus leyes, que solu a ellos favorecían y ansina, curas y feudales iban agarrados de la manitas, unos controlaban las acciones y los otros, los miedos a lo desconocido y los sentimientos creados, pur esus abusos que eran victimas las mujeres. Según la ley de ellos, al casarse u arrejuntarse una mujer con un hombre, automáticamente ella y todo lo que le pertenecía pasaba a ser propiedad del hombre, no había derecho de respingar; los curas por su parte lavándoles el coco aconsejando de como yevar un guen matrimonio: nunca contradiga, miente o le niegue a su esposo el "sacramento del matrimonio", bajo ninguna excusa, pur qui is pecau; en cuanto a las bobadas, que haga su cónyuge, tienen que perdonarlas sin guardar rencor, lo que él diga o haga está bien, sus palabras eran como la Biblia.

Así, las mantuvieron bloqueadas pur un jurgo e tiempo y entre chanza y chanza, les pasaron la papita caliente a las mujeres, hechas simplemente de una costilla de Adán. Desde su hogar, la mujer organizaba todo, hacia multiplicar los peces, buscaba y encontraba como solucionar cualquier problema por berraco que juera, sacaba adelante a los hijos. Pur esto aquella frase de "una madre para cien hijos, un padre para ninguno"; respaldando al marido en todo, callando y ocultando sus errores, aguantando malus ratus y maltratus pus ansina era. Mientras tanto, el hombre presumiendo, de ser el más juerte, inteligente, que solu el sabía "comu dirigir la orquesta", sosteniendo al mundo, el solitu. "No hay mal que dure cien años, ni cuerpo que lo resista", dice un refrán. Un día a la mujer Dios le concedió mostrar al hijo de papá Dios, qui ella también puedía hacer las mismas cosas que él hacía; tuvo que luchar con tu esas leyes, hechos por los hombres, peru gracias a su tenacidad, coraje y paciencia, pudio sentarse a la diestra del hombre, sin temor alguno, mientras que a él, le quedu grande nuestro humilde trabajo, ¿pur qui?, tal parece que quien cargaba el mundo en sus hombros era la mujer, ¡hasta que se cansó!

Como diría mi abuelita "la razón se cae por su propio peso", desde que la mujer dejó su "humilde puesto de ama de casa", que jue pa lo qui jue hecha, asegún los hombres y sus leyes, ¡todo el mundo se desbarajustó! Divorcios, niños sin padres, quien los guíen en la vida, homosexuales.

¿Exagero u miento? Ella sostenía el mundo y todo lo que en el habita, ¿no me creyen?,

Invito a los "hijos de papá Dios" a enderezar este desorientado mundo, peru no solitus, dándole su merecido reconocimiento y lugar a su "costilla" y comu "gueyes atrás al mesmu yugo" a jalar parejo pa trabajar en cómo encontrar la solución pa enderezar al mundo, de lo contrario, hombres creados a imagen y semejanza de Dios, tendrán que aceptar, qui nada pueden hacer sin la iniciativa, tesón, ayuda y paciencia de su humilde compañera. Que como dice la canción *"Sirve de almohada, sirve de estera y también de cobija"*, ¡yo le aseguro!

Chao, hijos de papá Dios, comu siempre, esperu oír sus madrasos, "upsss'", perdón, sus comentarios acerca de mi página de le Internet.

Hasta la próxima, Ligia Chiriví.

23 de diciembre de 2010.

El anzuelo y la carnada

Hola, chinitos queridos, ¿cómo están?

¿Sorprendidos? ¡Yo también! Aquí como mosca en la sopa con mi tema de hoy, refiriéndome a los "Festivales Colombianos".

La palabra "festival" es el anzuelo y la palabra "colombiano" es la carnada que todos mordemos con gusto; pues podremos reunirnos de nuevo con nuestros paisanos y disfrutar de nuestro rico colesterol, aguardientico y nuestra linda música colombiana.

Esto es lo que todos esperamos, pero ya estando en la entrada comienza nuestro calvario; los tickes más caros que del precio que fueron anunciados; no puedes entrar agua o sombrilla, solo a los pareceros y sin a quien quejarse, pues no sabemos el nombre de los "organizadores", quienes arguyeron "adentro hay de todo", ¡Sí! ¿pero a qué precio?

Lo que mas emberraca es la clase de música que tenemos que joyir y los artistas que tenemos que aguantar, ¿hasta cuándo van a seguir estos "organizadores" aprovechándose de este pueblo aguantador?, ¿por qué no artistas colombianos abriendo y cerrando el Festival?

¿Sera qui ñu hay, puy un o unos colombianos bien berracos y orgullosos de serlo, que organicen aunqui sea una vez un güen Festival Colombiano, con izada de bandera e Himno Nacional?, y poder disfrutar de nuestros bambucos, pasillos, guabinas y demás ritmos alegres y cadenciosos, en donde todos podamos sentarnos en la misma vara del gallinero VIP, sin que los de arriba se cai...gan en los de abajo, como éramos antes...

Ahí les dejo esa inquietud paisanos, ¡enséñenles a esos "organizadores", como se "amarra al perro con longaniza"!

¡Anímense y hagamos nuestro propio Festival Colombiano!...
Ligia Chiriví.

¡Regálele al mundo su poema!

¡El gringo!, poema del señor Jorge León Gil, tan sentido y con historia. Este puema hace algunos años atrás, lo golvieron canción (pero no se oyó), le jaltó sabor a aguardiente, cajé, arepa y frisoles, como quien dice, "sabor a Colombia". Fue grabado por el conjunto Los Divos a su manera, con sabor a los cuyos. ¿Los Divos son colombianos?, (perdonen mi ignorancia). Señor Gil, ¿por qué su mercé no le da su puema a unos guenos tipleros bien colombianos pa qui ellos lo vuelvan un lindo bambuco? ¿Y así todos puédanos deleitarnos oyéndolo? No deje que si le apoliye en su baúl.

La entroja que más me gusta es, "un colombiano se quita hasta la camisa pa ayudar al amigo cuando este mas lo precisa". Quizá oyéndola la pongamos en práctica, no solo con los amigos sino con nuestros hermanos, aquiyos que siguen queriendo nuestro terruño, ¡como guenos colombianos berracos! Viven aguantando cuanto chaparrón se les viene encima y sobreviviendo solo con la ayuda de Chuchito y de su malicia indígena. Digo estu, pues púa aquí no vemos ningún colombiano descamisado, a pesar de que hay varios grupos de ayuda con nombres muy patrióticos pa ayudar a los colombianos, pero, ¿pa cuándo?

Pongámonos serios y entre los que nos sentimos verdaderamente orgullosos de nuestra "casta", hagamos un puente hasta Colombia, por donde les llegue a nuestros hermanos, no las gueltas de las contribuciones recogidas púa' qui, sinu una ayuda directa: doctores, medicinas, ropa, herramientas y unos cuantos pelaos de esus que son pilas pa'que enseñen pu'aya a nuestros campesinos los adelantos guenos, qui ay púa qui, pa que ellos se ayuden en su diario vivir; comprometámonos de yegar púa ya aunque juera una vez al año, como si jueramus a vacacionar. ¿Qué les parece mi ideota? ¿Quenes se apuntan? Por jabor, no arrempujen ni si mechen encima, escribamos despacio y con güena letra; ¡hay les dejo esta otra inquietud!

Golviendo con el Gringo; señor Gil; ¿su mercé se arricuerda hace un jurgo de años patras, en La Fonda Antioqueña?, ¿en una entrega del *Perrero de Oro*, en donde yo canté su puema hecho canción, pero con la melodía del bambuco *Soy colombiano*? Como los presentes aplaudieron, y no por mi voz o interpretación, purqui yo distu no sé un carajo (canto purqui mi gusta), hoyi decir "nunca antes habíamos oído esta canción". Endispues el señor Hinestrosa, por el micrófono le ogreció disculpas a busté y explicó que esa canción era suya y con otra melodía. Luego usted contó: que en una reunión de amigos habían unos gringos que hicieron comentarios en contra de Colombia, su mercé se emberracó y por el amor y respeto por tu patria, gesto esti

131

puema como protesta y también le puso un pedacito de historia, algo que solo un hombre que nace pueta puede escribirlo. Anímese señor Gil, regálele al mundo su puema convertido en un lindo bambuco, no se va arrepentir (el poema fue publicado en *La Prensa colombiana*, en enero del 2007).

Les cuento, así como el siñor Gil se inspiró en esa reunión donde se denigraba nuestra patria, también yo protesté, (claro, no con la inspiración de poeta, purqui el pueta nace nu siace). Cuando llegué a este país en 1979, solo hoyi cosas malas en contra de Colombia, cuando fui a la escuela aprender inglés, me sentía acorralada, confusa e impotente al no poder defender mi patria de tantas acusaciones hechas en su contra y, pa pior, mis paisanos negando su nacionalidad, por temor a las mofas y comentarios. Yo chillaba de rabia, las barreras del idioma me enmudecían, pero pudo más mi gran amor por mi terruño y de aquella confusión de sentimientos, en un inglés con barreras muy altas, años después pude gritar: "*I'm Proud to be Colombian!*" —¡Yo estoy orgullosa de ser Colombiana!—, luego lo traduje al castellano; este jue mi primer escrito y hablando de escritos; jeliciatciones siñor Dukardo Hinestrosa por su libro *Pasaje a Pereira*, ¡esta divino!

Si hablamos de fútbol

Jeliciatciones, siñor don Jorge Luis Pinto, pur ser nombrado el director la Selección Colombiana de Fútbol y por todas esas cosas guenas que dicen pu aya di usted.

A trabajar se ha dicho pa que su sueño no se guelva pesadilla, porqui di' ora pa'lante todo lo que el equipo haga gueno o malu es su responsabilidad, porque sumerge es el hombre, pa jormar nuestro equipo que irá al Mundial.

Voy a pedirle a Chuchito que le dé la sapiencia necesaria y le ayude a encontrar como usarla para que este responda, entrenando con disciplina, jugando y no solo corriendo detrás del líder, esperando que el arme las jugadas pa hacer goles, hay que enseñarles, que cada jugador es un líder, responsable, cada vez que toca el balón, no solo para lucirse o hacer "banquitas" sino para hacer pases directos largos, precisos y con juersa pa qui alguien del equipo meta el gol.

Disciplina y coordinación —¿así se dice?— son el alma y cuerpo de un equipo, así que a entrenar con berraquera y no conjormarce con los primeros triunfos y a calificar pa'l Mundial del 2010, y cuando estén pu allá, a sudar esa camiseta con orgullo y el honor de ser colombianos y conseguir un puesto honroso. Recuerden que el que más saliva tiene más harina come, ¡que no nos guelva a pasar lo que nos pasó en el Mundial del 96! Nos confiamos pur qui les dimos en la jeta a Argentina, 5 goles a 0, nos emborrachamos con ese triunfo y de ñapa, calificamos pa'l Mundial, la berraquera, decíamos todos, no creíamos en nadie; anuncios, preparativos, luchas, deudas pa poder acompañar a nuestro equipo y ¿tu estu pa qué? Pa salir con un chorro e babas y golver a Colombia como perros apaleados con el rabo entre las patas.

Déjeme hacer un recuento de lo que paso en aquel entonces: nuestro equipo llegó aquí, a Los Ángeles, rumbo a Alemania, aquí jucgaron un partido amistoso con Corea, que dificultosamente ganaron 2 a 4, un pequeño triunfo más, pero nosotros no nos cambiábamos por naidenes. Comenzó el Mundial y con él, nuestro calvario. Juimos como una familia: papá nuestro "honor", mamá nuestra "dignidad", la china mayor nuestra "vanidad" y la cuba nuestra alegría; durante los diferentes partidos "bailaron" a nuestro equipo, los narradores hicieron pedazos a nuestros jugadores con sus comentarios, finalmente ganaron un partido. Ya pa que, fue como darle una aspirinita a un decapitado, para su dolor de cabeza. A nuestro padre lo patearon en sus testi...monios de grandeza, a nuestra madre la cachetearon, a la china mayor la violaron entre todos y a la cuba, la lincharon de la manera más atroz. ¿De tu esto que nus pasó?, ni se supo que jue lo más pior: que nos mandaron pa la casa como perros apaleados, que algunos de nuestros paisanos tiraran y abandonaran como un trapo sucio nuestra gloriosa bandera colombiana, en las calles de un país extraño, u el asesinato del jugador Escobar, pu'alla en Colombia y quien fue el chivo expiatorio de toda esta catástrofe. Como se dará cuenta, siñor Pinto, con ese nombramiento, su mercé se "hechó una tata coa en el seno", yo no quiero ser "pájara de mal agüero", solo hago este recuento pa que todos estemos conscientes de que si las cosas no salen como se espera, no lo vayan a bajar como coco indispues de que lo han subido como palma.

Yo le deseo de todo corazón que usted sea el hombre tan esperado pa llevar nuestra selección de fútbol a ganar al Mundial del 2010.

Ligia Chiriví.

Viajemos por Colombia

Hola sus mercedes, ¿comu están? Creigo que bien, Yo más contenta que marrano estrenando lazo. Les cuento qui me entru la ventolera, metí cuatru mudas en una tula y jui pu'aya a vesitar la tierrita, el pasau mes de septiembre. Bustedes dirán ¿y esu qué? Nosotrus vamus seguidu y no tamus haciendo alarde de su, tenen razón; peru mi vesita jue especial, viaje con una de mis hijas, su esposo y la cuba de la jamilia di eyus y 27 projimus gringus de los dijerents estados di puaqui (USA). Juimus en esu qui yaman *"turn"* el paseo empiezaba en las Mayamis, aya taban los dimas projimus, en Bogotá nus esperiaba un cachaco comu yo y quera nuestro baquiano, nus riunió como manada y todus ditrás del pa un guen jotel. Al otru día juimus a Monserrate, la plaza del siñor Bolívar, la Candelaria, los museos del Botero y del Oro, ansina donde los gringus traquearon sus morrocotas pur platica e la nuestra. Di'ay arrancamus pa Zipa pa cunocer la Catedral de Sal con todus sus recovecos, los gringus embelesaos con lo que veyan y muy atentus a lo que jogian dichu en inglés pu'el baquianu y sacando fotos a tuiticu lo que se lis ponía delante. Almuérzanos pu'aya y endispues seguimos pa'l aripuertu. Volamus pa Armenia, la trasnochadora, aya nus espiraba un bus ansina de grandorrotote, pa yevarnos al jotel que está aquí sito momas de la Tebaida, dondi estrarimus tres días, ayí nus dieron nuestros cuartus con cujas y todo, al otru día nos encaramamus comu escuelantis en el bus, pa ir a conucer el Eje Cafetero, que a según nuestro baquianu, ta jormao piur los dipartamentus de: Risaralda, Quindío y Caldas, mesmamente bautizao con el nombre de Patrimonio de la Humanidad.

Primeru nos yevaron a cunocer la mejor jinca cafetera di pu'aya, San Alberto, arriba del pueblo Buena Vista, nus muestriaron, comu sembran, cuidan, cosechan y empacan el granu pa'l mercau, di'ay, juimus a visitar Filandia y Salento, dos pueblitus requetebonitos, haya caminamus, compramus, esu qui yaman artesanías, garlamus con algunus de sus moradores, comimus pan di bono y empanadas. Pal otru día nus yevaron a cunocer Cócora Valle, ayí cuidan las ultimas palmas de cera, aqueyas qui son las más altas del mundo y solo nacen en Colombia y si taban acabandu pus los campesinus les mochaban tuiticas las hojas a las palmitas tiernas pa venderlas pal domingo e Ramos, hasta qui pu'ay algen se anoticio di'estu y hablo, ora las cuidan como a las niñas de los ojos.

Del Quindío nos juimus pa Medellín, pu'el caminu nus muestriaron unas estuatas de lus aborígenes que vivieron pu'aya antis que yegaran los bellacos conquistadores, estu lo yaman barranquismo, a lo lejus se veyan unos árboles con hojas comu de plata y un projimu del grupo, priegunto, ¿comu se yamaban? El baquianu contestu Yarumos, tambén prieguntarun, porque se veyan ruinas en algunus potrerus pur donde pasavamus. Contesta de nuevo: "Juerum joteles lujosísimos del Pablo Escobar, endispues de su muerte los que hayi trabajaban, se yevaron, lo que más pudieron".

En Medellín, juimus al Pueblito Paisa, endispues al Peñón, esa piedra grandorrotota, qui a según los aguelos cayó del cielo añus patras; a Guatape, un pueblitu, dondi en los sócalos de cada casa tienen grabao la projecion del dueño; si es pescador un pezca'o, pero nu guisao.

Al día siguiente nus larga mus pa Cartagena, aya nus hospedamos en Bocachica; y cunosimus a Marcia quen nus muestro y cuento todu sobre Cartagena y su historia, vesitamus el castiyo de don Felipe, el cerru e la Popa, la plaza del Relo; aya estuvimos dos días, la noche antis de rigresar pa Bogotá nos envitarun a tuiticos a la cena de dispedida, en un restarante lujosísimo, yo no mi aguante las ganas de darle las gracias a tu'esu gente linda pur haber vesitado mi tierrita, y les canté *Cartagena, noches de Boca chica y tierra de promisión*, aunqui yo pae'su de la cantada ni la lotería, peru tratándosi de qui no olgiden Colombia, la Negra Grande, me queda "chiquita". Al otru día, guelta pa Bogotá, di'ay pa las Mayamis y de regresu a la casita; ora sus mercedes ya saben porqui de la contentura, pus dio'ra pa'lante toy segura que muchos gringus vesitaran sin meyo Colombia, mi patria, su patria, nuestra patria.

Ligia Chiriví Giraldo.
15 de diciembre de 2014.

El Descubrimiento de América

El 12 de octubre, se va a celebrar el ¡Día de la Raza! ¿De cuál raza? ¿Acaso cuando nuestros ancestros aborígenes dueños de toda América fueron descubiertos entuabia estaban en estado de evolución? ¿Mitad gorilamitad humano? Esta fecha debe de ser recordarla para no olgidar los acontecimientos que ocurrieron en aquella época. Asegún los historiadores, los habitantes de América disque fueron descubridos por un aventurero y soñador varado, de nombre Cristóbal Colon. Analicemos... ¡descubiertos o encontrados en sus tierras!, ya que este era el propósito de la excursión. Yo mi arrecuerdo de mis lecciones de Historia Patria cuando iba a la escuela de doña Inés, allí aprendí que disque un Genovés más hambriento que un ratón de iglesia que fue donde los reyes de España a despertarles la codicia y lograndolu, les pidió mucho para obtener algo, para una expedición rumbo al nuevo mundo, de donde él prometió llevarles riquezas y apropiarse de sus tierras para el engrandecimiento del reino español. Como los reyes no eran "ningunos pendejos" solo le dieron tres barcos, algunas armas y comida, pero fueron muy generosos dándole una enorme tripulación formada por ladrones y asesinos, gente de mala calaña que estaban comiendo y viviendo gratiniano en sus cárceles, buen cabezazo, ¿No?

Así el rey se quitaba una maloliente carga de su presupuesto y fueron esas "fichitas" quienes, sin ningún derecho, abusaron de la confianza de los nativos y, usando la fuerza bruta, se adueñaron de estas tierras que ya tenían dueño, robando sus riquezas, asesinando su gente, destruyendo sus culturas y a los pocos que dejaron con vida los esclavizaron. Bueno, ahora después de estas aclaraciones, también apriendu que los salvajes de quien habla la historia *no* fueron los nativos descubridos por Cristóbal Colon y sus "reos". Hoy en día, creo que el que escribió la historia no sabía el significado de las palabras "Descubrir y Conquistar". Una vez en un libro yo leyí un artículo con el título "¿Por qué los latinos son violentos?", ¡y la respuesta ya estaba escrita! Porque nosotros, los descendientes de aquellos "reos" que fuimos engendrados con violencia, al ser violadas nuestras niñas nativas y quedando preñadas e infectadas con el virus de la sífilis, después siguieron robándonos y explotándonos hasta que un día esta nueva raza, despertó y se libró del yugo de sus agresores. Ahora, después de esta nueva lección de Historia, ¿todavía vamos a celebrar el día de la raza?

¡Hay les dejo esa inquietud!

Respetuosamente,

Ligia Chiriví.

20 de agosto de 2001.

Capítulo
Cuarto

Notas mías y de mi Colombia en inglés

I'm Proud to Be Colombian (1985)

The Colombia that I'm proud of, is not the Colombian unfortunately, that is famous around the world. Please don't stop, excuse me if I'm confusing you, but only I want to clarify how, I feel about my country.

I wish I have the talent and knowledge of Gabriel Garcia Marquez (who is the best novel writer in Colombia, and he won a novel price a few years ago.) to describe the Colombia that I'm proud to be part of.

Now, we (you and I) are going to suppose that Colombia is a woman, like my mother was, honest, kind, friendly, natural, and hard worker. On the country side she is fertile; on the coastline she is happy like "Cumbia" (one of the happiest and rhythm dances of Colombia.) In the city she is refined and has an elegant dress code, she talks the best Spanish (Castellano) and she has been named the South American Athens, for the standards of the Spanish Language Academy.

Colombia was known as being brave and proud of her history, full of treasures, and folk tales like "El Dorado." It's was the most folktale known around the "Old World," and it was the bait, that motivated that many conquers and pirates arrived on the Colombian land cost.. Also, known for the emeralds and the best mildest coffee in the world, and like these precious stones and coffee as well for it'sflowers, orchids, carnations', and roses. Those flowers that I have

139

mentioned are exported to different parts of the world, and you can admire these variety and beauty during the Roses Parade, on January first every year.

Colombia is geographically located in the northwest of South America. This is a privileged and strategic position, and gives to Colombia two oceans; The Atlantic at North Side, and the Pacific at West Side. As well Colombia has different kinds of climates, and they are steadfast, with variety of beautiful landscapes, majestic mountains, in their picks crowned with perpetual! snow; Rivers, and lakes, fertile lands where the best mildest coffee is cultivated. If you go there, you can enjoy any season year around and it'svariety of happy music and delicious Colombian cosine.

I feel sorry for the people who offend my country with their undignified behavior, because they are responsible for my country being regrettably infamous. I hope that Colombia will find her place again in the world, so, she can be restored and puffed up, and also, she can regain herself respect and the respect from the other countries.

My dream is, to see my country, Colombia, as a The Liberty Statue, wearing around it'shead a golden crown, omamented with emeralds, in it'sright hand a large cup of aromatic Colombian coffee, offering to the whole world. I want to say, so long, with a little piece of a song that is like the second Anthem of my country. I'm very proud to be goo Colombian!

I Am Colombia (1988)

Who is crying, and I'm crying because some of my children put me down, with their unscrupulous actions.

I am the Colombia, indignant and angry, because I am victim of humiliation, and isolation by strangers. As well some of my children are ashamed of me, and instead of defending me, they deny that I am their country when someone ask about their nationality.

I am the Colombia that is hurt by those children who are the cause of my humiliation and low prestige, and I ask them, why they are ashamed of me their country? Remember that it is not me! Colombia that they have to be ashamed of but, yes, of their own bad actions and behavior, because those, put me, in the place where I am, a total disgrace.

I am the Colombia who beg for a little compassion and understanding especially, from the people who are so accusing, rude and punishing all Colombian, even though they do not know the "true me."

I am the Colombia grateful, grateful that I am in strategic place close to the equatorial line that gives the privilege of having two oceans, at North side the Atlantic, and the West side the Pacific. As well grateful of my history and heroes; my writers, my folklore, and customs, my language Caste llano (the best Spanish) Also grateful of my beautiful landscapes where the most gorgeous emeralds are found, and the best mildest coffee famous Worldwide is cultivated, and it's famous not because is cultivated "on the top of hill mountains."

I am the Colombia proud of my children, who love and respect me, and even though, they are living in a strange country, they show with their good behavior and customs my real face. They don't feel ashamed of me, and they are proud to be good Colombians. I am the Colombia hospitable, and I am inviting you! Yes, you to know me by yourself, and I am wishing to those who visiting me, Colombia a very happy time in the Land of El Dorado!

Don't Let Me Disappear

Dear's ones:

After my farewell, don't cry, kiss, embrace nor put flowers over my dead body; a body without a soul is only a piece of trash! That is why my body must be buried or cremated. Kiss me and embrace me now! I can feel your love. You don't know how much I wish it happened more often. Give me roses, and a little room in your life. This is the most important dream I have. Please, don't ignore me! It hurts so deeply, because I love, I accept all of you, just the way you are. You all should know that whenever you need me, I will always be here for you! Don't cry, tears will just disappear and I don't want to disappear from your life too, so don't let it happen. Instead remind me of how I was.

I want to believe that after I am dead, I will be like dust particles; That I could be everywhere, anytime, at the same time with all of you, my loved ones. The loved is one who reminds me, I promise I will always be close to you! Remember me by cooking the same food I made for you that you liked, by listening to my Colombian music and see me dance! Do you know where you keep the cassette I made for you? Remember sons and daughters, I have always been blessed to have been your mom, and that all of you are the most appreciated treasure I have. My main reason for living is you. You are my strength and encouragement to continue the goals I wish to pursue.

Again, see me everywhere the nature is present: mountains, running and falling water, when birds sing, in the perfume of flowers, and the color of butterflies. Feel my bad temper during a rainstorm, my happiness on a rainbow, as well as tears of happiness over the flowers during morning dew's sunrise. See me when you are relaxing at a beautiful sunset, sleeping on a peaceful night where the sky has millions of stars. Feel me breathing as the ocean wave's roar, and see me soaring freely over the night Blue Mountains on eagle's wings.

Do! Family reunions on Mother's Day, my birthday too! Each one of you put a red rose for me in a vase. Have dinner on Christmas and New Year's together. Find a time and place to do it! Be the family where harmony and comprehension are the strings that tie all of you close together. In this way, you will always be like the three musketeers. "One for all and all for one".

From the bottom of my heart (for all of you my "Musketeers",) as well my grandsons and granddaughters!
7/16/2009.

I Want to Be Your Friend! (2008)

Some time ago I "felt" you passed by my side; At first, I was scared and a sensation of coldness was running down my back, but with time, I have been getting accustomed to the idea that I belong to you and when you want, you will take me with you. For this conviction, today I want to invite you "to sit down along with me and talk" I want to tell you things, my last desires and "fantasies".

Come on, get close to me, so that you can keep listening, do not worry for your appearance, I know you by "word of mouth". People say that you are ugly, bony, merciless and always dressing with the same dark outfit, and you come accompanied with violence, suffering and cruelty, without respecting race, religion, age or place, you taking what you want, they are all afraid of you; I am Not! I respect you! Though in this life you are the only true thing; You're always punctual in the place you need to be. There are only few that welcome you, those whom you extracted from suffering and gave them peace. Do you know? When I was "little" I heard my mom say that she had sighted you, picking up her steps in the house's patio and putting them inside a bag you were carrying, as "though" you were counting them. Since then, I decided to take long walks so, that when you decide to come for me, it will be very difficult to pick up so many steps walked, and after getting tired you "will change your mind" and come back at a later time; but it seems that what I tried work, but now the tire is me!

Don't play hard to get me, come closer and keep on listening, I respect you and want to be your friend, so that when you take me away, it will be like a sweet and soft journey.

Allow me to tell you my "fantasies" and when the hour of going away with you comes; I would like for you to seduce me that I'll have to say to you, what are you waiting for? Are you not going to knock me down?, Do you want me to fall down?

Good, now that we are friends; I want to ask you for a big favor, to warn me before you come although it is with a sign of smoke, then slowly, without hurry, before leaving, I will take few drinks of aguardienticos, while we listen to Bambucos, Pasillos, Guabinas, Torbellinos and music from Los Llanos, accompanied by my children and my husband, and later, with a few drinks on me and the rhythm of a Vallenato, as a woman "enchanted" I will go away with you, without looking back to see those who surround me, with a light smile in my face I will hang myself to your neck and we'll escape my dear friend! Whom the humanity timidly calls "DEATH"

Ligia Chiriví.
Agosto 7, 2008.

Like an Infant (2010)

Hello! Dear friend, did you remember me? I wrote a letter a while ago inviting you to meet me, I will like charting with you about my life, dreams' and fantasies', also, ask a favor; let me know your arrival, at least an smock signal in this way I shall prepare my farewell party, drinking a few "aguardienticos" shots and listening my Colombian music. AH! I, see, you recalled me, good, because, today I going to ask an special favor, because, you announced yet wherever you'll came and take away from me, the only love in my life, my accompanier for the last 51 years, my other half, my complement; I am sad and anguish, I have my throat nut tie-up, the tears denying come out and I have not the console of shall cry, therefore, I not going to fight with you, because when your grasping him and I grasping him back, my lover will be the only who'll suffer.

Anyway; I know when you want take him, although I shall keep him alive is not doubt about it, you'll take him with you, therefore I'll be prepare for the sad moment, come alone and silence please, hi's afraid of you and doesn't wants to know anything about you! As well, when it's his time, come during his sleep, don't a weak him, perhaps he's dreaming be younger, full of energy in any reunion or party been the center of anybody attentions, dancing, singing or maybe he's dreams on the time that we meet and without plans, only promised ourselves, love during our lives and before our death as well, also he'll dreams' about the happiness to be, father, grand father and know grand grandfather.

Dear friend, when the "moment" come, a wake me, if I am sleeping, please, I want farewell him with a kiss, don't matter if with this kiss, my live, soul and heart go with him. Take him slowly without hurry, perhaps somehow he shall continuing dreaming without know your presence and when he's on your arms take him such he was an infant carried for his own mother.

Friend, leaved slow, I want print on my mind, heart and soul, that last moment, I wish to say him: "You was the best love gift ever I have, my complement, support on my elders years and many, many things more!".

Thanks, dear friend for listened my petitions, don't forget; I'M waiting for you, my real and good friend who always come on time, without delays, friend from the humanity is afraid, to mentioned or pronounced your name, Death!

16–102010.

Ligia Chiriví de Torres.

Thanks, and Thanks Again! (2009)

Thanks God and Life for given me the happiness to awaken every morning to see the face of my partner next to me; Sometimes covered with a breathing facemask or with a nasal canula of oxygen. The sound from it makes feel relax and lets me sleeps with the security that next morning we (he and I) will see each other again to enjoy a new day. This face close to my face belongs to the man who was, is and will always be the only love of my life; My husband Jorge.

Thanks God for permitted us to been together all these years and let us celebrated our 50th Marriage Anniversary, it has been a long time shaving our life and we still do today.

During these 50 years together, we shared good and bad times; Good times with kisses and honey words and bad times with frustrations, loose tempers and tears; But, always both of us are forgive; this is our way to resolve any problems. We learned from our mistakes and no matter how big or complicated the problem may have been our love, comprehension and respect for each other always found the way to keep us together as a couple.

Thanks God for our kids. They gave us the power and desire to never give up. They gave us the happiness of becoming parents, grandparents and grand grandparents too. Thanks one more time to God and Life for all the blessing received, the blessing that make me sing with happiness.

A song to life, also thanks to the sun for its sunshine and our earth mother bless her too!

My husband, you are the best love gift that I have ever had, you are the complemented of my life supporting me during elder years; all of these things you are for me.

Jorge and Ligia Torres.

May 28, 1959–May 28, 2009

To My Mother (1993)

All, beginning very beautiful, as a feeling that filled me of happiness; There was a dark place, but at the same time, lighted, brightness with a pure light; Wasn't cold or hot, was a perfect place.

Time passed and I was groin, but I didn't know, why I wasn't hungry or dirty. Little by little, I realize that, I wasn't alone, but I felt that "something" or "someone" was around me, taking loving care and worry about me, even though know me!

After a while, I was growing mentally and I notice many things, that at the beginning I don't understand, gradually I knew I was save in this place, that nothing bad could happened to me, also I realize that the time to be in this marvelous place was now shortly.

Moreover, I knew that the 'thing' or 'someone' around me was my Mother and I had the same feeling that she had, I smile, cried and thought when she did, such if we, were only one person. I never would want to leave that place, when I was saved and very happy until I must had to leave from this wonderful place that I never forget during my life.

Finally, beyond twenty years, although many things are changed and I may think by myself, I never forgot the person that always took loving care of me, since I was a fetus and likewise during my life, she continuing taking care of me, as well I was a fetus again,

Similarly, I never going to forget about those moments that we cherishing together, "you mother" en your world and I inside you!

For this reason, although the time passed and the things change, you are my mother and always will be!

In the future, all of us (the family) must will gone to the other world, but You and I will be together forever!

Writer: William Rene Torres Chiriví.

05–16–1993.

A Mother (1997)

A mother is a Sea Shell; Where inside a small grain of sand is placed, and as time passes by, this grain of sand takes from inside the shell, her beauty and transforms into a gorgeous, sparkling pearl (a baby).

A mother is Fertile Soil; Where a seed, a life is planted. Now this soil will give this seed all the nutrients to sprout & grow healthy to later become a strong tree.

A mother is Sunshine; Warmth for the cold days, a cloud to shade the hottest days, and a soft & misty wind on the driest days.

A mother is a Guardian Angel; Keeping with love her baby's sleep, while she rocks on her lap, her precious treasure (a gift from God), and hums a sweet song to her baby "You are my Sunshine" in my life.

A mother is a Soldier; Ready to offer her life for her baby, without any hesitation or expecting a "Purple Heart" in return.

A mother is a Life Foundation; a source of the most nutrients (food) needed for her baby. This food will give her baby the immunization & strength necessary to start his or her new life.

A mother is a Worker; a worker who is willing to work 24 hours a day, 365 days a year, for many years, without breaks, vacations, or holidays, all for the sake of her child's comfort.

A mother is an Encyclopedia; She is full of knowledge, ready to resolve all, her baby's sicknesses and discomforts.

A mother is all of those and God in the eyes of her child...

A child is for her mother, her most wonderful treasure, her strength, and her reason to live!

A child is a blessing, a magic power that transforms a woman into an extraordinary human being... a Mother!

Ligia Torres.

What Experience Is? (1995)

Experience, is a compound of happiness suffering, frustrations and achievements, melting" together that one has, gotten during life. But, indeed, when one has enough experience to"drive" a better life, it's almost time to die and no one of our loved wants even a small piece of one's experience, they want to have their own.

Although, experience, is such a treasure that one's has but, similar a selfish person, can't share and moreover, ones has a short time to spend it. It sounds ironic that one pays sometimes a high price to get it and one's has to take it to one's grave. Therefore, experience is not "transferable" and for this reason, one's suffers when one can't fix their loved one's lives.

Ligia Chiriví.

11–09–1995.

An Invitation! (1987)

Dear; immigrants; Like myself, I invite you, yes you! the youngest, the middle aged, the senior ones, to come, to school, to learn English, as a second language, in this way, you could prepare yourself, to realize the American dream, a better future for you and your family.

Remember, English is the key to open the future door. When, you can communicate, with other people and understand, their lays and culture, you be ready to look for a job and if you are still in school, take advantage of that its offer to you, and one day perhaps, you may have a chance to be an American Citizen!

Therefore; don't be ashamed, about your aged and culture, don't hesitate, to come to school, here, teachers and volunteers, share their knowledge with us, the food we need, to survive in this new environment. At school, we can learn about, American's culture and laws, English, grammar, speech. Write and read, also, how use a PC and more. When the semester ends, we, the students from different countries, are like a big family.

Finally; What are you waiting for? Accept my invitation, come to school and don't be foolish with your future, nobody is too old to learn, only we need, desire and commitment to do it.

The new semester, will start very soon.

Ligia Chiriví.

05–28–1987.

My Hobbies (1995)

My hobbies are: reading, writing, singing, whistling, dancing, bicycling, walking up to the mountain's tops, as well I love to cook. I like to read, stories about story tales and human anatomy.

I love, stories so much, because, when I'm reading, I feel that I'm part of them. National history is very interesting, but, some, times, it shows bad things that people at that point on time have done.

I love, ancient tales, because, there's plenty of magic and imagination. I like, read about human anatomy, because, the human body is the most complete, wonderful and amazing machine, on the earth. I love to write, because, I want to share my feelings, experience and projects. Sometimes, it is a great necessity to write, I'm not a good speaker, so my best way to express my opinions or feeling is writing. I enjoy singing, the Colombian's songs my, favorites, some are romantic, others are tales and some describe places and customs of my country. Whistling and cooking are knack that, I inherited from my Mother. Also, I really love to dance Colombian's rhythms. On Saturdays, my sons and I go walking, at Malibu, Santa Monica or Wilson mountains, those mountains are as challenge and I love it.

When I'm on pot of a mountain, I feel free and I wish, could be an eagle, and fly all around enjoying the landscape. I stared to ride bicycle three years ago, it was maybe the major challenge of my life and stopped is, because, I had an accident, but how practice make me a master, I'll try bicycling again.
Ligia Chiriví.
01–26–1995.

ESL Class (1998)

My ABC class room.
(Hungry birds fight for survival.)
My classroom is a temple of knowledge where teachers and volunteers work together. The teachers share with us their knowledge about English. My classroom is also like an old church where year after year thirsty birds have looked for food and shelter.

But instead of birds, we the students came from different countries. We are a variety of hungry immigrant birds; Hungry for knowledge, the food that we need to survive in this new environment, teachers and volunteers feed us. The teachers are missionaries taking care of these hungry birds. Moreover, they give us plenty of "food" and "water"; Without their kindness and comprehension we may not survive.

For this reason I invite you, yes you! Friends and immigrants like me to go to school and prepare you for a better future. Take English classes as a second language; Learn about the Country's geography, history, laws and how the government works and learn what is right and wrong!

Remember, nobody is too old to learn. Go today!
Don't be foolish with your future.
Ligia Chiriví Torres, 1998.

Knowledge Is Power! (1996)

Dear, immigrants; friends don't care about your nationality is, I'm one of your, who came to this country, which is full of opportunities, looking for a better future, for my family and myself

: but, perhaps, we made the same mistake, that more of us: came here without, speak or understand English language and knowledge, about American culture and Laws.

Although, my husband, our kids and I came here with a visa, our lives, during the first years, were like: beaten bushes, beating, by a tornado of this new environment, where we, tried hard to stick our roots, to survive.

Time, passed, our roots stared to got strength; In meanwhile, we were learning, in "life school" that each one, have to build his / her, own future and look for a place in this society, how? Acquire knowledge, about, language, as primary need; Differentiate, among cultures, what are the laws of this country and how to follow them, were we could find all this knowledge?

At the school, came friends and learn English, to make you able, to communicate with people around you; As well, understand other people's culture and perhaps misunderstand will be disappear, also if you know about laws, you could live without break any of them, and when you can achieved a career, it should be such a key to open any door, where people, have better seats and respect among them.

In conclusion: dear immigrant friends, knowledge is our future key, also, knowledge is power, how strong?, depend on you, how many do you want achieved? Remember, in this country, education is easy to get, sometimes almost free, so, what are you waiting for?

Came to my ABC class room, where knowledge is offer such a "buffet" [all you can eat] served by the most kind people you ever met before, our teachers, Mrs. Pat Davies, Helen and a great team of volunteers, with Rita as their coach.

At this point in, time, is necessary that we ask for some respect, how? By respecting our "hosts" rules, therefore, we the immigrants shall be a useful part of this society.

Ligia Chiriví 06–27–1996 Culver City Adult Reading Program.

One of My Dreams Coming True

I'm very happy today, as I just returned from my tour to COLOMBIA "my homeland" after almost 20 years without visit it,

I was there last week with a group of 28 people from different states of USA [among them a couple from CANADA] all whose had the courage, to dare experience all the bad things heard on the news and by friend's opinion regarding my country, we were a total of 32 people in this journey.

We were there: my daughter, son in-law, my granddaughter and myself, they told, that when they mentioned to their friends about the trip to Colombia, they all were astonish with their idea and asked: "Why have you desired to go to that dangerous country?", and they reply by saying that they were anxious of adventures, because they consider themselves real travelers who knew more than two or three countries and they will like to prove by themselves how Colombia really was, they decided to cross the line between, believing that the news or better seeing it for themselves, as well as Smart Tour to Colombia who were pioneering their first tour to Colombia South America.

The trip stared on Miami Saturday 09/13/14 from there we flew to Bogota Capital City of Colombia, one of the metropolis with 2,600 meters of altitude above sea level, when we arrived to the airport our guide, Mr. Leon Pardo was waiting to drive us to the Morrison Hotel, there we had a welcome drink and later we went to our assigned rooms; early Sunday morning after breakfast we, the whole group had a meeting with Mr. Leon to meet our trip partners and share with them our names, place we come from, our profession, as well the reason why we have chosen this trip, my daughter and me, told them, we were Colombian and were returning to visit our country after more than 25 years.

My son in-law and his daughter were new to the country, after that we followed our guide and all of us stared to enjoy the Colombian culture, went by bus to Monserrate, an elevate Bogota hill, there Mr. Leon took care of the travel tikes and the whole group stated together, we went up to the top by a cable car until the pick of the mountain were a Sanctuary was built in honor of FALLEN JESUS, catholic people go there to pledge for a wish, (get a job, have a better marriage, recovery from any family sickness etc.) some of them walked bare footed from the vase of the mountain to the top where the church it's located, after arriving, we walked around the place, took pictures and just enjoy the beautiful Bogota city view, later we descended by a small train and went to the Gold and Botero's Museum, La Candelaria, Bolivar Square, Money Change place, as well as going to the flea market in Usaquen, a place where a lot of rustic crafts are sold in the afternoon, we returned to the Morrison Hotel, got some rest and after a musical welcome played by my brother Nicolas Chiriví who's lives in Bogota and is a professional musician, came with another member of my husband's side of the family, he welcome all of us, later we had dinner our tour partners were pleased with the music and after a cup of coffee everybody said good night and went to our rooms to rest and be prepare for next morning.

On Monday, we rode by bus to Zipaquira, named [la capital de la Sal) to visit the salt Cathedral, a big town north of Bogota, everyone was impressed with all the architecture (All the statues were engraved into the salt rocks) as well as hearing the mine's story from Mr. Leon, some of us bought crafts, and outside of the mine, later we went to had a typical Colombian lunch at a nice local restaurant, few of us had soup made with four different kinds of potatoes "Ajiaco" others had steak; After lunch we traveled from Zipaquira to the airport, passing by the towns of Chia, Cota y Suba to get our fly to the "coffee triangle "staring in Pereira city of Risaralda when we arrived there, was a nice bus driven by Mr. Carlos and Carlitos, a young student last university year and his Consulter; they came from the Living Trips Agency, we when to the Mirador the Las Palmas Hotel, from here Carlitos the student, will be our coffee guide.

The hotel was sat between the mountains and surrounded by lush vegetation, humid weather and a marvelous view, close by La Tebaida, a small town in the Quindío city, we arrived at night and we were welcome by hospitaly people, who's help us with our accommodations; after, we were shown to our rooms, we had a good dinner, everybody were happy and talking about how the trip were developing, everyone, had a cup of coffee, then said good night.

That night we asleep lullaby by the kirks sounds and the next morning, we were awaken by a natural "alarm" of different birds whistling, the view was beautiful, between the mountains clouds, were sitting, perhaps waiting by the Sun to rise; then we had a delicious breakfast there, I heard good comments about my country that make me very happy, after we got ready to ride the bus again driven by Mr. Carlos, we were anxious to know about the coffee triangle, and Carlitos our coffee guide, explained that coffee triangle are made by three States: Risaralda, Quindio and Caldas, this triangle was declared by UNESCO on 2011 from the "World Heritage Site"

That day we visited the coffee farm by the name of San Alberto, it is sat in small town named Buena Vista in the Quindio state, this farm is one of the most famous coffee cultivation place, here, our coffee guide introduced us to Mr. Alberto the landowner, him and his workers took us as if we were new crew members, our group was divided in two groups, one stated with Mr. Alberto, my group went up to the cultivation mountain with Mr. Francis, San Alberto coffee guide he showed us all the steps necessary to grow the best Colombian coffee, he explained that only the red cherries are picked one by one, by the worker's hands, someone asked about their salary Mr. Francis, explained that all depended on how many pounds of red cherries each worker picked daily, he also explained, when any coffee cherry has different shapes and/or sizes, that cherry is removed from the coffee field, then have to be sold separately, we walked all the cultivation place; from where the seeds are planted over specials soil beds, where spurs' had to be ground with special care, later those babies plants are removed from beds to put them in plastic medium bags for one year and then, coffee plants, are planted into the ground, they have to wait for four years to get the first crop; we were allowed to touched, picked and tasted the coffee cherries, they had a sweet flavor Mr. Francis, explained how they take care of the best coffee of the region by inspecting the coffee tree, looking under their leaves for insects or parasites, coffee trees have to be trimmed every five ye.

We also walked through the coffee laboratory where the coffee cherries are processed, pellet, washed, dried and selected before going to the marked. When we were ready to descended, we saw up high on the mountain some coffee pickers and Chapoleras (women who pick coffee) those worker are nomads and had to live in the coffee farm until the harvest season has finished after that, they go to another plantation; pictures were took of the coffee field and into the laboratory rooms, we descended to a terrace were Mr. Alberto was waited for us with two tables with white cloths and white coffee cups, glass of water and an apron expecting us for the last class or ceremony "bautizo cafetero" coffee baptize; To learn how to taste a good coffee, we followed Mr. Alberto instructions' and at the end we all got a coffee certificate from him, named each one of us as COFFEE TESTER. Mr. Alberto had a premium certificate of three.

Starts, one for Sabor Superior, internacional taste and quality from the Bruselas Institute in 2012–2013 and a Gold Medal for Prosuc of Year, Worldfood Moscu 2011. San Alberto's coffee taste is warranted by a professional taster. Our guides and us, thanks Mr. Alberto and his crew for their kindness. That day we when back to the hotel and visited two small and colorful towns; Filandia and Salento, over there the people were so kind, they helped tourists whose didn't speak Spanish to get what they wanted or needed, more pictures were taken also some of us tasted pan de bono "cheesed bread" as well as empanadas "corn bread with meat inside", now we were ready to have our lunch, Mr. Carlos drive us to another typical restaurant close to Armenia, Quidio city, there we had patocon pisa'o a "salty fry green plantain cover with gravy chicken or meat", it was delicious; during the trip we saw a few trees showing like snow on their tops, their leaves call our attention due to their silver color, one of us asked about those trees and guide said that those trees were here before the shade protection for the coffee trees and their name was Yarumo, we returned to Mirador de las Palmas hotel, I spent some time in the pool, later started to rain with electric lights and thunders, some of us enjoyed the rain, walked or stander close to the pool to get soak, later everybody had dinner, back to our rooms to rest and prepare for next day.

The next day we when to Cocora Valle, a sanctuary of wax palm, exotics' birds and another wild animals in extinction; that place was marvelous, again between mountains we could appreciated for the first time the famous wax palm, one of the world tallest palm tree and possible only growing in Colombia, our guide Carlitos explained that these were not babies plants, for many years country people cut all the babies palms leaves, to sell in a marked, those leaves were used by the Catholic people before Wholly Week on Domingo de Ramos "Palms Sunday", they adorned those palm leaves with a crucifies or any saint of their believes and take them to be sanctified by the priest of the local church, (Colombia then was 100% catholic) now the government is taking care of those palms trees and made it into a sanctuary that is now call the Cocora Valle, we walked a long way until we reach a river, we crossed over a rustic bridge made with Guadua or "bamboo", we continued walking between the lush vegetation, we saw only two beautiful birds, maybe the others were hidden, because there was a group of youngsters making a lot of noise, again we took pictures until Mr. Leon spotted the group and told us to come in: "Time for lunch!" We then returned to the place where we had started our walked, there was a nice restaurant and we had fry trout over a "patocon pisa'o" and a cold local beer, everybody was happy, later a gentleman belonging to the environmental department call our main guide Mr. Leon and to invite us to help him to planted some babies wax palms, our group was divided again into four groups and each group followed his directions, planting one palm tree per group, this was to remember this place, the ceremony was very emotive and finished with a big hang between this gentleman (I 'sorry I can't remember his name) he then put his hand by his heart and said: "All of you take my heart and in term I take yours". The group said "Thanks you and good bye." In our way back to the hotel we had the opportunity to enjoyed the taste of arepa de choclo "bread made with sweet corn" later we arrived at the hotel, rest for a while, later some of us walked with Mr. Leon to see exotics flowers I have never seen before ; I was very surprised and I admired those fantastic flowers growing back at the hotel in an special place mixed with plans such as mangos, guavas, banana trees and casaba plant, such an small paradise, later we returned to the hotel, had dinner, got some rest. The next day, we had our last breakfast at the Mirador de

Las Palmas hotel, everybody said thanks to those wonderful people for all our accommodations and services we had received.

We then travel to Medellin, capital of Antioquia,[known as the capital de la eterna primavera) the city where the spring never ends, here every year their people celebrate, La Feria de las Flores, one of the most colorful flowers shows; we rode the bus driven by Mr. Carlos, also Mr. León, Carlitos and his boss were with us, again we saw beautiful landscapes, lush vegetation, many fruit trees like the Yarumo trees, ours guides, were explaining and answering all questions we asked while we rode the bus, they also showed us a Barranquismo, it is a kind of sculptures made by an artist (sorry I don't recall his name) who's used to mixed three different kinds of minerals, then used it over the soil to make sculptures of indigenes tribes who lived on Quindio territory before the Spanish arrived in Armenia, we leaved Quindío and passed by the city of Caldas, had lunch on a restaurant name Los Recuerdos "The Memories" in a place where the house resemble a big coffee cup seen from faraway, we enjoyed a nice cup of Colombian coffee, this was the last stop before going to Medellin, we enjoyed "pan de bono'. The rode the bus used was next to a river and the most of the way was up the hill then down the hill and a bit terrifying. Here the bus driver Mr. Carlos was very skill and showed us why he was selected to be our driver, finally we arrived at Medellin at the Hotel Medellin Royal, it was already late at night and it was raining, yet no one had any complains, we got our rooms, then went to the Santa Fe Mall and had our dinner, walked around some shops and back to the hotel for some rest.

At Guatape, we visited El Penol the tallest rock sitting close to a big lagoon, one of the important placed to visit here, you can go the top of this rock by climb hundreds of stairways made just for this purpose, again our rode was up and down hills, lush vegetation, fruit trees a few lagoons, many houses, country animals, at the vase of this rock there were many typical stores selling crafts made for the region people, after taking pictures we rode to the" el plan chon" a big and wide rustic, like ferry; Tree store house setting over a canoe, made by people who live there, there were tables, chair, drinks and a happy music like a beer garden; some of us dance while the "plan chon" was floating around the lagoon being push by small motor under the rain, with electric lights and thunders, the ride was now finishing and it was time to go to the Guatepe town, this town has peculiar socalos "a low houses front", each one had engravings an figure showing the kind of work the house's owner do e. i. if he was a fisherman; then a fish was in his socalos house, so all the houses there had different engraved figures in a colorful manner, we walked along these streets admiring the different colorful engraves we finished at "plaza de los socalos" socal's park, here as a group we said Good bye to Guatape, we then returned to Medellin, in our way we had lunch at a nice restaurant, we saw some buildings that were in ruins, so we wanted to know why these building looked like that, our guide Carlitos explained that a long time ago these buildings belonged to Pablo Escobar (a cocaine Colombian trafficker, who was kill by the police when trying to escape from his home), everyone was very anxious to know everything about him and a lot of questions were ask and answered by the guide.

Back in Medellin the traffic was very heavy, with Mr. Leon always being alert of everything he decided to change the schedule, by first taking us to visit "Pueblito Paisa" a replica of how was the first town in Antioquia was built then we, back to the hotel, everybody agreed and we were in our way. When we arrived we saw how they were made inside an out, how big they were, what kind of furniture they used, we loved what we saw, again more pictures and we admired the Medellin city view from here, we shopped for crafts and finally returned to the hotel, Mr. Leon told us, if we want to visit "Parque Lleras" a place where people play music and where we may be able to dance, so a few of us made the plan to go there.

We first had dinner at Santa Fe Mall and later we took a taxi to the park, we first visited the roof of Hotel ENVY a very elegant hotel, invited by our friends to view and were encourage to take pictures of the city, later we came down to go dancing, happy music was playing, we spend a few hour there, and returned to the hotel to rest and be ready for next day. In Medellin we have our last breakfast in the Royal Hotel, our group give thanks to the hotel help for their kindness and we rode the bus for the last time. Since this was the last day in Medellin, our schedule was as follows; first go to the "Plaza the Botero" take pictures and walk around then rode the bus to Lavapatas "a park" were people is known to go for walks, meditated and rest, this park had many trees and birds, and a fountain were people socked they feet after their walks. I noticed a rundown house across the park, where people were leaving which had solar power and the water they used was gathered from rain. For a while we rode the Metro a nice and quick transportation, then we rode the a Metro Cable, a cable car with room for eight people going to Santo Domingo, a nice place where years before was a unsafe and dangerous place to be, but now is an advanced, clean and inhabited by working and friendly families, we took pictures, walked around, we then came down by a Metro cable, from here we when to the airport, there all of us said thanks to Mr. Carlos our driver, Carlitos our young coffee guide and his boss, this time was perhaps the first sad moment during our trip, because we had shared with them some unforgettable times. As always Mr. Leon took care of us, by waiting for about two hours in the airport, and finally our fly arrived at CARTAGENA.

When we arrived at Cartagena, a big bus was waiting to take us to the Hotel Capilla del Mar located on Bocachica, one part of Cartagena with hospitality people welcome us, after dinner we shared a little among each of us and later, we went to sleep. the next day after a delicious breakfast, Mr. Leon invited the group to see CARTAGENA, when the new bus arrived, Mr. Leon introduced the group to our new city guide by the name of MARCIA, we then visited the San Felipe de Barajas and the Monasterio de La Popa, by now it had started to raining, there were a lot of visitors we went in, with other two group of people, we all enjoyed the rain, we leaved the Monasterio and went to La Plaza del Reloj, the rain has now stopped, during the way back our new guide Marcia was very well spoken and gave us a lot of information regarding Cartagena's history, we stopped by a local park were we rested and tasted "arepa con quezo" corn bread with cheese inside, shop a little continuing walking and listening to all the details Marcia was telling about the surroundings as we were passing, we visited the Emerald Museum, here the museum supervisor explained and show us all the emerald details such as, color, shape and weight, we then went into a jewelry store where copies of gold pieces from the pre Colombians' from the Museo del Oro were being sold, these were made in a semi-precious metal and washed with 24K gold, some of us bought some small replicas, only one lady bought a real emerald, at this time our tour to Cartagaena had ended, the group thanks our guide Marcia, we went back to the hotel, had lunch, rested and later my family and I returned to the park, la Plaza del Reloj took more pictures, the weather was great, we walked, enjoyed the surrounding and shop some more, then back to the hotel had dinner and back to the streets, later that evening we went back to the hotel, shared our experiences with the rest of our group, then anybody when to sleep.

On Monday, it was a day off from the tour, we woke up late, had breakfast and just hangout, later my family and I took a taxi and when to the Gold M. and Casa de la Inquisition Museum but unfortunately they were closed, so then we visited to stop by a gallery where they sell pre Colombians replicas, I got one! From there we walked around the shops, took pictures and had a typical Cartagena lunch with fry fish, patacones and a cold beer, it was good. Back at the hotel we rested and got ready for the tour's farewell dinner, Mr. Leon took the group to a restaurant call EL Santisimo, while waiting Mr. Leon asked the group about our experiences during the trip, I heard many positives comments about my country, their hospitality people, the lush vegetations, the weather and the possibility to return back some day; at the restaurant we had a reserved area only for the Smart Tour people, we found our chairs, look at the menu and choose our dishes; I was so emotional that I wanted to thank each and every one of them from the bottom of my heart, for visiting my country Colombia, I said thank you to all for caring, because I know for sure, that when their family and friends ask them how the trip experience was, they will definitely will reply with a smile, and this will make me very happy as if a "dirty window was being clean" between the bad publicity that Colombia had received from the news media and the actual facts. I don't consider myself a good speaker nor a singer but I recall an old song or two that my father taught me when I was five or six years old, by singing this song I found a way to say thank you, I sang Cartagena, this song described the city in a poetic manner, also I sang Noches de Bocagrande which described the place where the hotel was located, as well as, Tierra de Promision, describing how Colombia is as a country.

Later while in the hotel's lobby, I asked who from the group would like to taste "Aguardiente" one of the most popular hard drink of Colombia, some of them tasted it and liked, the group shared some for a while, this was our last night us a group, later everybody said "good night" and starting preparing their luggage and going to sleep, tomorrow early, the group from the Smart Tour will said good bye to Cartagena.

The next day after breakfast, we thanks the hotel people, the bus arrived taking us to the airport, there Mr. Leon took care of everything, we flew to Bogota, there we all had another sad moment when saying goodbye to Mr. Leon, he had been as part as a family member for all of us, while waiting for the plane to arrive, the whole group started saying goodbye to one another, it was a really a wonderful time shared as a group.

Looking at the Beautiful (1995)

After an earthquake or any other disaster, most people only saw; Destruction, death, suffering and tears, but among this tragedy, there is something else; Something beautiful, this sounds ironic right?

Guess what? This beautiful thing could be the great loving care around the suffering, human being. The more fortunate, people are acting as brothers and sisters. At that point on time, nobody cares about race, color or religion; Only they worry about helping each other, the best they can.

It only takes seconds of disaster to cover a lot of people with the same sentiments, mixed together are: fear and loving compassion. I asked myself: Why does humanity need tragedies to act such a family? Or maybe our God get tired of everybody behavior?

Write: By Ligia Chiriví.

02–26–1995.

Loneliness (1985)

Loneliness, is be alone, in a dark, humidity and cold room.

Loneliness, puts us in a solitary prison without happiness or hope to cherish the loving companionship of our loves ones.

We are fearful when we, are alone with our consciences, perhaps, our thoughts remain us how many mistakes, we made every day and only a few good things.

Loneliness is sometimes necessary, but not wished. Loneliness' that by magic, disappears when a sweet voice says "Abita" (Grandmother)!

Ligia Chiriví Giraldo.

06–28–1985.

The Same Feeling (2005)

When I when back to the A B C class room,, I had the same feeling that I had a few years ago, such an immigrant bird, hungry and thirsty for knowledge and comprehension, I thanks God, because, I found the same old "church" offering shelter, for any immigrant bird without, questions, about their race or nationality.

Here, we the immigrant birds, [students] have the necessary welfare for our needs, our teachers and the group of volunteers, such as good missionaries worked every day, looking and preparing the special "seeds" for each bird.

Teachers and volunteers feed us with the most precious gifts that each person have, comprehension, kindness and friendship and their time! My GOD, please, blesses these wonderful people, in the name of all the immigrant's 'birds'.

Ligia Chiriví.

To Judges

Cumbia is a Colombia musical style and folk dance that is considered to be represententative of Colombia Cumbia originated from the Caribbean coast of Colombia.

Cumbia is courtship dance practiced among the slave population, is dance with bare feet: women playfully wave their long and wide skirts while bouncing her jips.

Men dance behind the women, arms up and down, wearing a hat and red handkerchief, wrapper around their necks.

The hat is waving to "cooling" woman hips and the handkerchief is to "tie" the woman choose. A musician plays an Acordeon, Caja Vallenata (drums), and "GUACHARACA", a rhythm sound home made instrument.

Smile

A smile costs nothing, but it creates much. It happens in a flash, and memory of it may last forever.

It enriches those who received it without impoverishing, those who give it.

None are so rich that they can get along without it, and none so poor that they can 'not be richer for it'sbenefits.

A smile, creates happiness in the home, fosters goodwill in a business, and is the countersign of friends.

It is rest to the weary, daylight to the discouraged, sunshine to the sand and nature's best antidote for trouble.

A smile can 'not be beggeted, bought, borrowed, for it is something that to anyone until it given away.

If in the course of the day, same of your acquaintances or family members, may be too tired to give you a smile, give them one of Yours!

Nobody needs a smile so much as those who have none left to give (Copy from a post card.)

01–08–2015.

The Perfect Combination

The perfect combination to cure any illness, on our love ones is: chicken soup and too much love!

Chicken soup, gives the body strength, love gives the spirit strength and this strength is very important and necessary, to fight against any situation.

Love, has to be giving, for someone who is really fill up of this, because, love hasn't to be giving on drops, love has to be giving in large amounts, any time that it will be necessary.

The truth love, never ends, such a mother's breast milk, always plenty, warm and ready for her /his hungry child.

Love, is a miracle medicine, without "side effects", give this to your love one and I bet you, how soon her/him will be recover! You, yes you, Mother, Father, Wife, Sister, Brother or any relative of sickness one, the remedy is on your heart, give it to them.

Show, it to your love one, cuddle, kissing and pamper your sick child and remember, them needs your love more than any medication.

Ligia Chiriví.

08–08–2013.

Thanksgiving Holliday (1998)

I want to know what Thanksgiving is all about; I looked in the dictionary and I, read,

"Thanks giving (an) expression of gratefulness", after that, sorne questions come to my mind. It's an expression of gratefulness' from whom to whom? If it's a religious, patriotic or a family holiday?, if it is religious, why only one day in the whole year we thanks God?, it's not fair. We must thank God, every minute of our lives for all that we have; if it is Patriotic, I'll like to know this country History because, we always make complaints frequently, instead of being happy with the benefit's that we received from its government. Now, if it's a family holiday, why, we, the members of each family, wait until we have an excuse" to REUNITE, probably for the first time in the year?, Families should have reunions more frequently without a holiday.

Perhaps, we should better give that, thanks drop by drop", to everyone every day, thinking that may be tomorrow won't come, in this way every day could be a holiday.

After all these questions, I'm still confused about thanks giving holiday. When the holiday is over, we go back to be as rude as we were before the holiday, then we wait one more year to be nice again, W H Y?

Ligia C. Torres.
11–22–1998.

My Sweet Lady (1999)

My Sweet Lady North America, today I want to thank you in the name of all the immigrants like me, especially in the name of my brothers and sisters from Latin America.

Today my dear Sweet Lady, my heart is filled up with love and gratitude to you¡ my Lady, You are a good mother who takes care of all of us, the immigrants, as your own children, sharing with us, all your "goodies", without care about our race, religion, color or even our language, You my Sweet Lady, only care for our welfare and freedom, I thank you.

Since today, my Sweet Lady, I'm one of your children I'm going to continue respect and honor your laws. Also, I would not do anything that puts any shame on You, instead, I'm going to use more effort to have good behavior and do things I'm that, you'll be proud of me!

Thank you for all your loving care for all of us, we the people, who came here looking and hoping to relish "The American Dream" of a better economic life style and better future for us and our children; All of us are looking for opportunities that you have to offer without questions, most of us are just looking for liberty and peace.

Thank you for lighting our way with your hope!

God bless you, my Sweet Lady, North America.

An Eagle Egg

This my grandfather tale, that years ago, he told us; One day for a known reason, an eagle laid an egg on the ground, at a hen nest instead on her own, at the most highest mountain peak.

Time passed, all the eggs hatched and the hen took care of the chicks; thus the eagle chick, stared to growing-up as a chicken, but one day its rise its head, while was drinking water and it saw a few birds flying magisterial on the high blue sky, it got impress for that: beyond that day, its stared to have a new feeling; fly! Yes fly!

Its, looks its wings, long, but so weakness, because, it never use them, however, it stared exercises its wings, was very difficult, to stared and more to continued doing this every day, but when it looks, those birds flying on the blue sky, its desired, to be one of them.

Therefore; it continued every day, don't matter what the weather was, it's getting stronger, the same its winds, its only have in mind, when I may I fly! Time passed and one day it could fly! Its stared to fly afraid, but, day by day, it flies more confident and more high, until, one day, it know it's was flying among of those magisterial birds; The Eagles!

The meaning of this tale: maybe you could be an eagle egg?

A Mother Is

A mother, is a fertile soil, where a small life seed was planted and this soil will give all the nutrients to this new sprout, until it's growth and become a beautiful flower (a girl) or a strong tree (a boy).

A mother is: a pearl-shell keeping and protected in her inside a small sand-grain given to it all of herself with patient and love, she will wait the appropriate time until the sand-grain turns into a gorgeous white pearl [a girl) or (or a black pearl) a boy.

A mother is; a worker with a responsible new job; a job of twenty-four hours shifts, without breaks, lunch hour, vacations or Holidays, worker who does her job always with loving-care, patient and worries, willing to do any sacrifice to keep safe this new life, gift from God.

A mother is... all these things together and so much more!

¡Christmas!

Christmas, it's time of happy music, a lot of delicious food on the table to share with family and friends; it's also a time for multicolored lights, colorful ribbons and special ornaments and gifts.

All things look like they are made of rainbow brilliant colors; brown, gray and black colors are no allowed.

It's time for cheerfulness and renewing the friendship's feeling by finding old friends and relatives.

Now, magic soars in the wind making minds and hearts feel the fullness of hung's around the world, and warmness around the world, wars are stopped and some disagreements are ignored, sounding happiness everywhere!

I beg of God from the bottom of my heart, that at least on Christmas time, no weapon should have to be raised against anyone, so that the human race could have a peaceful Christmas night.

Every person should always remember one special gift, "The gift of appreciation, respect and kindness to all."

12/24/1998

A Thankful Swallow

Yes, I am one of those immigrants swallows who came to this temple of knowledge, my ABC class room, looking for shelter and some seeds to calm out hunger and I believe that I was the old and most neediest bird, because, I had my body and wings weak as well mu feathers ravage.

Hence, my merciful God put me in this place and I am thankful for that, because, here I have found plenty of food and water, plus an special help for my needs "the needs to learn"; when I arrived, the chief priest, Mrs. Davis, took care of me and more over, Rita, one of those missionaries, a volunteer who as a good Samaritan took full care of me.

Day by day, Rita fed me with her knowledge and plenty of fresh water, as well; she bolstered me to be myself. Tanks to her, today I am a healthier bird, ready to continue flying on my own way; also, she gave me her energy through her hands, when she patted my shoulders.

Thus now I am feeling alive again, my body and wings now are strongest and my feathers softer and shining.

Tomorrow, I shall use all those gifts, obtained from these wonderful people such as "wind under my wings", to have enough strength to survive, when the turbulence of the strong winds trying to push me down," life problems", but in life time passes and changes.

Today, I am sad because, it's time for me to fly away and I know that in any another place I'll not received, the same extra "loving care and kindness" that I received here, from these special people.

Therefore, to my teachers and volunteers of this classroom, I don't have no others words to show my gratitude, only say! Thanks to you!

Especially to Mrs. Pat Davis and Rita Segel thanks again.
02/1996.

Capítulo
Quinto

Mi biografía

Ligia Chiriví Giraldo, hija de Feminiano Chiriví Aponte y de María del Carmen Giraldo de Chiriví, la menor de tres mujeres y la quinta en la lista de seis hijos; nació en la ciudad de Bogotá, capital de la república de Colombia S. A. en el año de 1941, se crio en un pequeño pueblo llamado Suba, al norte de Bogotá, con sus padres y hermanos; su casa estaba a un lado de la iglesia muy cerca de la plaza. Fue a la escuela a la edad de siete años, en Suba solo había clases hasta el cuarto año de primaria. Al terminar sus estudios, estuvo cuidando una propiedad que su padre tenía lejos de casa, allí aprendió a vivir sola y defenderme por ella misma, a controlar sus miedos, admirar la naturaleza y el paisaje que se veía desde el cerro de San Hilario. Allí comenzó a desarrollar su malicia indígena, aprovechaba su tiempo observando la naturaleza, leyendo todo lo que caía en sus manos, los libros fueron y han sido siempre sus amigos y los siguen siendo después de mis hijos e hijas. Desde niña, además de leer, le ha gustado bailar, silbar, cantar, bordar, dibujar, colorear dibujos y coser; ahora ya mayor, también le gusta cocinar y, según su esposo que en paz descanse, él y sus hijos dicen que tiene buena sazón.

Parte de su adolescencia la pasó al lado del padre, quien por razones de negocios tuvo que separarse de la familia. Vivieron un tiempo a cinco kilómetros de un pueblo llamado Soacha; allá aprendió a cabalgar como pocos, aprendió hacer el bozal llanero, que era con una sola soga, se enredaba en el hocico del animal se daban dos vueltas y se sacaba la soga al frente formando una vuelta que se ponía por detrás de las orejas del caballo y ya, este quedaba con riendas; ella no enlazaba el caballo, solo silbaba y el animal se acercaba, se agarraba de sus crines y a galopar por esas tierras baldías sin riendas ni montura. El tiempo pasó y regresan a Suba con la familia, luego su padre enfermó y bajo el consejo de su médico, se fueron a vivir a un pueblo de tierra caliente, Tocaima. Allá conoció a quien más tarde sería su esposo, Jorge Alberto Torres Maldonado; amor a primera vista, a la semana de conocernos él le propuso matrimonio, ella aceptó. Se casaron seis meses después, sus familias les tildaron de locos e irresponsables, sus padres hicieron todo lo posible para que ella "reaccionara" de su locura, nadie creía en su amor. "¿Qué tanto tiempo duraría este matrimonio?", se preguntaban. Ellos decían estar seguros de lo que habían decidido y, contra viento y marea, se casaron. Dios los bendijo con dos hijas y dos hijos; entre alegrías, sinsabores, planes frustrados a veces, crecieron los hijos e hijas.

Por azares del destino vinieron a este país amigo, en compañía de sus cuatro hijos, en marzo de 1987. Aquí, como todos los que dejan su patria, sufrieron, hasta lograr acoplaren al nuevo ambiente; sus hijos terminaron sus estudios, luego, se fueron casando y les dieron la alegría de ser abuelos y más tarde bisabuelos. Su unión duro 55 años hasta que la noche antes de su 78 cumpleaños, su esposo sentado a su lado izquierdo de ella, sin decir palabra, dejó caer su cabeza en su hombro y murió.

Cuando ella comenzó a aprender sus primeras letras en inglés, en la escuela la ofendían los otros latinos, llamándole "mafiosa"; cuando le preguntaban los profesores, por su nombre y nacionalidad, ellos también se unían a la broma. Esto a ella le dolía, por no tener las palabras, no para defenderse ella, sino para defender su patria; a veces lloraba de rabia por sentirse impotente por no hablar el idioma, entonces un día, su profesora sugirió que para los estudiantes se ayudan con el inglés, escribieran "algo", cualquier cosa, no importaba que. Ella se dio cuenta que ese "algo" era su oportunidad de poder expresar sin miedo a esas personas ignorantes que calificaban a cualquier colombiano de mafioso, sin siquiera conocer Colombia. Ella quería darles al menos una idea de lo que era su patria; le pidió a Dios la iluminara para encontrar las palabras que le permitieran mostrar todo el orgullo, amor y respeto que siempre ha tenido por su paria, Colombia y sin ser escritora ni saber inglés, escribió *I Am Proud to Be Colombian*, "Estoy orgullosa de ser colombiana"; ella había hecho un curso de inglés en Bogotá antes de venir aquí, que no le ayudó para nada por ser inglés británico, pero sí le ayudó un poco con las palabras que ya conocía, y con la ayuda del diccionario termino su *home work*. Cuando lo presentó, la maestra lo vio, lo leyó, no hiso ningún cambio en su papel, comentó, que era un asunto muy serio para discutir, por política.

El tiempo seguía su curso, las malas noticias acerca de Colombia también y algunos de sus compatriotas acobardados se cambiaban de nacionalidad cuando les preguntaban de dónde venían, otros seguían dando pie, para que esas noticias fueran ciertas. Regresó de nuevo a estudiar, esta vez no fue inglés sino una carrera; *Medical Assistanse*, en el Wester Career College aquí en Los Ángeles; ella era la más vieja de la clase y quien menos inglés hablaba. La juventud es cruel, sus compañeros cuchicheaban a su espalda por las noticias que se oían acerca de Colombia; entonces volvió a escribir *I Am Colombia*, "Yo soy Colombia". Ella se puso en el lugar de esa madre a quien sus hijos desprestigian. El inexorable tiempo seguía y luego de haberse quemado las pestanas estudiando, se graduó con honores ocupando el primer puesto en la clase, recibió diploma y carta de felicitación por parte de la Asociación de Medicina y su foto fue colgada en la sala de la escuela con un letrero abajo que decía su nombre y apellido, acompañado con esta frase "*The Best Student of The Year 1985*".

No contenta con este logro, siguió estudiando cursos que le ayudaran con su carrera, así que adquirió certificados en *Plebomoty, EKG, Medical Terminology, Central Services, Echo Cardio Vascular Tech*. Trabajó siempre con doctores de habla inglesa y pudo sobrellevar cualquier inconveniente del trabajo gracias a que siguió estudiando pequeños cursos que la ayudaron a sortear cualquier situación de trabajo pues estaba preparada para trabajar con diferentes doctores sin importar su especialidad. Trabajó por más de veinticinco años en esta profesión, su último lugar de trabajo fue el Hospital de Veteranos en West LA, allí trabajó los últimos ocho años. Se retiró para cuidar a su esposo que se encontraba enfermo y pudo hacerlo por casi tres años, hasta que él murió.

Después de que ella asistió a unos cuantos festivales colombianos con su familia, resolvió "traducir" al castellano sus primeros escritos que fue el nombre como sus compatriotas llamaron lo que ella escribía, y ellos le animaban a que siguiera escribiendo, decían que les gustaba la manera en que lo hacía, de cómo decir las cosas. Luego, año tras año, siguió escribiendo. Su tema, comentarios y opiniones son: todo lo que a su patria atañe.

23 de agosto de 2014.

Mis primeros recuerdos

Arrunchada, junto a mi mamá, en su cuja y agarrada a su teta, in dispues, sentada entre sus piernas comiendo una sopita de pan mojado en su jicara e cacao que mi mamá luego de soplarla mi daba, pa qui ayo no si mi quimara la jetica, no mi arrecuerdo pur qui, ella taba desayunando en su cuja quizá taba malita. Una vez mi taita llegó de madrugada con su traje sucio de tierra y roto, él había ido ese domingo atrás a una corrida de toros a un pueblo vecino llamado Cota y cuandu el torio al Belcebu, toro mañoso lo había cornia'o y como la herida nu jue tan jeroz y mi taita era echado pa'lante, si zampó unos chirinches con amigos pa celebrar lo aconteció.

Mi mamá, juera de serie, horada, hacendosa, trabajadora, nunca dijaba nada sin terminar, amable y guena cocinera, ¡si queremus más, que nos piquen caña! Cuandu mi mamá taba contenta, ella cantaba, requetegonito y silbaba como turpial, todu in la casa tenía, un lugar para cada cosa y cada cosa in su lugar. Mi taita, trabajador, letrau y avispao como el qui más y gueno pa la conversa, hombre de ciuda, qui sucumbió al amor de mi mamá. Se casaron y se jue a vivir al pueblo de ella; él sabía de todo, jue quen puso la eletricidá en el pueblo, el reloj in la torre de la iglesia y siempre disponible pa yudar cuandu lo menestaran.

A don Tacho Iriarte chalan di projecion apadrinándole la bestia; en la hacienda Las Mercedes ayudando a marcar y castrar los novillos, y él solo era zapatero de ojicio trabajaba in casa; gamonales y hacendaus mandaban hacer sus botas pa ir a piscar la trucha cuandu llegaba al riu Juanamarillo u a casar patos y tinguas cuandu era su timporada, u guayos pa'l diariu y todos contentus con su trabajo, pus mi tatita era requitegueno in su ojicio. Hombre de muy guen ver, sabía vestir, usaba traje de paño y sombrero encoca'o, cuandu iba pu'alla pa Bogotá a vesitar su jamilia u hacer compras pa su trabajo. Alegre pa'l baile, cantaba, silbaba, surrungiava el tiple y el requinto, limpio, bien afeitao, amable con todos, comu quen dice, se daba a deciar por las muchachas del pueblo.

Mi mamá nu'era celosa, ella decía qui li gustaba qui las mujeres dil pueblo li envidiaran su marido. A mi taita nunca le quedó nada

173

grande si di'un trabajo se hablaba, su palabra era válida comu un ducumento jirmau, no era pendenciero, piro si se li presentaba algún percance, el agarraba al toro pur los cachus, le gustaba juegar turmeque, in cuanto mi taita llegaba al juego del tejo el lugar se llenaba pus mi taita era di aquellas persunas que gastaba alo 'esgueleta'o, a tu aquel que lo saludara. Iba de pesca y a casar tamben, jue quen mi aprendió a bailar, pasillo, y cuandu yo bailaba con él, nu mi cabeava pur naiden, ansina a bailar, bambuco y torbellino mi decía: "Mija, escuche y sienta la música, sígale los compases".

Mis taitas tenían unos compaes campesinos boyacacunos, qui cuandu llegaban a vesitar, trayban gallinas, guevos, queso, mantequilla, turmas y maizito tiernu, carne cecina pa'l hacer cosido con los compadres. Mis taitas tenivan su guerta en casa, allí cosechaban papas criollas, cubios, ivias, arvejas verdes y arracacha blanca, ellos compraban más carnita di marranu y oveja. Mi mamá tinía un moyo e barro de Raquira rigalo de los compaes pa hacer el arroz con manteca e marranu, qui quidaba requinté sabroso y si hacían unos piquetis los hijuemichicas, acompañaos cun su ají y su guena totumada e chicha, comu los compais trayban ansina tiple, requinto, bandola y carraca e burro pa menisar la vesita. In dispues del comilón a gueliar quimba sia dicho. Juimos una jamilia de seis hermanos, tres hombres y tres mujeres, yo jui la cuba di las tres, Juimos chinos bien portaus, nu había di otra, mi tatita taba todo el tiempo in casa y tenía gindao un berren qué en la coluna del corridor el qui yusaba cuandu el creiba era menester.

Ligia Chiriví Giraldo.
08–09–2014.

Mi pueblito

Nací en Bogotá, ciudá qui es la capital de la república e Colombia, en el hospital de La Ortua; peru me crie en un pueblito al norte de Bogotá, yamao Suba, quizá purque taba entri cerrus y pa llegar pu allá javía que subir mucho. Mis taitas tenían ayá su casa, estu mi aricuerda las notas di una canción *"pueblito de mis cuitas de casas pequeñitas por tus calles tranquilas corrió mi jodentu"*.

Mi pueblito taba a una hora u hora y media de camino disde Bogotá, dipendiendu en cual carcacha de los tres del siñor Espinosa se encaramaba uno, pus en la primer subida, yamada el Cerrito si quidaban varaos y los pasajeros tinían qui arripunjarlos cerro arriba hasta el Boquerón, que era el cucurucho del cerro. Allí había una Virgen pa cuidar a los chojeres y pasajerus cerru abajo, pus di'ay pa ya el bus rodaba solito. Entradu al pueblo, a la izquierda taba el cementierro, otru lao la Lorena una casa-quinta di uno de los potentaos, los Rojas, endispues al otru lao, la iglesia de La Immaculada, con su convento grande di los padres Agustinos Recoletos, in la jalda el cerru.

Enmarcaban la praza la casa municipal con cárcel y todo, mi arricuerdu qui tuvimos un alcalde analfabestia, queru decir, qui el nu sabia ler ni escribaniar y cuandu echaba una multa pedía mucho pa, a según él, dieran algu; ojicina del correo con su telégrafo, eso sí pa que, las tiendas di misia Lucrecia donde si compraba todas las mañanas el pan, las mogollas pa'l cacao u la aguite'panela y los calaos pa'la chan guita; la leche donde misia Rosalbina; donde la "Primorosa" vendían genovas, salchichón y agrias, babaría, Germania "perra loca" la Andina, la pola, el Cabrito la di lus proves; club 60 pa los potentaus. Mesmamente tiniamus la botica de misia Alejandrina dondi un solu vendían purgas, ansina, vendían telas, botones, ajujas, hilos y todo el menester pa qui las mujeres tuguieran conqui coser y remendiar las ropas de su jamilia; la panadería, donde hacían el pan pa'l pueblo dos veces pur semana; una chichería, las escuelas pa varones y lotra pa las niñas, la jama pa comprar el tris de carne y el guezo di ojo pa la sustancia. En la mita, de la praza una pila de agua dondi los moradores del pueblo recogíamos el agua pa'l gasto diario. La casa de mis taitas taba al costa'o de la iglesia subiendo pal cerru, ya pa salir dil pueblo si jayaba la herrería del siñor Melo.

Mi pueblito taba gindao in la janda dil cerro, era un pueblo tranquilo y muy rezandero, piro triste, cuandu uno iba a la puerta a atisbar pa juera, si acaso se veiya puy un jumento amarru di alguna ceiba, di esas qui adurnaban la praza, niuna alma pu'ay, las mujeres en sus casas entregadas al quehacer y lus hombres trabajando en el campo.

175

Los domingos, se iluminaba el pueblito; misia Sagrario, Teresa Murcia, y las vecinas Ramos, sacaban puestos de comida y la consabida fritanga, llegaban los campesinos de las veredas a vender sus hortalizas, ansina como los marranitos, gallinas, guevos y tu esu que la huerta daba. Mi olguidava, en mi pueblito también había un bobo, se llamaba Martin y cuando entraba al pueblo era pa él un martirio pus los hijos de los gamonales del pueblo, siempre lo andaban jodiendo y lo pior es que naiden les decía nada, ¡carajo!, por ser ellos hijos de los qui ya mente, del pueblo y naiden quiria echarse una tatacoa al seno.

Mi amu el cura aprovechaba pa dar cuatro misas y sacar así sus guenos diesmus, regañar a sus feligreses desde su pulpito y meterles miedo a los proves que vivian amancebaos con aqueyito di que si no si casan u no dan su guena limosna, papá Dios los castiga, también desde ayí anunciaba misas, basares pa yudar a la parroquia, matrimonius, bautizos y tu esas arandelas de la Iglesia.

In dispues di la misa mayor si joyia el sonar del tambor en la Alcaldía pur tres veces anunciandu la hora dil Bando, qui era pa qui los parroquianus si arrimaran a la Alcaldía pa joyir las órdenes del siñor alcalde, leídas por un chino qui apodaban el "Chicharra", el mesmo qui entriegaba las cartas qui llegaban al correo. Él, a gritu pelau, leyía las órdenes: qui si tienian los vesinus qui pintar los grientes di su casa, qui si los dueñus de los animalitus qui están en el Coso, llevan mucho ratu ayí, qui endispues nu si quejen por las multas y utras vainas...

Mayo, el mes de la Virgen, mucho suenar de los voladores, rosarios tudas las noches en la iglesia y en las calles procesiones, alumbradas con mechones, jaroles y velas, rosarios en las manos di tuiticos lus jeligreses, ansina pabeyones cun cintas queran de diferente color a según la jamilia qui li tocara el rosario. Las niñas que llevaban los jestones iban vestidas de ángeles, con alas y todu, recitaban a la Virgen en cada esquina, qui el cura paraba pa decir los misterius del rosario. Yo sospirava pur ser una de ellas, peru nunca puedi, pur ser negrita; nu jue justo, pus papá Dios tanguien quere a los negritos. In estus procesiones se veyan vainas, los rufianes, los mesmus de siempre, a las campesinas les chorreaban con cebo di las velas los pañolones,

176

tanguien lis enredaban los flecos, pa cuandu eyas se antojaran irse a casa, tuguieran un colerón. Nu contentus con tuesas jechorías, con las mesmas velas les chamuscaban las trenzas a las muchachas y salían di juida; todu estu pasaba mentras mi amu el cura rezaba con sus jeligreses el Santo Rosario.

Ligia Chiriví Giraldo.

06092014.

Suba

La flor del Sol, Sol y agua u Quinua, jueron los nombres qui dicen tenía mi pueblo, Suba, llamada ansina pur sus primerus dueños los Chibchas.

Hurgando en el baúl de mi aguelita materna, María de la Cruz Torres de Giraldo, me topé con un cuaderno viejo y amariyentu, qui cuenteaba la historia de mi pueblito. Suba, qui si su nombre jue componido por palabras *Sua* qui quiria dicir Sol, y *Siaque* qui quiria dicir agua, y pa más conjunción, utru nombre, Quinua, qui jue la matica di arroz sabanero qui nuestrus ancestrus coltivavan pa ayudas di la alimentación di ellos, en jin, ¡a yo que! Suba jue mi pueblito yámese comu queran yamarlu.

También dicía in esi cuaderno qui, pu'ay in los 800 jue habitado pur los Muiscas, quenes si regolvieron con los Chibchas. Ya pa'l tiempu que llegaron los beyacus españoles y sus esbirros in 1538 nuestrus indígenas si relegarun ante sus armas y caballus, pus ellos no eran pendencieros y se aculillaron al verlos montaus encima di esas bestias qui eyos nu conucian. Asustaus siticos, les rendían pleitesía dándoles regalos, piro estus beyacus no contentus con estu, los esclavizaron. Suba, jue jundada in 1550 pur los comendadores Antonio Díaz Cardozo y Hernán Camilo Monsilva.

El 22 de junio de 1850 el lugar donde los beyacos españoles tenían arrinconaos a los Muiscas in Suba jue cerrao y estus projimus jueron obligaus a vivir pu alla en los montes, hasta qui Suba se guolvio monecipio.

El 16 de noviembre de 1875, Suba se guelve monecipio y es compartido pur gamonales, jornalerus, los descendientes de los

Chibchas. En 1954 el monecipio jue pegao al Distritu de Bogotá, durante la dictadura de Gustavo Rojas Pinilla. In 1977 aljin tuvo su Alcaldía propia y in 1991 y la mentaron "Localidad de Suba".

Los raizales de Suba, pueblo de indígenas antes di la llegada de los beyacus, lograron ser reconocidus por el gobiernu in 1990 comu la Comunidad Indígena de Suba y endispues arremacha'o pur la Constitución de Colombia in 1991.

En 1992 y en el 2001 el Cabildo Muisca de Suba y el Muisca de Bosa, fueron mesmamente reconocidus en una ceremonia ojicial, con la participación del alcalde mayor de Bogotá, siñor Antanas Mockus, como lo manda la ley 89 de 1890, endispues de más de cien años de lucha, sin una asistencia legal que los ayudara, esta legalidad jue remachada en el 2005.

A sugun dicen lus qui saben di números; la gente del Cabildo, los desendentes Muisca qui tuavía habitan en Suba, guienen siendo comu 5,186 cristianus quenes sus aguelos y sus taitas nacieron in Suba y llevan sus apelativos, comu son: Niviayo, Bulla, Cabiativa, Caita, Nivia, Chisaba, Muzuzu, Neuque, Yopasa y Quinche, tuiticos ellus levantarun su voz y aljin jueron oídos.

Jelisitacionis, hermanus pur haberse echu respetar como lo qui son: disendientis de los verdaderos dueños di esas tierritas. Ansina mesmo por su parque el di los Nevados, al qui ya tengu ganas de conocer bustedes si han muestrao que son colombianos di raca mandaca, ¡pus nunca bajarun la cabeza ni echaron un paso pa atrás ni pa coger impulso!

Ligia Chiriví Giraldo.
12–08–2014.

Ferias y fiestas

Diciembre, en la segunda semana de este mes; viernes, sábado, domingo y lunes, cada año en mi pueblito, eran los días de las jerias y jiestas con corridas de toros chalanes y la guena "montada" hecha por Ananías, un cristiano qui cuandu se le montaba al toro nada ni naiden lo tumbaba; aunqui el toro brincara u corcoviara, él se bajaba solitu pur sus propios pieses.

El jueves, empiezaban a llegar di tuiticas las veredas y pueblos sercanus, gentis con sus animalitus y la cosecha recogida a lomo e burro pa vender ayí. Algunus hombres di otrus pueblus mataban sus marranitus y ovejas pa vender su carne, la colgaban in varas y garabatus, hacían chicharrones, morciyas, chorizos y longaniza hay in la mera praza. Pa'l viernes, los potentaus sacaban su ganau y cosechas, se veyan unos caballazos de pasu relucientes y bien cuidaos por sus dueños, quenes los montaban con arrogancia pa lucirlos y comenzaba la jeria: compra, vende u cambia todu valía, los qui no terminaban sus ventas esi viernes, daban más baratu pus no querían degolver a su racho lo traidu, adimas quierian disgrutar de las jiestas qui comenzaban el sábado y domingo con puestus de comidas di otros pueblos, cervezas y sodas, churros, algodones y dulces de colores, besitus, maní y otra galguerías, salpicones, pan e yuca, polares, juegus de las ruletas, el cacho, la lotería, dadus y demás, in dondi se perdía y si tenías suerti ganabas platica. Todu era permitido pur las autoridades civiles y eclesiásticas. Hacían dedicaciones los mocetones a las muchachonas del pueblo, por unus parlantes que sonaban requeteduro, día y noche todo era alegría y bochinche, ansina algunos ya borrachus se daban en la jeta trompadas y tenían qui dormir en la guandoca. Ese mesmo viernes, tempranu casi de madrugada, comenzaban hacer las barreras y los palcus al dirredor di la praza donde seria la corrida de toros; las barreras pa'l pueblu y los palcus pa ya sabrán quenes, las autoridades civiles y eclesiásticas, mesmamente, los potentaos del pueblo.

El sábado, no mas jeria solo jiesta, música estruendosa seguían las dedicaciones entre los enamorados y los despechaos, al mediudía voladores, se anunciaba quenes serian los torerus pa esa tarde, de dondi genian ellos y lo'ra de la corrida; tres de la tarde. La orquesta de Guatavita, era quenes aligeraban las jiestas, pur las cayes del pueblo y ora en el palcun del Siñor Alcalde y su jamilia; los Martínez, los Rojas, los Ospina y los dueños de los mijores caballos, los Jaramillo, dueños de la hacienda Las Mercedes comenzaba la jiesta: mas voladores, desjilandu pur la praza estus lindus ejemplares, montaos pur los hijos de sus dueños qui vestían con botas y sombreros a lo andaluz y al son de la música de la banda; iban y venían di ladu al otru de la praza saludandu al pueblo.

179

En dispues salían los torerus a darle la guelta a la praza y saludar a tuiticos los priesentes, con eyus Ananías el de la "guena montada", luegu a soltar el primer toro, cominsaba la gritadera de la gente, los voladores y la música, los toreros queriendo lucirse, a ponerle al toro las banderillas y luegu con el capote, algunos sin esperencia, rodaban grente al toro y algunas veces salían maltrechos y aporriados, con sus traje rompido con polvo y tu "estu pur querer darsi a conocer y ganarsi unas monedas qui era todu lo qui recogían". Nenus quel cura en una de sus misas y sin naiden qui lo aporriara. Ansina corría la tarde, entri música, los gritus de las mujeres cuandu el toro envestía, voladores, venta 'e dulces, sodas y polares en las barreras y los palcus, pa'l final Ananías, serraba con broche di' oro al hacer la guena montada, cuandu él se bajaba del toro se quitaba su gorra pa pedir plata y todos le daban pus naden comu' el pa la montada. Si acabú la tarde, las dedicatorias seguían los juegos y demás hasta el día siguienti.

El domingo, otra vez lo mesmu del día pasau. La corrida a la mesma hora, la banda in el mesmo lugar alegría, voladores, caballos y corrida, si no había aunqui juera un muertu u heridu, las jiestas nu estuguieron guenas, el lunes a recoger y limpiar todo lu'sau y aquí se rompió un taza y cadi cual pa su casa, esperándolos el año qui viene.

La sabana de Bogotá

Cuenteaban nuestrus aguelos, qui a ellos a su vez sus tataraguelos, los indígenas, mentaban comu era la sabana de Bogotá. Comu quen dice, cuandu los burros hablaban y los elefantes volaban de flor en flor; ansina mesmo quenes jueron sus dioses: Chiminigagua, el creador; Bochica, el jeque de los dioses; Bachue, el dios agricultor; Mencatacoa, dios de la chicha; Chia, la diosa Luna; y Sua, el dios Sol.

A según ellos, los cerros de Suba eran paramu, mucho monte y la sabana de Bogotá una poza di agua grandorrotota, qui no dejaba tierrita pa'l cultivo ayí, y los proves qui pu aya vivían solo comían carnita o pescao, mesmamente comu los gatus, pus solo puedian cazar en el monti o agarrar micuro en la poza. Pasu el tiempo y

Chiminigagua endispues di atalayar un tiempu se apiadu di ellos, mandu a Bachue, pa alivianar aquellus projimus.

Mentaban, qui Bachue era un viejecitu di pelo largo y blanco vestio con camisón largu y blancu calzandu quimbas, ansina cargaba al hombro una capotera dondi llevaba semillas y como bordón un garrote largo en su manu derecha qui uso pa romper la pierda que tambrada el agua en la sabana, quien ansina jormo el salto del Tequendama, endispues, jue con los Chibchas y los Muiscas pa aprienderles a siembrar, el maizito, la papa y el arrozito sabanero (quinua), ansina a cuidar las ciementeras y recoger la cosecha cuandú juera su tiempu, pal bastimento de su prole y di ñapa, les apriendiu comu hacer la chicha.

Nuestrus tataraguelos, qui ya sabeyan quenes eran; no solu el taita Bachue, sinu tanguien Bochica el patrun Mentacoa, jequi di la chicha, Sua, el dios Sol y Chia la diosa Luna, asían ceremonias pa'l criador Chiminigagua y sus dioses. Antes di siembrar pedían pa tener una guena cosecha, ansina lis daban gracias endispues di recoger lo cultivao. Comu nuestrus águelos no solu apriendirun a cultivar y hacer la chicha, pus' eyus ya sabían de casería y pesca, las águelas tanguien apriendirun a ichar in sus ollas, sus guenos piasus di carnitas, papas, maizitu tiernu acompañadu con el arrozitu sabanero y de encime se empujaban su jicara e chicha, ansina daban gracias, a los dioses pus' barriga yena, corazón contento.

Vecinos y veredas de Suba

Por la parte sur de Suba están las zonas de Niza, Las Villas y Bulevar. Los vecinos de Andes, La Floresta, Puente Largo, Pontevedra, Sata Rosa, San Nicolás, Morato, La Alhambra, Malibu, Recreo de los Frailes, Niza Batan, Córdoba, Las Villas, Calatrava, Casablanca, Colina Campestre. Prado Veraniego y Mazuren.

Por la parte norte, los vecinos de San José de Babaría, Del Monte, Granada Norte, Villa del Prado, Nueva Zelandia, Santa Catalina, Mirandela, Villanova, Guicani y San Pedro.

Por el sur están: Suba central, La Campiña, Pinares, Tuna baja, La Pradera, Nuevo Suba, Aures 1 y 2, Alcaparros, Cataluña, Costa

Azul, Lagos de Suba, Corito, El Laguito, La Chucua Norte, El Rosal de Suba, El Rincón, El Rubí, Bilbao, Fontanar de Rio, La Gaitána, Tibabuyes, Lisboa, Berlín y Villa Cindy, Sabanas de Tibabuyes.

Al norte, el sector llamau Guaymaral, La Academia, y al occidente la Clínica llamada Corpas, a esta área tamben piertencen las veredas dondi si cultivan las jlores pa exportación, junticu al pueblo e cota y cerquitica dil colegio militar Mariscal Sucre.

Suba ahora parte de Bogotá

Suba, es la onceava localidad del Distrito Capital de Colombia, su capital, Bogotá, en el Departamentu e Cundinamarca. Suba ista ahí numas pu'el norte de Bogotá, ansina pu'el mesmo lau con el munecipio di Chía, al occidente si arrima al monecipio di Cota, al oriente, al pueblo di Usaquén, ya pal sur al pueblo di Engativa.

Suba, tiene unas reservas forestales llamadas Unidades de Planeamiento Zonal, UPZ que son La Academia, Guaymaral, San José de Babaría, Britania, El Prado, La Alhambra, La Floresta, Niza, Casablanca, Suba Centro, El Rincón, Tibabuyes y también tene sus ríos, el Salitre u Juan amarilló y el Bogotá. Ansina sus quebradas de Torca y la Conejera, la laguna de Tibabuyes, los pantanus y las ciénagas de Guaymaral y la Conejera.

Los humedales u pantanus y ciénagas tenen bosque, fauna silvestre y especies qui solu hayi se topan, talis comu las Tinguas di pico rojo y amarillo, mesmamente utrus pajaritus qui llegan del norte y sur del continente americano.

Actualmente, Suba esta devidida in cinco zonas, estas a su vez in quinientous barrius los cuales compartin tua la riqueza ecológica y ambiental del lugar comu son: los cerrus de la Conejera, el bosque maleza de Suba, el riu Bogotá, el Juan amarilló, los humedales u pantanus de Tibabuyes, Córdoba, la Conejera, el Salitre, Guaymaral y Torca, ansina, la riqueza forestal encabezada pur los cerrus orientales repriesentan una muralla ecológica de la localida, mesmamente los cerrus ogrecen un lugar previlejiu pa mirar pa la sabana die Bogotá.

La localidad de Suba cue con un jenomenu cultural muy elva'o, pur qui los hijus de lus nietus y lus visnietus de aqueyos hijus de

182

Muiscas, arrimaos a la fortaleza que sale di las casas di cultura y lus grupos culturales qui trabajan con utros grupus qui ayudan a apriender comu se proclama la cultura y los juegos recreativos, pa cuandu los vesitantes de utros laos vayan pu alla, ellos, los directos descendientes de Chibchas y Muiscas, sepan comu muéstrales sus costumbres y la di sus tataraguelos.

Políticamente, Suba era de propiedá de la confederación Muisca del Zipa y el Zaque, quenes tenían sus ciementeras y cambian, el arrozitu sabaneru —quínoa—, papitas y el maíz pur gallinitas, guevos y utrus fiambres, ansina, su religión tenía muchos rituales dije rentes.

En 1960 el municipio de Suba, sus projimus qui allí vivían con sus costumbres solamente del campu, tugieron qui cambiar; no más ciementeras ni vacas di ordeño, pus había nesecidá di hacer más ranchos pa utrus projimus qui yegaban pu aya di otrus pueblos azotaos por la violencia; a vivir pu ayí. Intonsis la haciendas Santa Inés, Tibabuyes, San Ignacio, los Arrayanes, la Conejera y Santa Barbará dieron el permiso pa qui hicieran las urbanizaciones con sus servicius, escuelas, parques y demás.

Entre los años 1960 y 1980 llegaron a Suba jamilias qui venían de Boyacá, Santander, y el Tolima, con tuestus projimus Suba se agrandu pa'l occidente.

El desarrollo agricultural y el crecimiento de la ciudá hicieron qui los hacendaos, comerciantes y jornalerus, cambearan su manera de ver la vida. Con mucho esjuerzo algunus, se acomudarun con lu acelerau del crecimiento de Suba y ora solo se cultivan las jores pa mandar pa la estranja, in algunus piasitus de sabana.

No más ciementeras, pa atalayar en la sabana desde los cerrus, di turmas u maíz con sus grijolitus, arvejas y las habas pa la mazamorrita, tuesas cosechas qui si daban a lo esgueleo ya no si verán más.

Suba, mi pueblito tranquilo, rezandero y a veces triste, ti perdisti, entri el progresu, te tragó la ciudad, peru pa mi seguirás siendo el pueblitu de mis cuitas, di casas pequeñitas, qui nunca mi ensiñaste lo que's la ingratitu.

Ligia Chiriví Giraldo.
20–08–2014.

Chistes boyacacunos

¿Si arricuerdan sus mercedes, qui les cuente que mis taitas teniyan unos compaes de Viena? Si, de viena dentro e Boyacá, ¿y qui di cuandu en vez yegaban a vesitar? Pus ora, hurgando utra vez en el baúl di mi taita encuentre unos escritos del pus, mi taita era letra' u, y escribaniaba, estu disia, el papel, chistes boyacenses; y yo lus queru compartir conbustedes. Ay les va...

Peru pa lus qui no cunosen comu juerum las costumbres boyacacunas, les cuenta re algu.

Los hombres jóvenes muy timidus y las muchachonas, remilgadas; entonsis pa ennoviarse era un tempo largu, mentras si conucian a las escondidas. Al novio la china lu yamaba "jeroz", el a ella, su mersecita.

Guenu, un día qui taban lus novios solus ye espierar a qui el jeroz se decidiera hacer algu, le dice: "Ola, so jeroz, ¿qué isperas qui nu mi tumbas? ¿Qui queres, qui yo mi caiga?". Aljin si casarun y en la noche de bodas, ya solus, cadi cual sentau aun lao de la cuja sin dicir palabra; otra vez la china dijo: "¿Apagamus la vela? u qué?". El entusiasmau le contesta: ¡Su mercé! ¿u que primeru? ¿y indispues apagábamos la vela?

Eya haciendo sí de rogar, el prové cun ganas ya di "apagar la vela", aljin la convenciu y cuandu eya se echó un sospiro di satisjacion, él le dijio: ¡Sí jija su mercé, iko, iko y nu quiia!

Al otru día, a las cuartu e la mañana, la china dispertu al jerocientu di su ya maridu y le dijio: "Vamus a lavarnus del pecau, a la poza antis qui lus dimas si levanten"; cun ese jriu tan hijuemichica, todu si encogí y cuandu taban secandusen, la china miru a su maridu tuiticu engarrotao y le digió haciendu picu cun su trompita: "¿Cun esu hicimos el amor anochi?". Él algu chiviao le digió: "¡Sí!". La china disconjiada, digió: "¿Y ora qui pa esta nochi?, ¡si nu lo comimus ya casi todo!".

¿Tan muy bobos lus chistes? Guenu, estus son di cuandú lus elifantis "volován di flor in flor" y enjalmas garlaban, unnnn jurgo di años patras.

¡Chao! ¡Jerozes y chinas remilgonas!
11–02–2015.

Capítulo
Sexto

La dicha de ser madre

Mi dicha de ser madre comenzó cuando sentí aquel dulce palpitar en mi vientre, y con él, la esperanza de llegar a ser madre. Una de mezcla de alegría, y desconcierto, acompañado por un enorme sentimiento de amor, que llenó mi corazón; le di, gracias a Dios por esta bendición.

Este sentimiento fue creciendo a medida que esa esperanza crecía y se apoderaba de mi cuerpo, así como mi dicha y ansiedad de llegar a ser madre también lo hacían. De pronto, me asaltó el temor de quizá no llegar a ser madre, mas allí estaba Diosito fortaleciendo mi amor por esa esperanza creciendo dentro de mí.

Pasaron los meses y mi vientre crecía, también mi dicha, amor, y desconcierto, dicha que invadía todo mi ser, convirtiéndose en algo nuevo. Ternura, qué, como una delicada, suave y tibia cobijita, desde ya arropaba a esta esperanza.

En los últimos meses de espera, mi desconcierto creó muchas preguntas sin respuestas, ¿qué pasaba en mi interior, ¿estaría mi hijo o hija desarrollándose normal?, ¿tendría buena salud?, ¿tendría un parto bueno? Estás y muchas más preguntas, pues era mi primera vez.

El tiempo seguía su marcha y cuando los primeros dolores se hicieron sentir, fueron el anuncio de que no todo sería dicha, amor, ternura y desconcierto; también habría mucho dolor, esfuerzo y sacrificio.

Mas allí seguía Dios fortaleciendo mi amor de madre, que ayudaría a superar cualquier obstáculo, ¡así pagué con dolor, sudor, sufrimiento y sangre, la dicha de ser madre!

¡Por cuatro veces se repitió esa dicha! La primera fue algo difícil de creer, que aquel cuerpecito que sostenía entre mis brazos y que, como bálsamo mágico, ¡calmó dolor y sufrimiento fuera toda mía! La estreché contra mi pecho, le di gracias a Dios y la llamé Alegría.

La segunda vez, fue un tiempo largo (once meses), mi espalda "protestaba" por aquella carga tan pesada, mientras mi corazón se regocijaba de alegría por este nuevo ser, que no quería abandonarme. Finalmente, llegó el momento de la separación: bastante difícil y dolorosa, mas todo cambió al tener sobre mi pecho aquel niño que pedía a gritos que comer. Le di gracias a Dios, lo estreché contra mi pecho, y lo llamé Orgullo.

La tercera vez que fui bendecida, me invadió una alegría inexplicable, al sentir ese nuevo ser en mi vientre, luego esa alegría se tornó en angustia, temí perder esa esperanza, que parecía querer escapar temprano de mi vientre, mas Dios no lo permitió, y cuando tuve la dicha de acunar en mis brazos aquel cuerpecito tan delicado y frágil, me hice el propósito de cuidarla y protegerla siempre, esta vez la llamé mi Pequeña Alegría.

La cuarta vez que recibí la bendición de Dios (iba yo a cumplir 22 años) fue como un desafío, porque tuve que luchar contra fuertes influencias y oposiciones. Sentí que esto era como una prueba puesta por Dios, a ver si yo había aprendido lo que era ser madre. El tiempo pasó y aquella esperanza creciendo en mi vientre, con la seguridad de que solo Dios podría negarle el derecho de nacer. Cuando estreché aquel gordito contra mi pecho, sentí que me había ganado el título de ser madre con honores, ¡a él también lo llamé Orgullo!

Han pasado más de 30 años y al ver a mis cuatro esperanzas convertidas en realidad, nuevamente le doy gracias a Dios por haberme dado el regalo más grande que pude esperar, así como de permitirme criar, educar y ver crecer a mis hijos e hijas, disfrutar de su compañía con juventud y buena salud.

Hoy, el mirar atrás, creo que realmente fue muy poco lo que pagué para disfrutar de esta dicha de ser madre.

Con amor para mis hijos e hijas.

Nosotros

Doy gracias, a Dios y a la vida, por darme la dicha de poder seguir viendo sobre nuestra almohada la cara algunas veces cubierta con la máscara de su máquina para poder respirar, o con la cánula del oxigenó en su nariz; oyendo el zumbido que esta produce, me sirve de arrullo al dormir a su lado, pues me da la seguridad de que despertaremos juntos, otra vez; esa cara es la cara del hombre que fue, ha sido y seguirá siendo el único amor en mi vida, mi esposo Jorge.

Gracias Diosito, por habernos permitido llegar juntos hasta el día de hoy, ¡Nuestro 50 aniversario! ¡Toda una vida! Nuestros mejores años compartidos en las buenas y en las malas, con incomprensiones, reproches, cóleras, lágrimas y frustraciones; pero siempre, después de la tempestad, con buena voluntad por parte de ambos logramos caminar de prisa el mal paso y empezábamos de nuevo, aprendiendo una vez mas de nuestros errores, cómo solucionar un problema por grande o enredado que fuera, y así, poco a poco, con amor, comprensión y respeto, nos fuimos acoplando como pareja.

Gracias a Dios por nuestros hijos y por nuestras hijas, ellos como la hiedra a nuestro alrededor, nos unieron más y nos dieron la fuerza de echar pa'lante y por ellos, gracias a Dios, pudimos conocer y sentir la dicha de ser padres y luego abuelos de nuestros once nietos, y ahora otra bendición de conocer y disfrutar a nuestro primer bisnieto.

Así hemos compartido nuestros 50 años, entre risas, lágrimas, frustraciones, perdones y muchas recompensas; ¿qué más se le puede pedir a Dios y a la vida?

Gracias una y mil veces Diosito, por tus bendiciones, hoy solo me queda cantar de dicha y agradecimiento. Un canto a la vida, tengo que cantar, un rezo al amor, tengo que rezar.

Y darle las gracias al Sol que ilumina, y a la madre tierra bendecir también. Eres tú el mejor regalo de amor que tuvo mi ser, mi complemento, remansó en mi vejez, eso eres tú.

Ligia y Jorge Torres.
28–05–1959 — 28–05–2009.

Quiero ser tu amiga

Hace tiempo te estoy "sintiendo" cuando has pasado a mi lado; al principio me hacía achi, y una sensación de frio corría por mi espalda, mas con el tiempo me he ido acostumbrando a la idea de que te pertenezco, y cuando sumercé quera, me lleva con busté. Por este convencimiento hoy quero envitarte pa qui ti sientes juntoa yo, y garlemos; quiero contarte cosas, mis últimos deseos y jantasías.

Arrímate pa'ca y sígueme escuchando, no ti preocupes por tu apierencia, te conozco de oídas, la gente dice que eres feya, huesuda, vistiendo siempre el mismo atuendo, acompañada de violencia, sufrimiento y crueldad, sin respetar raza, religión, edad o lugar; a yevarte lo que tú queras sin que nada ni naiden te lo impida, te tenen meyo, ¡yo no! Yo a su mercé la respeto, ya que en esta vida busté es lo único cierto siempre yega puntual al lugar que debe. Son pocos los qui te queren, solu aquellos a quenes sacas de sufrir y les das paz.

¿Sabes? Cuando yo era chiquita le joyi decir a mi mamá, que eya te había avistao, en el patio de su casa recogiendo sus pasos y guardándolos en un costal que su mercé llevaba, pus venias por eya. Desde entonces, me hice el propósito de caminar mucho y lo sigo haciendo, pa cuando a su mercé se le antojara venir por yo, te costará trabajo recoger tantos pasos andados y así ya cansada cambeará de opinión y golvieras en dispues. Parece qui me resultó lo pensao solo qui ora la cansada ¡soy yo! No ti hagas la remilgada, arrímate pa'ca y sígueme escuchando, no ti olgides, yo a sumercé la respeto, y quero ser tu amiga, pa cuando yo me vaya con busté, sea como un remanso suave.

Déjame contarte mis jantasías, me gustaría pa cuando busté, yegue por yo, pus es l'ora de irme, qui busté mi sedujera, como un enamorao, que yo no tenga que dicirte: "¿Qui esperas qui no me tumbas? ¿Qui queres que yo mi caiga?" (Este es un dicho Boyacense). Gueno ora que semos amigas quero pedirte un jabor, avísame tu llegada, aunque sea con una señal de jumo, luego despacito y sin prisa antes de marcharnos, nos jartemos unos aguardienticos, mientras escuchamos bambucos, pasillos, guabinas, torbellinos, música del llano, acompañadas por mi esposo e hijos; ya endispues con unos cuantos aguardientes entre pecho y espalda y al ritmo de un vallenato, como mujer embelecada, me iré con sumercé, sin voltear a ver a quienes nos rodean y con una leve sonrisa en mi rostro, me colgaré a tu cueyo y escaparé contigo, mi querida amiga, tú, a quien la humanidad yama timidamenta "La Muerte".

Con mucho respeto me despido amiga, hasta cuando tus queras venir pur yo.

Ligia Chiriví de Torres.

07 de agosto de 2008.

49 años

Gracias a Dios y gracias a la vida.

Gracias a Dios, por permitirme robarle un año más a la vida, y así, poder celebrar hoy mis 50 años de matrimonio, (que en realidad solo son 49, pero ya la vida me dio un aviso; no soy pesimista, soy realista), al lado de mi esposo Jorge, nuestros hijos, nietos y amigos; vamos a tener un buen rato. Gracias a Dios y a la vida por haberme dado a Jorge como mi compañero en las guenas y en las malas, con juventud y salud, y ahora con nuestra vejez y achaques. Nos conocimos un 26 de noviembre del año 1958, en un pueblito llamado Tocaima. Pal 24 de diciembre ya éramos novios, el 28 de febrero del año 1959 nos comprometimos y el 28 de mayo del mismo año, nos casamos... Se preguntarán ¿por qué tanta prisa? No crean lo que están pensando, "ningún pan se estaba quemando".

En nuestros tiempos "el mecato" se comía en el recreo, no antes; quizá la única prisa fue el ímpetu de nuestra juventud, Jorge de 23 años y yo de 17 años. Sentíamus que puedíamos llevarnos "el mundo por delante" y así, sin hacer planes ni promesas, nos lanzamos al agua juntos. Nadie creiba que sobreviviríamos; se equivocaron... aqui estamos y seguimos juntos, siendo uno el complemento del otro. Gracias por el cura que nos casó, el padre Arnulfo, quién, cuando arrejuntó nuestras manos, nos hizo un ñudo de marrano que él remató con la sentencia: "Hasta que la muerte los separe". Este ñudo, se fue apretando cada vez más; al principio cada quien jalando pa su lao, con el tiempo y un ganchito, y el anuncio de la llegada de nuestro primer retoño, comenzamos a caminar parejos. Yo agarrada como una garrapata (hasta el día de hoy), Jorge agarrado del timón, luchando por dirigir y mandar el barco a flote, sin importar el oleaje o el viento huracanado, así, siempre juntos, sobreaguando algunas veces con el agua a la nariz, pero juntos.

Gracias a Dios y a la vida por nuestros hijos e hijas, el mejor regalo que hemos recibido. Yo doy dobles gracias, pues por ellos, nuestros hijos, saboreé la dicha de ser madre. Nuestros hijos quizá sin saberlo han sido el motor, la fuerza que nos ha ayudado a seguir pa'lante sin retroceder ni pa coger impulso, o a buscar un camino fácil cuando la vida sabía a cacho o se ponía color de hormiga, pues a quien se quere más si no a los hijos, ellos son la prolongación de nuestra existencia. Gracias una vez más, por permitirnos disfrutar de nuestros hijos con buena salud y juventud, hasta aquel día en que, por ley de la vida, como frutos ya maduros, se desprendieron del "árbol" (nosotros, sus padres), para sembrar sus propias raíces. Cuando esto pasó, nos abatió un frío despiadado; el árbol quedó sin flores, ni hojas, en medio de un desierto inhóspito, el otoño de nuestras vidas. Abrasados lloramos juntos y nos preguntamos... ¿es la vida injusta?, ¿o nosotros no la entendemos? Poco a poco este árbol que un día fuera frondoso, se convirtió en un tronco viejo, pero en su interior siguió corriendo la "savia" del cariño y comprensión, así como la cercanía de nuestros hijos que, como piedras de fogón, vivieron siempre a nuestro alrededor; esto nos ayudó a sobrevivir, hasta que este tronco empezó a cubrirse con un "musgo protector", el cariño de nuestros nietos y con él, este tronco viejo volvió a florecer.

Gracias a Dios y a la vida por que hoy cuando ya el ocaso de nuestras vidas está cerca, una nueva estrella aparece tímida en el horizonte, la esperanza de nuestro primer bisnieto (a); ojalá nos premien una vez más y podamos acunar en nuestros brazos a ese nuevo retoñito, darle amor y protección, cuando sea necesario. Gracias "Chuchito" por darnos la dicha de envejecer juntos, contándonos nuestros problemas cotidianos, regañándonos y rabiando mutuamente sin hacer planes ni promesas, pero con la seguridad de que solo la muerte puedrá separarnos.

¡Gracias Dios y vida!, por darme la dicha de poder seguir viendo, sobre nuestra almohada, la cara, algunas veces cubierta con la máscara de su máquina para poder respirar, o con el oxigenó en su nariz; oyendo el zumbido que esta produce, me sirve de arrullo al dormir a su lado, pues me da la seguridad de que despertaremos juntos, otra vez; esa cara es la cara del hombre que fue, ha sido y seguirá siendo, el único amor en mi vida, mi esposo Jorge.

Gracias Diosito, por habernos permitido llegar juntos hasta el día de hoy, ¡nuestros 50 aniversario! ¡Toda una vida! Nuestros mejores años compartidos en las buenas y en las malas, con incomprensiones, reproches, cólera, lágrimas y frustraciones; pero siempre, después de la tempestad, con buena voluntad por parte de ambos, logramos caminar de prisa el mal paso y empezábamos de nuevo, aprendiendo una vez mas de nuestros errores, cómo solucionar un problema por grande o enredado que fuera, y así, poco a poco, con amor, comprensión y respeto, nos fuimos acoplando como pareja.

Gracias a Dios por nuestros hijos y por nuestras hijas, ellos como la hiedra a nuestro alrededor, nos unieron más y nos dieron la fuerza de echar pa'lante y por ellos gracias a Dios, pudimos conocer y sentir la dicha de ser padres y luego abuelos de nuestros once nietos y ahora otra bendición de conocer y disfrutar a nuestro primer bisnieto.

Así hemos compartido nuestros 50 años, entre rizas, lágrimas, frustraciones, perdones y muchas recompensas; ¿qué más se le puede pedir a Dios y a la vida?

¡Gracias una y mil veces, Diosito, por tus bendiciones y solo me queda cantar de dicha y agrade ciento! Un canto a la vida, tengo que cantar, un rezo al amor, tengo que rezar, y darle las gracias al Sol que ilumina y a la madre tierra bendecir también.

25–05–1959 — 28–05–2009
Ligia y Jorge Torres.

Como a un niño

Hola, querida amiga, yo puaqui otra vez, ¿te arricuerda de yo? Te escribanie un recao algún tiempo patras; envitándote pa qui me conocieras un tantico, qui garláramos un ratu, qui ti conté mis travesuras, sueños y jantasías. Te pedí un jabor, mi avisaras tu yegada, aunqui juera cun una bocanada de humo, pa ansina yo pueder arreglar mí "despedida" cun unos chirinches y mi música colombiana. Bueno, ya beyo qui mi recuerda, hoy preciso de otro jabor muy especial, ya sumercé me aviso que, in cualquier momento, sumercé vendrá a yevarse al único amor en mi vida, mi compañero por 51 años (los mejores de mi vida), mi otru piasitu, mi complemento; y yo toy entristecida, tengu un atoramientu de lágrimas entri pechu y espalda, no tengo el consuelu di pueder chiyar.

Peru no voy a piliarte pur él, porqui entri "jaloneo y jaloneo" entri sumercé y yo, el seria quen más sugriera. Yo sabo qui cuandu su mercéd quera yevárselo, no importa lo qui hagamus, u digamos pa retenerlo, ¡tú ganarás! No habrá descusión, pur jabor ven sola y cayadita, él te tene meyo y no quere saber de ti. Esta es la razón pur la cual te pido qui vengas sola, que yegues cuandu mi compañero duerma, no lo despiertes y déjalo soñar; quizá soñara cuandu era joven, yeno de salú y alegría, cuandu mesmamente cantaba, bailaba, decía sus chistes y era él, el meru centru de tuita riumion, u quizá cuandu nus conosimus, juntamos nuestras vidas y prometimus amarnus hasta la mesma muerte y endispues de muertos, amarnus más; u tambén soñara con guenos ratus con la dicha de haber sido padre, abuelo y hoy bisabuelo. Avísame, cuando sea "el momento", por jabor, despiértame si estoy dormida junto a él, quiero diespedirme de mi amor con un beso, aunque se mi vaya, el alma y vida con él. Quitádmelo despacito, sin prisa, pa qui no se dispierte y cuando esti en "tus brazos", acúnalo, comu si juera un niño. Vete despacito y déjame guardar en mis ojos, alma y corazón este íntimo momento.

Gracias, amiga, no ti olgides qui yo tamben te estoy aguardandu pa cuando sumercé quera yegar por yo, ya no voy a "caminar más".

Gracias, mi única y rial amiga; amiga qui siempre yega a lora ques y no nus dejas comu novia e pueblo, "vestida y alborotada".

Chao amiga, no olgides mi encargo y cuando lo tengas tus brazos, acúnalo "como si fuera un niño". Hasta pronto, querida amiga, a quien la humanidá llama "La Muerte".

Ligia Chiriví.
26–06–2010.

¡Gracias amiga!

Gracias. a la vida que me ha dado tanto, me ha dado la risa y me ha dado el llanto, y el don de poder amar; gracias a Dios y a mí verdadera amiga por haberme escuchado y concedido el favor que años atrás pedí; despertarme cuando llegara el momento de llevarse a mi compañero de 55 años, mi otra mitad, mi complemento, el único amor de mi vida. Como te prometí no te lo peleé, solo que a ti se te olvido quitármelo despacito, solo me diste el consuelo de sentir su último aliento en mi cuello y hombro cerca de mi corazón. No pienses que soy desagradecida, ¡no!, solo que me hubiera gustado retenerlo un poquito más en mis brazos y darle más besos. Gracias por dejarme guardar muy adentro de mi corazón ese último momento, aunque me haya dejado vacía y sin poder sollozar para aliviar la opresión que siento en el pecho. No te olvides trátalo "como si fuera un niño". ¿Dónde estás corazón? No oigo tu palpitar, es tan grande el dolor que no puedo llorar, lo quería yo tanto y se fue para nunca volver, quise abrigarlo y más pudo la muerte, como se ensancha y me ahoga está herida; yo sé que ahora vendrán caras extrañas con su limosna de alivio a mi tormento, todo es mentira, mentira, ese lamento, hoy ya está muerto mi corazón. Como perros de presa las enfermedades traicioneras "marcado su cariño galopaban detrás", en vano yo abrigaba una esperanza: estar juntos hasta el final, mas burlándose el destino me robo su amor.

Le pido nuevamente a Dios su ayuda para seguir adelante, hasta que mi "amiga" se acuerde de la fiesta que le prometí antes de irme con "ella". Este escrito es en recuerdo de mi esposo a quien acabo de perder, 12 de febrero del 2014, ese día cumplía 78 años de edad y faltándonos solo tres meses para cumplir nuestros 55 años de matrimonio.

¡Espérame en el cielo corazón ya que te fuiste primero, espérame que pronto yo me iré para empezar de nuevo!

Con el corazón partido y sin lágrimas para llorar, cierro esta página.

Ligia Chiriví de Torres.

20 de febrero.

¡55 aniversario!

El 28 de noviembre de 1958 mi esposo y yo nos conocimos y desde ese momento nuestras vidas fueron como parágrafos de canciones entrelazadas, y esta fue mi canción: "*Sin saber que existías te adoraba, y antes de conocerte te adiviné, llegaste en el momento que te esperaba, no hubo sorpresa alguna cuando te hallé*". La de mi esposo fue: "*Buscaba mi alma con afán tu alma, buscaba yo la virgen que en sueños me visita desde niño, para compartir con ella mi cariño, para compartir con ella mi dolor*".

El 28 de febrero de 1959 Jorge y yo nos comprometimos y decidimos casarnos, unidos por la fe y la esperanza, fijamos la fecha.

EL 28 de mayo de 1959 unimos nuestras vidas, sin importarnos las opiniones de nuestras respectivas familias que no creían en nuestro amor, nuestra canción fue: "*Hemos jurado amarnos hasta la muerte, y si los muertos aman, después de muertos amarnos más, formamos nuestro nido llamado Hogar*".

De prisa como el viento, el tiempo fue pasando, comenzamos una nueva etapa, llegaron los hijos e hijas, frutos del hogar que Dios bendijo y alegraron el hogar con su presencia. Formamos una familia y seguimos unidos, entre alegrías, lágrimas y frustraciones, pero con la seguridad de seguir todos juntos. Abandonamos nuestro país Colombia, juntos, y al llegar aquí a este país amigo, chocamos con la diferencia de culturas, luchamos juntos una vez más para "acomodarnos" en este nuevo ambiente.

El tiempo siguió su marcha, nuestros hijos e hijas, de pronto, como frutos ya maduros, se desprendieron del "árbol" (nosotros) para formar un nuevo hogar. Entonces Jorge y yo nos sentimos solos y mi esposo cantó: "*El frío de la soledad golpea nuestro corazón; es por eso amor mío que te pido por una y otra vez si llego a la vejez que estés conmigo*". Abrasados lloramos, preguntándonos ¿es la vida injusta o es que no la entendemos? Nos consolamos mutuamente y solos comenzamos otra nueva etapa, la más dura en nuestras vidas, esta vez la canción fue: "*A quien se quiere más si no a los hijos, ellos son la prolongación de nuestra existencia*".

El tiempo seguía y con él nuestras vidas. Llegaron los nietos, se nos alegró la vida. Luego los bisnietos dándonos un tercer "empujón" de alegría. Mientras mi "amor" y yo poniéndonos más viejos y achacosos, nuestra canción seguía: *"Si tú mueres primero yo te prometo, que escribiré la historia de nuestro amor, con toda el alma llena de sentimiento, la escribiré con sangre, con tinta sangre del corazón. Si yo nuero primero, es tu promesa, sobre de mi cadáver dejar caer, todo el llanto que brote de tu tristeza y que todos se enteren fui tu querer"*.

En mayo de 2009 cumplimos 50 años de casados, los celebramos con la familia y amigos, cantamos: *"Amor, nada nos pudo separar, luchamos contra toda adversidad, del cuento, ya no hay nada que contar, triunfamos por la fuerza del amor, y si es pecado el amor que el cielo de explicación porque es mandato divino"*. Llegaron las enfermedades, cada vez más serias. A mi esposo le pronosticaron un tiempo corto de vida, esto nos unió aún más. Me hice el propósito de cuidar del amor de mi vida, hasta el último minuto que Dios nos permitiera estar juntos. El 12 de febrero del 2014, día en el cual mi esposo cumpliría 78 años de vida; después de pronunciar mi nombre, sentado junto a mí, a mi lado izquierdo dejó caer su cabeza sobre mi hombro, sentí su último aliento en mi cuello y él, sin decir nada, se fue dejándome sin palabras; seca, sin lágrimas, ni sollozos. Ahora mi canción es: *"Sus ojos se cerraron y el mundo sigue andando, su boca que era mía ya no me besa más, se apagaron los ecos de su reír sonoro y mío este silencio que me hace tanto mal"*.

El próximo mes, el 28 de mayo 2014, cumpliríamos 55 años de casados, mi canción: "Quise abrigarlo y más pudo la muerte y burlándose el destino me robó su amor"; ese día estaré sin su presencia, pero voy a cantar: *"El amor de mi vida, fuiste tú, el amor de mi vida sigues siendo tú"*; también: *"Yo siento que tu estas ligado a mí como la hiedra, jamás la hiedra y la pared pudieron apretarse más, donde quiera que estés mi voz escucharas llamándote con ansiedad, más fuerte que el dolor se aferra nuestro amor como la hiedra"*. Estuve agarrada a ti, amor, por 55 años; los mejores de mi vida. Ahora que tú no estás de cuerpo presente, tú eres la hiedra que se ha adherido, no solo a mi cuerpo, sino también a mi alma, dándome una sensación de fortaleza y protección que antes no tenía; ya no tengo prisa de regresar o esperar oír: "Me sentí huérfano cuando tú no estabas". Si voy algún lugar, tú estás conmigo, amor, te llevo a todas partes, eres parte de mi rutina diaria, de mis acciones y hasta de mis pensamientos, hablo contigo, siento tu presencia, tus brazos alrededor de mis hombros y tus besos en mis mejillas. Le doy gracias a Dios por haber permitido que tú, mi amor, tuvieras una muerte tranquila, sin dolor, sufrimientos o preocupaciones; por permitirme sentir ahora esta sensación de protección y del amor que sigue habiendo entre mi esposo y yo, también por la compañía y el cariño de nuestros hijos e hijas; gracias Diosito una vez más me siento bendecida.

Quiero cerrar, este escrito continuando esta canción: "*Donde quieras que estés amor, mi voz escucharás llamándote con ansiedad, por la pena ya sin final, pero más fuerte que el dolor, se aferra nuestro amor hasta la eternidad, como la hiedra*"; no sé cómo terminar; quizá con estas letras: "*Sus ojos se cerraron y el mundo sigue andando*".

En memoria del único amor en mi vida, Jorge Alberto Torres Maldonado.

Ligia Chiriví de Torres.

16 de abril de 2014.

Sin lágrimas

Este escrito es en memoria de mi esposo Jorge Alberto Torres Maldonado, a quien acabé de perder este pasado febrero de 2014, día en el cual el cumplía 78 años de edad, y solo faltándonos tres meses para celebrar nuestros 55 años de matrimonio.

Gracias a Dios y a la vida que me ha dado tanto, me dio la risa, el llanto, el don de amar y de haberme dejado ser feliz.

Gracias a mi "amiga" por haberme escuchado y concedido el favor que le pedí muchos años atrás, que me despertara cuando ella llegara a llevarse a mi amor mi otra mitad, mi complemento, el único amor de mi vida y mi compañero de matrimonio por los últimos 55 años.

Como te prometí, querida "amiga", no luché por él, pero me engañaste y "se te olvidó" quitármelo lentamente, solo me diste un momento para sentir su último aliento, en mi cuello cerca de mi corazón. No vayas a pensar que soy desagradecida, ¡no!, pero hubiera deseado haberlo tenido más de tiempo en mis brazos y darle mis caricias. Gracias, por lo menos, de haberme dejado guardar ese último momento muy dentro de mi corazón, aunque me haya dejado vacía, sin lágrimas, ni sollozos para poder aliviar la opresión que tengo dentro de mi pecho. No te olvides, por favor, trátalo "como si fuera un niño". *Lo quería tanto y se fue para nunca volver*, y como dicen algunas de las canciones que a los dos nos gustaban… "*Sus ojos se han cerraron, el mundo sigue andando, su boca que era mía ya no me besa más, se apagaron los ecos de su reír sonoro y es mío este silenció que me hace tanto mal*", "¿Dónde estás corazón? No oigo tu palpitar, es tan grande el dolor que no puedo llorar".

"*Yo sé que ahora vendrán caras extrañas con su limosna de alivio a mi tormento, todo es mentira… mentira ese lamento, hoy está muerto mi corazón*".

Las enfermedades traicioneras, como perros de presa marcado su cariño, galopaban detrás, en vano yo abrigaba la esperanza de poder estar con él hasta el final, más burlándose el destino, me robó su amor.

Espérame en el cielo amor mío, espérame que yo te buscaré para empezar de nuevo nuestro amor, pidiéndole nuevamente a Dios que me ayude para seguir adelante, hasta que mi querida "amiga" se acuerde de la fiesta que te prometí antes de irme con "ella".

Con el corazón "perdido", sin lágrimas ni sollozos, cierro esta página.

Referencias: Leer *Quiero ser tu amiga,* escrito el 07 de agosto de 2008; *Como a un niño* escrito el 23 de junio de 2010.

Nuestro juramento

Esta canción, mi esposo y yo la escogimos como nuestra, desde casi al principio de nuestra unión, 55 años atrás. Toda una vida, vivida entre risas, lagrimas, ilusiones, frustraciones y muchas ganas de seguir pa'lante, como familia. Al principio duro, pesado al continuar y algunas veces con deseos de volver el tiempo atrás, comenzar desde nuestros errores o simplemente renunciando a todo; pero ahí estaba nuestro juramento, recordándonos, amarnos siempre hasta la muerte y después de muertos, ¡amarnos más!

Hoy en día, estoy sin su presencia, pero, aunque me vean sola, no lo estoy, pues mi amor, mi compañero por cincuenta y cinco años, se ha "fundido" a mí como la hiedra a la pared, protegiéndome así del frío de la orfandad que da la soledad. Me siento fuerte, sueño con él, convérsanos, nos besamos, me lleva junto a él de una manera que nunca sentí antes; ahora me siento como colegiala enamorada, quiero estar junto a él compartiendo nuestro amor después de la muerte.

¡Qué lindo es sentirse así, amor, con este anhelo de dormir para poder verte y compartir contigo nuestro juramento!

Ligia Chiriví Giraldo.

28–11–2014.

Mi tiempo se acaba

En esta época de mi vida, a mis 72 años, siento que mi tiempo se me acaba, se me va, como el agua entre las manos, estoy sintiéndome sin energías, ni entusiasmo pa hacer nada y esto empeora cuando me siento huérfana de la atención de mis hijos e hijas, mis seres queridos. Ellos no saben la importancia que tienen en mi vida.

Ellos siempre fueron mi razón de vivir, mi energía de seguir pa'lante. Cuando yo comenzaba algún nuevo proyecto, que quizá parecía incansable, por mis pocas capacidades para alcanzar mi meta, yo me afianzaba en mi amor por ellos y para que se sintieran orgullosos de mí, luchaba hasta alcanzar mi objetivo.

Hoy, ellos tienen sus propias vidas, yo lo comprendo, por esto no me quejo, de que algunas veces se "olviden" de las atenciones o cosas que me gustaría compartir con ellos, parece ser que mis hijos e hijas, no aceptan que yo estoy vieja y susceptible como un niño; ellos creen que todavía estoy fuerte y "echada" pa'lante, dispuesta pa lo que sea; esos tiempos ya pasaron y ahora tengo que aprovechar cualquier oportunidad que se me presente para salir de mi rutina diaria.

Ahora vivo en un mundo amable, sin angustias o preocupaciones, sintiendo una mezcla de sentimientos, como son añoranza por las "cosas" que tendré que llevarme conmigo cuando me "vaya"; mi amor por ellos, mi experiencia, el gusto por mi música, los bailes colombianos, el amor y respeto por mi patria, todo esto, lo tengo guardado en mi "maleta" pus me servirá de "mortaja", en mi viaje "final"; no estoy resentida con nada ni con nadie, al contrario, le doy las gracias a "Chuchito" por darme el chance de vivir, de conocer y disfrutar, la dicha de ser madre, abuela y bisabuela, de poder criar a mis hijos e hijas con juventud, salud y energía.

De acuerdo a lo que yo fui, les di lo mejor de mí, durante el tiempo que los tuve a mi lado; cuando ya no esté, quizá ellos comprendan, que fueron el tesoro más grande que Dios y la vida me regalaron.

Me debato en un mar de melancolías y, a veces, quisiera que mi tiempo se acabara; no encuentro, una razón de seguir viviendo. Vivo solo porque así lo quiere Dios. En las noches doy gracias por el día vivido, en la mañana al despertar, agradezco por el nuevo día, pido ayuda y guía para continuar hasta el día que Él así lo quiera. Sin embargo, Dios me dio un angelito, que es quien me motiva en mi rutina diaria, Gabriel, mi segundo bisnieto. Para mí, cada día que pasa es un día "menos" en mi vida, es como escalar una montaña muy alta, me siento cansada, más nada puedo hacer para detener o agilizar mi andar; sigo paso a paso, día a día, noche tras noche, con la certeza de que algún día llegare a "la cima", pidiéndole a "Chuchito", dos favores: primero, que me permita estar en compañía de mis hijos e hijas, al "coronar" el final de mi camino y así poder llevarme sus últimos besos; segundo, que me conceda la gracia de "velar" por ellos, aunque yo no esté de cuerpo presente.

Luego, al traspasar la "puerta" que lleva "al más allá" y convertida en águila, abriré mis alas y volaré suavemente sin prisa, dejando atrás el destello de mi recuerdo.

Con todo mi amor para mis hijos e hijas.
Ligia Chiriví de Torres.
21 de julio de 2013.

Nostalgia

Amor, tú fuiste como la urna fuerte que cuidó de mí; manteniéndome integra como mujer y persona, te cuento que aún lo sigues siendo, te siento a mi alrededor protegiéndome y esto me da seguridad en la vida. Cuando pienso en ti, me abraza la nostalgia de tu presencia y me siento feliz. Cuando pienso en ti, vuelvo a sentirte junto a mí, apretado como la hiedra, pues jamás la hiedra y la pared pudieron apretarse más y más juerte que el dolor de tu partida, un año atrás, ¡se hace nuestro amor que nos une como la hiedra y la pared! Gracias Diosito, por protegerme del frío cruel de la orfandad, cubriéndome con el manto de la nostalgia.

Capítulo
Séptimo

Mi último escrito

Jairo, que lastima no poder decir: "Fue un placer conocerlo y negociar con usted". Si digo esto no es porque me sienta "robada", ¡no!, desilusionada, ¡sí! Mis expectativas con mi libro no fueron "golverme jamosa o llenarme los bolsillos de billetes", sencillamente mis deseos son: poder llegar a más hogares colombianos y sembrar allí mi nostalgia por nuestra patria. En cuanto a mis expectativas, ahí se quedaron: en el aire. Usted no quiso leer ni contestar los últimos dos mensajes que le envié, deseaba ver mi libro y decir ¡Guao!, ¡la berraquera! Pero solo obtuve, en un manojo de páginas, "la papita caliente" en que se convirtieron mis escritos.

Páginas con espacios en blanco al terminar el escrito, donde yo asumí irían las fotos. No quise sugerir esto en nuestra última visita, creí que si lo hacía, podría insultar su conocimiento al respecto, así como aquellos últimos escritos que usted pidió y que ya no se publicarán; en fin, no se pudo, que le vamos a hacer, sin embargo, pregunto: Si todo iba tan bien antes de su viaje a Colombia y todo lo que tenía que hacer era cambiar el título, porque cuando recibí el PDF del libro diciéndome que lo imprimiera y luego lo revisará, para usted darle el "toque final", al imprimirlo solo encontramos Wilson y yo, un "desbarajuste"; las paginas sin números para su identificación, algunos parágrafos escritos en jeroglíficos que no tenían ningún sentido, lo que hizo que Wilson tuviera que trabajar en él y hacer una segunda imprenta y una casi total corrección. ¿Sabe por qué él lo hizo? Porque le dio lástima conmigo y para que yo me sintiera mejor, ya que yo estaba atravesando un tiempo difícil. Mi pregunta es: ¿qué pasó? Estos acontecimientos me obligan a escribir esto.

Tengo, que decir lo que tengo "atorao" entre pecho, espalda y garganta; si no lo "echo pa juera", ¡si mi ampolla la Jeta! Así como le dio "culillo" de publicar mis escritos en su periódico, ¿ahora le "quedó grande" ponerlos en orden? ¿O será que mi taita tenía razón al decir "músico pagado por adelantado no sopla? ¡Que vaina! ¡Carajo!

Ligia Chiriví Giraldo.

01/20/2016.

Jairo, con el comentario que hizo por teléfono el 26 de este mes, usted cerró con "Broche de Oro" mi escrito.

La última gota

Señor Jairo Duke Gallego, me hubiera gustado no tener que escribirle de nuevo, pero yo tengo un problema, cuando algo me molesta, tengo que decirlo; estuve revisando de nuevo mi "libro" según usted listo para imprimir y me doy cuenta que todo lo que usted dijo que haría con mis escritos, no fue cierto. ¿Recuerda cuando hablamos por teléfono acerca del libro la primera vez? Usted preguntó, ¿cómo yo lo quería? Contesté: "Yo no tengo la menor idea de cómo se arma un libro, si lo llame fue porque Dukardo dijo que él ya había hablado con usted al respecto"; también recuerde que usted dijo: "Cualquier cosa que le quiera poner al libro yo la saco de internet".

Como dice un dicho "Como las usa, las imagina". Yo soy de aquellas personas que valoran y honran su palabra, por esto no pedí hacer un papel jirma'o entre nosotros, pues creí que busté era de mi "bando". Yo le entregué mis escritos, como si fueran aquel pichón de águila que se ha esforzado para alzar el vuelo y esperaba que este libro fuera el viento que ayudaría a este pájaro a llegar lejos llevando mi mensaje. No sé para que lloro sobre la "leche derramada". Ah, se me olvidaba el verdadero motivo de este mensaje; el comentario que escribió usted en mi nombre, donde yo agradezco a quienes me apoyaron y colaboraron con mi "libro". La última gota que lleno el vaso fue donde yo le doy las gracias al señor Jairo Duke Gallego, por sus incontables horas de *¡trabajo voluntario!* ¡Guao! Comu quen dice,

¡busté trabajó *gratiniano*! Y yo ni pué enterada, ¿qué paso? ¡A busté se le pago lo que busté pidió! No con cupones, ¿o jue que se le dio solo la joto de la computadora portátil? ¿O jue que le salió rompida? Si ansina jue, ¿por qué no reclamó? No dirá que le dio "culillo" pus no hay razón pa eso, ansina como me dijo por teléfono "¿para lo que pagaron?". Si hubiese sido su "trabajo voluntario", tiene razón de sentirse "jarto" con mi inconformidad, pus "a caballo regalao no se le mira el colmillo".

Señor Duke, si desea hacerme algún comentario, es libre de hacerlo, no tengo servicio telefónico, pero mi correo electrónico está abierto.

Ligia Chiriví Giraldo.

23–02–2016

Hasta que dicen la verdad

En Colorado Texas, comu quen dice, en USA, tenemus un paisanu colombiano que se está llenando los bolcillos de dólares de la manera menos pensada, ¡vendiendo mariguana! Si ansina comu lu ojen, el mesmo la cultiva, la procesa, la empaca y la vende comu la guena medecina ques; parece irónico, ¿verda? Qui endispues de tantu lio, guerras, encarcelaciones, multas y muchisimimos muertes, ora se pueda cultivar y vender legalmente, comu quen dice "la plata habla", "mientras se paguen impuestos, todu es legal".

Norton Arbeláez Bustamante, es nuestro paisano pereirano de "nación" que llegó a este país amigo a la edad de siete años, estudió abogacía, projeción que cambió, para golverse empresario, del "oro verde". Él vive en River Rock Colorado, Texas, paga 60% de *taxes* al estado y tuabia le queda pa él la bicoca di unos dos millones al año, de dolaritus pal gastu. Esu si el paisanu tene el sartén puel mango, sus ciento cincuenta variedades de plantas orgánicas están controladas con esu qui yaman "chips y código de barra", adimas, da trabaju a muchos projimus, no se la pueden jumar verde. Tene un laboratorio muy sojisticao ansina comu las jarmacias que hacen drogas pa enjermarnus, pus al menus la mariguana medicinal no tiene "*side efects*". En su tienda vende tuiticu lu quil usuario necesita

203

pa usarla, u jumársela; ¿comu nus quedu lus ojitus? "¿cuadradus?". Ah, mi olguidava, nuestru paisanu toma chicha en la mesma totuma que los congresistas del gobierno que propusieron la legalización de la mariguana en USA.

Mientras, ¿qui pasara con aquiyus paisanus que tan encanous por la mesma vaina? ¿A esus proves si lus yeva el tren? ¡Vistierun altar pa qui otru dijera misa! Siticos eyus, ¡ojalá ya les quede un tiempo corto pu'aya dondi están y puedan regresar a su tierrita!

Ligia Chirvi Giraldo.

24–03–2015.

Festival en Pico Rivera 2017

¡Si, de nuevo el Festival Colombiano! Qui ha puedido sostenerse por más de treinta y cinco años y qui perdurará mientras ayamus projimus quenes ricuérdenos nuestra patria y tuabia sintamus qui si nus pone el cueru e gayina al joyir las notas di nuestru Himnu Nacional, y si nus "agüen" los ojitus al ver levantarse orguyosa nuestra veya bandera. Yo mi siento comu pavo real u comu "marranu" estrenandu lazo, al ver qui por segunda vez muestran mi joto, pa anunciar el jestival. Jiva yo en estas letras cuandu hoyi un projimu decir, qui deviso en esu que yaman "Faceboock" que lus artistas qui se irían a priesentar esti año en Pico Rivera, eran unos gringus y raperus. Al joyir estu me "emberraque" y escribanie estu: ¿Serán capases di "mamsiyar" el nombre de Colombia, solo pa lucrar morrocotas? Pa lus siñores "HP" organisadores, una priegunta: ¿cuandu bustedes si riunen pa planiar el jestival qui is lu qui tenen in mente?, ¿lo qui significa, pa nus otrus los colombianos este Festival? ¿U solu cuánto lucrarán? ¡Díganme! pa nosotrus los colombianos, este es el único día del año qui tenimus, pa riunirnus con amigus y conusidus, cantar nuestro Himno Nacional, mientra se yergue altanera nuestra Bandera, disfrutar di nuestru lindo folklor, joyir nuestra linda música, aunqui sea en "vitrola", devisar nuestrus bailes y trajes típicos, jartar aguardientico acompañao con nuestru fritanguita, lechonita, tamales y carne a la llanera. Repitu, ¿bustedes piensan in tuestas vainas antis di usar el nombre di nuestra añorada patria? ¿U solu cuántu lucrarán?

Estu y algu más, pus chiyé di la rabia, ora indispues de jartarme un "chirrinche" di pantalun rayaó, y buscar yo mesma en esu que yaman "internet" devisé el anuncio di qui vendrá el "Cheo Acosta", ora mi sientu tranquila y ofrezco disculpas a las HONORABLES PERSONAS qui organizan el jestival, pus mi dejé yevar por el amor, respestu y añoranza por mi patria, al joyir qui solo estrangerus estarían en nuestro jestival. Ya sus mercedes saben qui a yo se mi sale lu "indio" muy jacil, peru ya devisé qui el Cheo estará aliegranus la tarde. Ujalá con él otrus músicos Colombianos, guenu amigus Colombianos y amigus de nosotrus, gracias por seguir permitiendo que nuestru jestival siga "vivitu y coliandu". Hasta el procimu año si "Chuchito" no mi a canseladu la patente, mijor dicho, si nue colgao las alpargatas.

Añus, patras tuve atisbando un videu tetulao *Mi Colombia*. Requetebonito, mi sentí qui taba corriendu pu esus parajes tan añoraos di mi tierrita, mi quedu soñandu algu qui dijió uno di esus siñores qui garlan en el video, él dijio: "Dejamos a Colombia sin saber por qué". Estu mesmo piensé yo, qui es siertu que nosotrus la dijamus, peru ella comu madre guena no nos a dejaó nunca, y digo estu pus sentimus su presencia cada vez qui ojimus su música, u pensamos en ella, cuandu devisamus muestra bandera u ojimus nuestru himno u nus yega algún olorcito e nuestra sabrosa comida, ¿sus mercedes qui opinan?
Ligia Chiriví Giraldo.
23–07–2017.

Mis escritos en un "inglés con barreras"

Gueno, sus mercedes; ya les javía palabriao de mis dos escritos que escribanié en "inglés" ¿verdá? El primero jue' *I'am Proud to be Colombian*, Yo estoy orgullosa de ser colombiana; en dispues *I am Colombia*, Yo soy Colombia.

El primero, lo escribanié rabiosa, pus en la escuela dondi yegué aprender inglés y pur duquier se jogian muchas calunias en contra de mi patria Colombia y yo sin pueder decir nada pa dejenderla, pus las alambradas, talanqueras, zanjas y vaya'us del idioma mi tenían "cachimaniada", y comu yo nu puedia palabrear ese trabalenguas que se garla puaqui, emberracada hice una "vara e garrocha" con mi amor, respeto y añoranza por mi tierrita. Armada con esti y un cuaderno de sus que li aprienden a uno, cogí impulso, pa brincar tuiticu esu que mencioné al prensipio y comiencé a escribaniar, pidiéndole a "Chuchito" ayuda, pa lograr que los "gringos" y tuiticus aquellus qui garlan mal de nosotrus los colombianos, mi entendieran. Contándole a tu esa prole comu es mi Colombia, donde está y ansina mesmo nuestros climas, cultura, música, bastimento, nuestro café, el más resuave del mundo, nuestras esmeraldas, tan requeteboniriticas y lo más importante, comu semos los cristianus de pu'aya. Ricuerdando, lu que dice ese bambuco "El Gringo, qui uno se quita la camisa pa 'yudar al hermano cuandu este lo menes cita", semus puro amor y jospitalida.

Mi segundo escrito estaba en otra escuela, di la primera me "corrieron" pus solo jibá pu'aya a vender empanadas, ja, ja. No mi creigan, yo era muy juiciosa pa esu del estudio; peru comu algunos de nuestrus hermanus seguían dandu "papaya" sirviendo como "mulas" y otrus "chiveaos" pur las noticias, dondi nus mentaban a tuiticus los colombianos comu "narcutraficantes", aculillaos negaban su patria cuandu alguien les prieguntaba di donde guene busté.

Estu yenó mi "plató e cascajus", piense, ¿comu se puedia sentir la mamá di uno si juese eya a quien sus guanvitus la abochornaran con su manera de ser juera e casa y de ñapa dijeran "esa nu es mi mamá", empiece chiyandu, prieguntandu y regañando a mis hijos el pur que dicen que ni mi conocen y mesmamente no soy su mamá? Si son bustedes quenes mi tienen deshonrada y ultrajada, al no seguir las guenas costumbres que si les apriendiu desde chiquitus. Ayí mesmu les hagu riclamu y pido piedad a tuesus projimus qui juzgan y condenan mi patria sin siquera conocerla u saber on'ta. Y pa terminar, mi limpio las lágrimas y orguyosa mi empino altanera y proclamó: "¡Colombia llora, pero no se rinde!" y ansina mesmu, comu disco rayado guelvo a mentar tuiticu lu guenu y bonito que tenimus pu'aya en mi "tierrita", ¡Colombia!

Ligia Chiriví Giraldo.
18–09–2016.

Nosotros los inmigrantes

El tema del día: inmigrantes, hijos de inmigrantes y todo lo que pueda adornar este tema. Santuarios, estudiantes, protestas, familias separadas, hijos abandonados ¿y todo por culpa de quién? ¿Santuarios, que protegen a quiénes? ¿Por qué estas personas tienen que esconderse? ¿Por qué los persigue la inmigración? Son muchas preguntas y respuestas confusas, que no ayudan a solucionar el problema. Tratemos de desmadejar este enredo de conceptos, no hagamos como nuestros noticieros, echarle toda la culpa a la Migra y al presidente sin antes hurgar y buscar con cuidado cuales son las verdaderas raíces del problema.

Nosotros, inmigrantes de diferentes nacionalidades, diferentes culturas y necesidades, llegamos a este país amigo, algunos sin ser invitados, otros con más suerte, invitados por el presidente Jimmy Carter cuando el dio permiso para que los inmigrantes que vivían aquí y eran ya ciudadanos americanos, pudieran pedir a sus familiares cercanos; otros mendigamos una visa, engañamos con la de turismo o entramos por la puerta trasera, arriesgando algo más que el pellejo (nuestra dignidad como seres humanos) sabiendo que esto no es legal y colaborando para que esos llamados coyotes, se enriquezcan con nuestras ilusiones y quizá con nuestras vidas. Nosotros mismos ponemos el cuello en la guillotina al estar sin permiso para vivir aquí, nuestra propia "raza" se aprovecha y nos explota, algunos familiares sin conciencia hacen lo mismo.

Ya aquí, si tenemos suerte, dependiendo que tan preparados venimos y por la "puerta" que entramos o si alguien nos dio la mano, comenzamos a sentirnos con derechos: formamos una familia, tenemos hijos/as, al cabo el Gobierno paga,[cuidado prenatal, parto y da comida para ese nuevo ser, sin costo alguno para sus padres] los mandamos a estudiar, es gratis, no como en nuestros países, que todo sale de nuestro bolsillo. Si la suerte nos sigue ayudando con un buen empleo, compramos, carro y casa, porque no!, pero la mayoría de nosotros no nos preocupamos, por pedir el consabido "permiso" para vivir aquí legalmente y seguir disfrutando de los beneficios que ya tenemos, luego cuando por mala suerte, la Inmigración descubre que somos indocumentados, expuestos a sentir el peso de la ley, ahí tiembla Troya y culpamos a todos, menos a nosotros mismos, quienes somos los verdaderos responsables de esta situación.

¿Perdemos el empleo, nos separan de nuestros hijos, vamos presos y luego deportados? ¿De quién era la responsabilidad si deseábamos vivir por siempre en este país y darles mejor vida a los hijos? ¿Por qué cuando, los hijos están en medio de esta situación, los responsables de haberla creado, no tienen la valentía de explicarles a ellos quienes son los verdaderos responsables de sus sufrimientos? Como el padre qué, por manejar borracho, lo para la Policía, descubren que esta indocumentado y en una semana lo deportan, tiene un hijo nacido aquí, que él no quiere llevarse a su país, pues tendrá que empezar de cero, ¿de quién es la culpa?

El presidente, es el jefe de familia y la inmigración, la compañera que lo respalda, ¿quiénes somos nosotros, los inmigrantes, para exigir derechos? ¿Limosna con escopeta? Inmigrantes como yo, hagamos y enseñémosle a nuestros hijos a pedir permiso para entrar en casa ajena y agradecer cualquier ayuda que nos den, ya que estamos camuflados como el camaleón y por esto se nos pasa el tiempo, sin darnos cuenta. Además, a portarnos bien y no quebrar las leyes; piénsenlo, sería bueno que nosotros mismos arregláramos el problema haciendo las cosas bien hechas desde el principio y enseñándole a nuestros hijos la verdad de por qué la inmigración nos persigue; ¿creen ustedes que miento o exagero?

Ligia Chiriví Giraldo.
27–04–2017.

Mirando desde la barrera

Hombres de hoy, ¿qué les pasa que se ven "achicopalaos"? Digo estu pus ora que estoy vieja y sola, voy di ves in cuando puy a desfrutar un ratu del "chanchuro" e vida que tuabia me queda y puedu ver los "toros desde la barrera". ¿Qué es lo que deviso? Mujeres en grupo, alrededor de una meza, garlandu, riyendonsen de sus chistes chistudos, bebiendu y bailandu unas con otras; en otro espacio, quizá dos hombres coversandu y jartándose una "cheve", la música alegre suenandu, y ellos, muestrandu que tenen ganas de bailar, solu unos cuatro aventados quenes se animan a sacar a bailar una mujer y disfrutan la música, los demás que puédemus ver, tan solitus, siticos ellos, no garlan con naidenes, no se riyen, están solitus tuel ratu, ni modo qui aunque tengan ganas de bailar, se aguantan, ¡siticos no van hacerlu con otro hombre! Quizá eyus creyen los "lincharían", yo mi priegunto, ¿qué les pasa a los hombres de hoy?

Los hombres dirán del grupo de mujeres que se divierten: "Esas son lesbianas"; quizá lo sean, peru a eyas no les importa el qué dirán, jueron ayí a divertirse y lo hacen; ora que ya pueden codiarse con los hijos de papá Dios, indispues de tanta lucha pa lograrlu, diemostrandule a eyus qui ora eyas tamben pueden hacer los mesmos trabajus que solo hacían eyus, pur pesau u berracu que sea, desdi trabajar en la NASA, hasta arrieglandu las carreteras. En cambio, a lus proves les quedu "grade" el humilde ojicio de la mujer en casa: cuidar lus guanvitus, lavar, planchar, remiendar las medias, cosinar ir al mercau; y si era mujer dil campu: tuiticu estu y di encimé, la guerta, los animalitos, yevarle el almuerzo al jeroz del maridu y estar "lista" pa "atenderlo" cuando él yegara, "cansao y con hambre".

Yo jui una de esas, comu la canción de Rafael, el del Binomio (*La de porte de señora y talla de mujer*), un solo esposo, 55 años de matrimonio. Pue'su se lo qui digo, hoy soy comu lus Dinosaurios; una especie en extinción. Déjenme hacerles un recuento de lo que eran "mis tiempos". A los hijos varones se le daba mucha importancia, pus eyus yevaban el apelativo del taita, eyus eran el "bordón" pa los viejos, el repetu pa las hermanas, el hombre de conjiansa del taita y muchas cosas más. Nusotras las mamás los consentiamus, haciéndolos sentir comu príncipes u como pavos reales, ¡eyus eran nuestru orguyo! Peru ¿qué pasó? Desde que la mujer se independizó y pudo demostrar que eya "valia" tanto u más que el hombre, estus proves chinus se quidarun sin mamá y menus taita, ¡se les acabo su reino! Ora los proves cresen siendo un "estorbo" pa la mamá y pior pa'l taita.

Los hombres di ora, se muestran inseguros, acobardaos, son muy pocos, los que quedan de mis "tiempus" y disgrutan entuabia del hogar y decir: "¡Jeliz del hombre casao que goza su liberta! ¡Se dispierta a media noche, goltea la mano y hay ta!".

Comu dicen pua qui "Caman" hombres retomen su hombría, aunque ora les tocó solitus, pus ya nuay mamá pa que los consientan. Rebusquen, a lo mejor se topan una guena mujer, que no haya olguidau, seguir siendu: amiga, esposa, amante y mujer; pa ansina pueder jormar un hogar, aunque no sea como el de mis tiempos.

Paisanitus, ¿bustedes sabían qué?

En mi Colombia, hay un río llamado caño cristales, por tener en los meses de noviembre y diciembre los colores del arcoiris. ¿Dónde está situado? ¿Y el porqué de los colores? Hay dos prieguntas, y no cuatro comu en la canción.

Empiécenos. ¿Dónde está situado?, pus, de la Sierra de La Macarena. ¿Y eso dónde tá? Is un tanticu conplicao, describir el lugar; a mi entender, la sierra de La Macarena, is un piasitu de cerro, ansina de chirriquiticu, pus solo tiene, 120 kilometrus de largo por uno de ancho —yo creigo qui el projimu que escribanio este número le gayaron las matemáticas— que comu china, malcriada, se disprendió, de su jamilia; ese ñudo de montañas, mentadas —nombradas— Cordillera de los Andes. Ansina mesmo, de la teta e su mamá, la cordillera Oriental, por su lado norte, traviesa y juegetona, le jaloneó la cinta de las trenzas a la mamá, que tenían los colores del mesmitico arcoiris y se jué charpoliandu, de norte a sur, por el río que tiene pocetas —huecos no profundos en el lecho— en dondi se hacen rimolinus, requeteboniticos, pus eya se jue ondiandu la cinta de colores, pur entre estas pocetas. Ansina mesmu, in las caídas de agua y sigue pa los llanos. Pa ser más exatos, al Meta, este río es llamado caño, por ser chirriquiticu —panditu y angostu— y pasa de largo, comu china remilgada, a nueve kilómetros del monecipio La Macarena; a mirar este caño, yegan ritiartus vesitores al Parque Nacional Tinigua. In esa mesma sierra, si encuetan más de cincuenta dijerents orquídeas, yerbitas medicinales, anímales raros y esos yamaus jaguares y cougar, a mi entender trigues, más de ocho razas de dijerentes miquitus, benaus, 550 clases de pajaritus y también aquel yamao Tinamon de patas grises; sigo con mi lista, 100 dijerentes "lagartus" y 1,200 musquitus —probe al que le toco cuentarlus—.

Ahora, que ya saben dónde se encuentra, les anoticiaré —contaré— el porqui de sus colores. En el jondo del río crecen unas maticas, que se yaman algas —no nalgas, ja, ja— que son las que tienen los colores. En los meces de junio hasta fin de año, la algas están crecidas y se pueden devisar. Anímese paisanu, visite nuestra tierrita y cuandu regrese priesuma de haber vistu con sus propios ojitus esta belleza que Diosito nos encimó. Les cuentu, que yo estaba más disubica, cun la serranía de La Macarena, pus yo creiba que era la mesma de Santa Marta, me pasó lo del paisa Juan Angulo, a quien le pegaron en la cara con un lulo, pus conjundio Crepúsculo con un crespo in el Cu... y guevos di araña, con aráñami los gue...

Espiaren, no si vayan; tengo algo más pa cuentearles, la otra belleza natural, un siñor di esus qui sacan fotos pa sus películas, disde un aparatu di esus qui llaman helicótero, sacó algunas en Colombia, y al revenarlas, él "descubrió" la serranía de Chiribiquete, ubicada en la región amazónica, entre los departamentos del Caquetá y cerca de San José del Guaviare. Tambén cerquitica di eya están: San Vicente del Caguan y Puerto Solano. ¡Es grandorrotota! Mas qui el doble del Amazonas; creyen los sabidus, que tiene unos 27,800 kilometrus cuadraus. Antes conocida comu el cerro Campana, por sus jormaciones de rocas altisimisimas (350–840 metrus) yamadas por quienes estudian esa vaina, Tepuyes, las rocas más antiguas (dos mil millones de siglos) del planeta —¿quen taria puy cuando nacieron?—. Sobre estas rocas hay pinturas de figuras humanas y animales.

Leyendu estu, si mi antoja ser un Cóndor hembra, pa sobrevolar entri esas rocas, escoger la más alta de ayí hacer mi nido; pa cuando mis condoritus y condoritas nazcan, ensieñarlis a volar, libres y majestuosamente, con orgullo, sintiéndose colombianisimisinus, u ser cualesquiera animal, mas qui juera un lagartu, un pajaritu, un simple insectu y pueder vivir pu'aya.

Esta, serranía, pudiera ser mi bisagüela, por mi apelativo, Chiriví, —aunque eya guiene de los tiempos, asegún los "sabidus" de cuandu los jumentos, burros, garlaban y los elifantis volaban de flor in flor—. Yo la veyo como una, mujer de aqueyos viejus tiempus, hermusa, garbosa, altanera y trabajadora, qui un día haciendo sus chuculas, comu yamaba mi ágüela el cacao de harina que eya hacia pa su jamilia, con maíz y granos de cacao tuestadus in un tiesto, puesto sobre el jogon —piazu de una oya e barru que si había rompidu—, en dispues de muelerlos in la pedra, y pasar la harina puel cedazo —hechu con crines di cabayo, ¿no mi creyen? priegunten a sus ágüelos—, la rigolviu, cun el cacao y el melau de panela, y quizá piensandu in el juturo tuvo una aidea, amasu y jormu una colcha, la tendió sobre la meza y comenzu armar su aidea: con el jormu torres, con terrazas, cuevas y grietas, no cunjormi cun estu li pintarijiu jentes cazandu, trabajandu y imparrandaos, las armas qui usaban in ese tiempu, perjiles di caras quizá de sus jamiliares; ansina mesmu, siembro, mas di 5,000 plantas medicinales, sacó de su baúl animalitus que solo eya cunoció, y con la aguipanelita que le quedó del melau, jormú ríus cun pescaitus y caídas de agüita, pa'l riego de tuesas plantas. Comu quen dice, nos hizo un piesebre, y no pa que naciera el niño Jesús, sinu pa tuitica la humanida, se favoreciera de estu, pus si dicen que el Amazonas is el pulmón del mundo, y eya is más grande. Quiere decir qui ora el planeta tiene dos pulmones más. In dispues de tueste trabajo, cansada, guindó —colgó— su jamaca sobri el Amazonas; lo apuntaló —amarró— con una coyunda —tira de cuero crudo—, pa istar segura de que no se soltara; una punta en el Caquetá y lu'otra in el Guaviare y se recostó a discansar.

Por suerte, ora ya sabemos dónde está esa belleza, y puédemus ir a vesitarla. Esperemos, que las gentes del gobierno, que están a cargo de siguir cuidando ese lugar, no den papaya —permitan—, pa que aqueyas jentes que solo piensan en usufructuar —sacar probechu— de lo qui ayí encuentren, hagan lo mesmu que hacierum los españoles; robar nuestrus tesoros, ya que ni nosotrus mesmus sabemus lo que ayí se encuentra. No piermitan que guelvan ese lugar como un parque de aventuras, donde yegen muchisimisimus projimus a contaminar y destruir, tuitico, pagando con espejitus u cachivaches; nuestro Patrimonio Nacional.

Que guenu, qui ese estrangeru, "descubrió" en su fotos la serranía de Chiribiquete y ansina se ricuerdarum esos empliados del Gobierno que "cuidan" pa qui los más agalludos —ambiciosos— no tiren tantus árboles, solu piensandu in ganar dinero, sin piensar que

212

están dejando la tierrita desnuda de árboles. Ya la habían devizao en 1989 y nombrao Patrimonio Nacional, la vaina jue que estu quedó comu tantas utras cosas, olgidadas en los cajones del escritorio de alguien, quen no le dio la importancia que tiene, pus ora es uno de los parques más grandes de Colombia, menos explorado y con una biodiversidad de plantas y fauna que le da importancia a nuestro país en el mundo.

Muchisimimas gracias a quienes se han interesa u in sacar del "anonimato" esti piesitu e nuestra tierrita, qui jue yamada La tierra que el tiempo Olvidó, ¿y eso purqui? Pus, casi naidenes de nosotrus los colombianus sabíamus de su esistencia, no jabían mapas, ansina mesmu no comunicación u dirección pa pueder yegar y ora es un parque pa vesitar y conocer tuiticu lo qui hay pu'aya: animales y plantas no cunosidos, ansina las pinturas qui a según los sabidos, tenen un jurgo di años —más de 20,000—.

Gueno paisanus, bustedes pierdonarán ni otografia, ricuérden, yo les palabreé sobre de estu hace un jurgo de años, yo solu jui a la escuela de doña Inés ayá in mi pueblo, a la noturna, peru solu a vender empanadas, ja, ja.

El ultimito chisme: pur tuiticu esto y mucho más, "Chuchito" recibió un e-mail, jirmau pur muchicimisus países, dondi riclamaban porqui Él nus dio tantu privilegio: el café más suave del mundo, las esmeraldas más codiciadas, flores de exportación, caballos de paso fino, dos océanos —el Atlántico por el norte y el Pacífico por occidente—, nuestra variada comida, música, climas y demás; su rispuesta jue: "¡Deje que conuscan la gente que puse allá!".

Comu siempre: ¡orgullosa de ser colombiana!

Ligia Chiriví Giraldo.

09–02–2018.

¿Qué nos pasa?

Amigos y compatriotas colombianos ¿cómo están sus mercedes? Suena como palabras de candidato e pueblo, ¿verdá? Priegunto: ¿qué nos pasa que cuando hay algún evento colombiano sencillo en donde no hay "chirinche" pa entonarnos, no asistimos? Digo esto, pus en la entrega de la estrella a nuestra Sofia Vergara, en el paseo de la fama, no hubo casi naiden, parecía la probe comu si jubiera sido guerjanita, sitica, eya, qui nos ha dao a los colombianos, bastante satisjaciones, no solo por ser ella di ayá de la "tierrita" y tener tanta "pechonalida", sino por su carrera en la TV, ansina comu tanguien en los moviez y solu unos cuatru prójimos jueron pu'aya a la calle Hollywood pa aserle compañía. ¿Qué jue de misia Lucy con su Puya Loca, siendo eya también de pu'aya de Barranquilla? No hay que ser ansina. Porque cuando estuguimos riunidus el en Festival del Sancocho, ese domingo anterior, naidenes digio nada, nos juvieran anoticiao y ansina no avería la disculpa "de que no supimos, u naiden nos digio nada".

El Festival Cultural en Los Ángeles el día 25 de junio, y que jue amoticiao por *La Prensa colombiana*, juimos solo algunos prójimos, nos sobraron dedos pa contarnos, ¿qué pasó? ¿Tal ges las letras taban muy requetechirriticas? ¿U qué? Gueno, el anuncio taba como medio escondido, es verdá, pero con solo saber que puédenos repriesentar a nuestra querida patria, aquí en la ciudá en que vivimos con nuestros vestidos típicos, música y nuestra alegría que tanto nos caracteriza y más ora que no tenemos que bajar la cabeza comu antes, por ser colombianos; al revés, levantar no solo la cabeza sino la vos, pa gritar "!Que lindo es ser colombiano!". ¿No es estu más que sujisiente pa ir donde sea? A nusotras nos envito el siñor Miguel Caro quien jue el encargao di esta riumion. ¿Qué pasó con aquellitus artistas colombianos que se ogrecen pa amenizar cualquier rumba, aqueyos projimus que hacen platica con el nombre de la patria? ¿Ansina, mesmamente los bailarines colombianos qui se priesentaron en el Festival del Sancho y nuestra prensa colombiana? Yo no devisé a naidenes de pu'aya, si jueron me desculpan, quenes jueron envitaos y no jueron, la mamoria parece ser que no les juncionó. Al qui si devise jue al siñor que hace el Festival del Sancocho, siticos los siñores di lu qui se pierderun, pus pu'aya jubo mucha nalguita, barriguitas y pechonalida pa ver, de tantas chinas vestidas comu si jueran pa'l Jestival Brasilero.

Dijenme, cuentiarles como tuvo ese desjile pa que sufran y la prosima ves vayan: Comiensamus en la Vermont y Hollywood, a las once de la mañana, diay pa'lla echamus quinba asta la Highland, empiesamus, comu medio "chiviaos" pus no juimus muchos, no músicos, ni bailarines u trajes típicos ni siquiera una bandera que nos identificara, ¡peru eso sí!, ¡mucho orgullo, amor y respeto por nuestra patria! Seguimus y de pronto nos dimos cuenta que ¡contabamus con la Chiva! Única en el desfile, arriba en la canasta, iban la reina de la paz, dos u tres niñas vestidas con los colores de nuestra bandera, una de mis hijas luciendo otro de mis trajes, el de cumbia, con ellas cuatru siñores luciendo la camiseta del júsbol, acompañándolas uno di ellos lucio su carriel paisa y sombrero blanco. Indispues, apareció la bandera y la música aunque jue de "radio", y una niña que cantó requetebonito; yo pur mi parte disgruté al maximu, mi "pavonie" comu pavo real macho, enseñandu uno de mis trajes el Colombia y mi pañolón, tres señoras con camisetas de nuestro equipo iban delante de la "chiva" sosteniendo nuestra gloriosa bandera de diez metros de larga, y junto a mí una señora joven luciendo un lindo traje; las dos bailamus y don Miguel y el otru siñor que taba con nosotras la mujeres, pa auxiliarnos en dao caso juese necesario, lucieron sombreros "gueltiao", eyos aliegraron el desjile, corriendo de aquí pa'aya, bailando y haciendo "buya", ¿se jijan bustedes de lu que se perdirun?

Endispues, cuandu terminó el desjile, el siñor dueño de la chiva envitó a tuiticus los que juimus a ver el partido en su casa, aya javía guarapitu y también fiambre, quizá pu estu solu yegamus cuatru projimus al "villaje" lugar de riumion. Don miguel, su hija, mi hija y esta susodicha, ayí nos pidieron que bailaramus algo colombiano, miren a quenes nus dijerun: don Miguel y mi hija Zully, bailaron cumbia, ya que ella perteneció al grupo folklórico "Aires de mi tierra" y pa no quedarme atrás, yo les bailé un pasillo, ansina quedamus como recién comidus.

Nosotros los que juimos, la pasamos muy bien, aunque eramus pocos, hicimos notar la presencia de Colombia, gracias al siñor Miguel Caro, ansina comu tamben al siñor dueño de la chiva, quien la ofreció pa que quenes quiseran ir cómodos viajaran gratiniano y ni por esas, a la señora dueña de la hermosa bandera, que nos empriestó, muchas gracias a tuiticos ellos, pus ansina naidenes dudó de que jueramus colombianos de *raca mandaca*. An dispues y pa serrar con

215

"broche di oro", ¡ganamos! Quedamus en el tercer puesto, un puesto honroso, dio gusto ver a nuestru equipo jugar después del "susto", sin miedo hasta el final contra los chilenos, un guen equipo en verdá.

Gueno, amigos y compatriotas, ¡a ponerse "pilas" pa cualquier evento colombiano! A anunciarlo a grito abierto y con letra grande y clara, no más quedarse en casa; pus si siguen ansina, la mamoria se les va a golver de "piedra". Aunqui a yo si mi ampollaron los pieses, valió la pena haber desjilao. Recuerden sus mercedes, lo que digio el escritor colombiano, siñor Rodrigo Betancur: "La patria, es ese pequeño pedazo de tierra, al cual yo puedo asimilarme, como rescoldo y ceniza enamorado". Pus pur estu hay qui honrarla cada vez que se presente la ocasión.

Aprovechó la ocasión para describir mis vestidos: *El Colombia*, falda negra adornada con, granos de café, oro, esmeraldas, orquídeas y nuestro mapa, la blusa blanca, con los mismos adornos y el sombrero, el pañolón, con los colores de la bandera y adornos, las alpargatas de fique con adornos. *El Cumbia*, blusa blanca, con adornos, precolombinos, la falda blanca adornada con retazos y conchas marinas. *El Boyacá*, el más reciente, falda negra, adornada con palabras boyacenses, ovejas, esmeraldas, azadón, perrero, alverjas y mazorcas pa'l cosido, blusa blanca y mantilla negra con adornos de la "tierrita", las alpargatas y el sombrero no se quedan "atrás". Estos vestidos son hechos "pur yo mesma", con mucho amor, respeto y añoranza por Colombia, mi patria, ¡nuestra patria! Mis palabras preferidas son: "No voy a llorar cuando esté muriendo, por lo que dejo; si no por lo que me llevo: mi cultura, música y todo este amor, respeto y añoranza por mi patria".

¡Chao, sus mercedes!
Ligia Chiriví Giraldo.
17–07–2016.

¿Qué son las culturas? ¿Qué son los sentimientos?

¿Qué son las culturas?

Las culturas, son costumbres que, como hebras muy finas, son sembradas en muestra mente y poco a poco van echando raíces que día a día se fortalecen en nuestra conciencia, y por la constancia del día a día, estas se van entrelazando al pasar el tiempo hasta formar una cuerda bastante fuerte, que puede arrancar de raíz muchas otras costumbres recién sembradas, y esta cuerda es tan fuerte, que es más poderosa que el mismo amor.

La costumbre es más fuerte que el amor.

¿Qué son los sentimientos?

Los sentimientos son una mescla de emociones que, como un teclado, entonan su nota dependiendo cual es la emoción.

El amor y el odio van cogidos de la mano, la tristeza y la risa hacen lo mismo, las demás como son: envidia, celos, ambición, gula y lujuria.

Estos, son la energía que hace vibrar nuestro cuerpo y mente, sin ellos no somos nada. El humano que no siente, es porque está muerto.

El amor materno entre madre e hijos, es diferente entre ellos mismos y como lazo indestructible nunca se romperá, no importan las circunstancias que pasen en sus vidas.

Ese amor de madre es una mezcla de sentimientos, ternura, ansiedad y mucha expectativa: ternura al sentir que estas preñada, ansiedad por saber que todo estará bien con aquel embrión en tu vientre y mucha expectativa al no saber si será niño o niña, si vendrá con buena salud o vendrá con algún problema. También es mucha paciencia, esperando los nueve meses y pidiéndole a Dios que todo vaya bien. Cuando la hora del parto llega, anunciando con dolores, la madre se alegra, al fin va a conocer su bebé.

Después, crecen y así muestro amor, ¿a quién se quiere más si no a los hijos?, ellos son la prolongación de tu existencia, se hacen adultos y como frutas maduras se desprenden del árbol y se van.

El amor entre esposos es diferente, es atracción, compatibilidad y respeto, y cuando una de estos sentimientos se rompe es difícil componerlo y el más difícil es la confianza.

Sufrimos por amor, es cierto, y por nuestras expectativas, asumiendo que doy amor tengo que recibir amor.

26–08–2018.

¡Yo soy la última raíz viva del Festival Colombiano!

Digo esto como una queja, que no puedo contener entre "pecho y espalda". Los años van pasando llevándose toda aquella algarabía de nuestros añorados festivales, día donde acompañados de nuestros hijo e hijas, sentíamos aquel calor humano de nuestros paisanos; la izada de nuestra hermosa Bandera, al compás de nuestro Himno; después, todos disfrutando de nuestra rica comida y alegre música, ¡era como volver a vivir por unas horas en nuestra añorada Colombia!

Mi esposo ya fallecido, y yo, comenzábamos a ir al festival desde que llegamos en 1979, en el parque Los Félix al lado sur del Griffith Park, organizado por el señor Dukardo Hinestrosa. En los años venideros, desde junio a "calentar motores", ¡en especial yo!, escribiendo, haciendo mi "cartelera" donde exhibía fotos de paisajes de nuestra querida patria y algunas veces, llevaba objetos típicos como alpargatas de diferentes "marcas" (materiales), cucharas y cucharones de "palo" merras. Ustedes dirán, ¿esu ques? Son cucharas sacadas de las totumas, "chinas" o mejor sopladoras, que usaban las abuelas pa soplar el "jogón" chorotes, moyos y ollas de barro de raquira. Yo quería "muestrearles" muchas de las cosas que tenía en casa, donde tengo un "¡altar colombiano!".

Desafortunadamente, el tiempo se fue llevando mis energías y las de mi esposo, nuestros hijos mezclaron nuestra cultura con las de sus esposas y esposos, ya dejaron de acompañarnos. El grupo de conocidos se fue reduciendo, luego mi esposo Jorge muere hace cinco años, y el señor Hinestrosa (el organizador de los festivales) regresa a Colombia. Yo quedé "guerfana y sin con quen gueliar las quimbas" —bailar—, dicho por conocidos de aquel tiempo. Mi esposo y yo éramos "el alma" del festival. Él vestía como Juan Valdez, con pantalón y camisa blanca, poncho, carriel, funda para el "machete" que no cargaba, pues decía que estaba muy "ajilao", un perrero, pañuelo y sombrero blanco, su pañuelo y sombrero adornados con granos de café, el escudo de Colombia y en su pañuelo exhibía la mula cargando Café. Yo le hacía pareja vistiendo falda negra, adornada con granos de café, orquídeas y adornos típicos colombianos, cintas con los colores de nuestra bandera, blusa blanca, adornada con granos de café, esmeraldas, figuras precolombinas en oro y también con cintas con los colores de nuestra bandera, mochila de fique adornada con llaveros, orquídeas y adornos típicos, mi sombrero, el Escudo Nacional, esmeraldas, café, orquídea y mis alpargatas con granos de café y figuras precolombinas. Así, vistiendo nuestros trajes típicos, ¡íbamos orgullosos a nuestros festivales colombianos!

Tengo dos trajes más, el original con el que empecé a usar en los primeros festivales, lo llamé "Colombia", El segundo "Cumbia", adornado con retazos de costa y conchas de mar. Y el último "Boyacá" adornado con nombres de sitios y frases de la región boyacense.

Pregunta: ¿Qué pasará cuando yo muera?, ¿qué pasará con nuestra cultura, por la que yo he luchado?, ¿se irá conmigo?, ¿o habrá alguien, "una esperanza", en esta nueva generación?

¡Orgullosamente colombiana!

Ligia Chiriví Giraldo.

20 de julio de 2019.

Capítulo
Octavo

Añoranzas Bogotanas

Mi arricuerdu de aqueyus diciembres en mi tierrita, como los añoro, entri mas pasan los años, ¿bustedes no paisanitus?

Tuiticos espirábamos con mucha ansieda este mes: ¡Diciembre! el mes más alegre del año; empiezaba el 7 en la noche, se guindaban en puertas y ventanas, faroles de colores con velas encendidas y en las aceras de las casas, una vela por cadicual de la jamilia, pa' aquiyus qui no lo saben, u no si arricuerdan; les cuentu, pu's pa' desiarle a tuitica la jamilia guenus deseos: que siguiéramos todos juntos, con guena salu y mucha vida pa' disfrutar.

En los campus, priedian hogueras y si alistaban pa'l día siguiente, el 8, ¡día de la virgen María! Ese día, era jestibo, en la puertas y ventanas en las mesmas puntiyas que la noche pasada guindarun los faroles, ora cuelgaban banderas, blanco con azul cielo y en la mita la estampa de la Virgen.

Ansina se comiensaba Diciembre; en los radios tocaban los viyancicos, mi burrito sabanero, a la nanita nana nanita e 'a, tucaima, tuturucaima y muchos más, seguidos por, Navida que viene tradición del año, unos van cantado, otrus van chiyandu con, aquella música requetealegre, se empiezaba a calentar "motores".

Ya pu' ay pa'l 10 las jamilias empiezaban a pensar, en donde se armaría el Pesebre y el más avispao de la casa, a quemar cerebro, pa' bajar al niño a la cuna el 24 a media noche, tu estus menesteres eran regonitus, pu's tuitica la jamilia ayudaba, desde el águelo, las tías solteronas y hasta el cuba.

El primer sábado, in dispues del 8 todos pa' los cerros, arrejuntar: lama, los bejucos con pepitas de color rojo, las pajitas pa' la chosita y la cuna, los quiches, ramas de monte pa' adornar, buscábamos arena u tierra pa' los caminus, piedras pa' los cerros, las mamitas sacaban su "guardao", piasitus de espeju, pa' los lagos, el papel transparente del chocolate La Especial, pa' los ríos.

Endispues; cuandu ya todu taba armao, se ponían los cisnes en lagus y los pescaitus en los ríos, si hacían jestones de papel celofán y crepe de colores y se cuelgaban arriba del pesebre, con la consabida estreya ansina mesmu, bombiyitus y bombas de color y pa'l 15 cuando ya taba tuiticu listo, a sacar la Virgen, San José, la vaca, el burritu, la jerocienta mula, qui si le trago las pajitas de la cunita del niño Dios, las chivas, los pastores y los instrumentus pa' hacer buya, al cantar los viyancicus, tuestus, cachivaches eran común tesoro pa' las águelas, que los dejaban de herencia a sus hijos; cuandu en tuiticas las casas el pesebre taba listo; se rijaban entri jamiliares y vesinos, a ver a quen le tocaba empiezar el novenario y donde pasariamus la Nochebuena. La guena amista entre jamilia y vecinos tenía mucho que ver, ansina arrancaban las jiestas Dicembrinas.

Dicembre 16, comiensaba la novena qui duraba nueve noches, el intercambió de vino "Oporto Z", ¡esu que ni paque!, y las galletas "Noel" entri los vesinos, ansina mesmu tarjetas navideñas, entre jamiliares lejanos y amigos; las apuestas de Aguinaldo: que si a pajita en boca, al hablar y no contestar, la palmadita en el hombro, la estuata y el prejerido de los noviesitus, el beso robau y otrus qui ya ni mi arrecuerdo.

Las apuestas eran, vino, galletas, dulces "jinus", perjumenes, esu si dipendiendu de la amista qui jubiera entri los apuestadoris, quien ganaba siempre gritaba: ¡Mis aguinaldos!, por la noche del 16 puay comu pa' las 7 empiezaban a yegar los envitaos, vestidos de pastores y los niños de angelitus trayendu triple, bandola, requinto, maracas, pandereta y pitos pa' rezar la novena, los dueñus de casa, los hacían seguir pa' dendru ogreciendules, vino o un tintico y qui buscaran su lugar, mientras yegaban los dimas.

Como a las 8 y cuartu todos riunidus: se priendian las velitas del pesebre, se apagaban las luces de la casa y a rezar el rosario, la

221

mama era la encargada de rezar los misterius, las avemarías y los padres nuestros, esu si con mucho jerbor y entri rezo y rezo los Viyansicus, acompaña'os por los instrumentus: a la nanita nana nanita, ea, mi Jesús tiene sueño, benditu sea, benditu sea, fuentecita que corre clara y sonora, ruiseñor que en la selva cantando yora, caya mientra la cuna se balancea, a la nanita nana nanita ea, mi Jesús tene sueño, bendito sea.

Al terminar la novena, todos pa' la caye a quemar pólvora, a naidenes les acobardaba el hijuemichica frío, tuiticus quemando, totes, buscaniguas, triquitraques, luces de véngala volcanes, torpedos y los mayores echaban pa' lualtu, voladores; terminada la quemazón tuiticus pa' dentro, otra vez, a comer lu que los dueños de casa habían preparao pa' ufreser esa noche: que si empanadas, buñuelus, chocolatico caliente, con pan y quezo.

Terminada la merienda, aguardiente pa' los mayores, pa' los jóvenes gaciosa, música y a mover el esqueleto, había que aproviechar, pu's solo hasta las 11 duraba la "pachanga" porqui tocaba qui mañaniar pa' ir al trabajo, ansina se pasaban las 8 noches del novenario entre vesinos, antis del 24 entrie rezus, viyansicus, pólvora, guena comida, aguardienticus, baile, apuestas, trasnochadas y esas lievantdas tan hijuemichicas.

El 24, ¡Nocheguena! Ropita y zapatus nuevesitus, las casa adornadas, con luces y guirnaldas de colores por los jóvenes de la jamilia, mientras tantu las mamitas, aguelitas y las tías solteronas, entrando con canastos y tulas, pos ya habían ido pal merca'o y traído todo pa la cena navideña: gayinas viejas, pa' que'l ajiaco tugiera guen sabor algo rápido pa' almuersar, papas saladas y un piesitu e' carne y en sima un guen vaso e' refajo.

Ese día 24 las mujeres de la casa, cosinando y como hormigas di'un lao pa'l otro en la cocina, cadicual encargada de cosinar lo que miejor les "quedaba", la mama el ajiaco, la ágüela los tamales, las tías la natiya, el arroz de leche, los buñuelos, pan de bono, el jamoso arequipe, en jin tuesas, ricuras de nuestra comida colombiana, pa' la Navidad. En disespues de la almorzada, los pela'us a juegar, cuidando de no enmugrar la ropa ni rayar los zapatos, los mocetones y la muchachonas de la casa, juegaban parques, pa' "matar" el tiempo, endispues de haber barrido el patio y de arreglar la meza con el mantel y florero pa' la ocasión, ayí ponían, los garrafones de vino, las galletas, el zabajon y el aguardientico pa'l frío, las obleas pa' con el arequipe, los mashmelus, lavar los vasus y los cubiertos qui serían usa'us en la cena.

Esa nochi, se rezaba el rosario como puy pa' las 11 pa' darle tiempo al niño de bajar a su cunita, a las 12 in dispues del "nacimiento" todos pa' la caye a quemar pólvora, esta vez a lo grandi, todos los vesinos de la cuadra, salían pa' juera, a "escamusiar" haber quienes quemaban más y dijerente pólvora, las cayes quedaban oscuras pu'el jumaral, cuando se terminaba la quemazón; entonces tuiticus pa' dentro a degustar la cena Navideña, en dispues de comer, los chinos a la cama, a dormir u sino el niño Dios no les traiba nadita, los mayores a "rumbiar" hasta que el cuerpo aguante, pus mañana naidenes trabaja.

El 25 tan pronticu los chinos se diespertaban, a mirar bajo la almuada pa' ver qué les trajio el niño y pa' la caye a nuestrarles sus juguetes a sus vesinus; mientras los mayoris con un "guayabo" y el hijuemichica, comiendo calenta'o y jartando refajo, ya pa' la tarde, bajo la resolana, se comía un piasitu e' carne asada, papas saladas con mucho ají y más refajo, ansina terminaba el día, al siguiente la jamilia riunida en "combite" planiaban el Año Nuevo, ¡pa' la semana que viene!

La noche del 31 era muy especial pa' tuiticu el mundo, pu's cualesquier desavenencia entre jamiliares y amigos se trataban de arrieglar en esa fecha, habían lágrimas, frases de pierdón, abrazos, risas y algunas veces hasta trompadas; pa' mientras en el radio sonaba, "Jantan 5 pa' las 12 el año va a terminar, me voy corriendo ami casa abrazar a mi mamá", cuandu sonaban las campanas de las 12 tuiticus gritábamos: ¡Feliz Año!, pa' tuel mundu, in dispues, el brindis con Champaña y a brindar por el ausente pa' qui el año que viene, este priesente y en luegitu, pa' la caye, otra vez, quemazón de pólvora.

Pa, dentru tu el mundo, la cena está servida, puedia ser, lechonita u sobrevarriga al horno, indispues de 3 días de adobo, en cerveza, café, cilantro y condimentos; receta de aguelita, servida con: yuca y papas chorriadas con "calzonarias" de quezo, arroz blanco y frijoles dulces, sin jaltar esusi el ajicito, indispues el arroz de leche u la natiya, los buñuelos, pan de bono y tamales se guardaban pa'l disayuno, indispues de recoger los platos; azotar baldosa, u sacarle briyo a la hebiya, pos naidenes duermiria es noche, ansina se amanecía el 1 de enero, todos trasnochaos y de encimé enguayaba'us, cuando se diespertaban con esa hambre tan verraca a rebuscar en las oyas y hacer calenta'o acompaña'o por una guena totuma e' refajo.

El 6 de enero, los Reyes Magus, esta vez la riumion era en el barrio Egipto, al Sur de Bogotá, ese día, se veya la romería de projimus subiendo pa'l cerró a pata, cargando oyas con el consabido "piquete"; gayina, carne de compartidiario (marrano), papas, mazorcas, plátanos maduros, yuca, arracacha y ají. Mesmamente, bebidas y cobijas pa'l friu de la tarde, pus íbamos ayí pa' ver yegar a los Reyes Magus, ya mas tardi, el regreso a casita, cansados y desganaus por tanta rumba, vagancia y gastadero e' plata, lo pior era quentuavia jaltaba una semana más, sin naditica qui hacer, ¡que pereza tan verraca!

Ah, tiempus aqueyus, ¡miasen yorar sus ricuerdus!

Ligia Chiriví Giraldo

28 de noviembre de 2005.

Convento en ruinas

En Mongui, Boyacá, uno de los pueblitus catalogaus entre los más lindos de Colombia por su iglesia, convento y casas coloniales, está en medio diuna pelotera entre parroquianus, el siñor alcalde, Segundo Antonio Pedroza y lus albañiles di esus quiora yaman arquitetus, si prieguntan sus mercedes, ¿por qué tanta vaina? Déjenme les cuento: como el convento está viejo y es una de las joyas de Mongui, pu'ay alguien se le ocurrió que debería ser restaurado, pa ansina protegerlo pal futuro, el Siñor alcalde se apalabriu con el arquitecto Siñor Mauricio Salamanca, hicierum un contratu por seis millones de pesos pa' la remodelación.

Paso el tiempu y no se veya ningún adelantu, lus jeligreses se hartaron de espierar ver su convento requetebonito comu lu espieraván y comensarun hacer prieguntas al alcalde y este a lus albañiles, siso una riumion entre el Siñor alcalde, la arquitecta Nancy Camacho di'ay de Mongui y un prójimo apodao "el puertero" pus hace puertas, quen conocía el convento como su casa, que cuandu entrarum lu qui vierun los dijo de "pate, tuiticu lu qui habían hechu jue romper los pisos hechus de maderas qui a según lus que conosierun el convento eran de caoba, Ansina mentarun se yamaba la madera y qui tuabia estaba requeteguena y qui la quitarun pa robársela pa la casa de lus jefes albañiles y tamben cuentan que rompierum el suelo, arañaron las paderes, abrieron boquetes en el sótano y desentejaron buscado la "guaca" que a según los jeligreses era una culebra de oro y pa' luego que la encontraron se la robaron y pararon la destrucción del convento con no sé qué prietextó en el 2012.

El Ministerio de Cultura jue yamao pa qui interviniera en este embroyo pus ora el convento una de joyas de Mongui está en ruinas y naidenes se responsabiliza pue'su, el Siñor Jorge Robledo arquitecto de los guenos yamao por el ministerio digio "que para estas remodelaciones se necesitan arquitectos especializados en estus menesteres, ansina ora tenen que contratar a los guenos, peru el problema es qui los qui dispedazaron el convento en vez de pagar por daños y perjuicios, no queren cancelar el contrato y estu qui les están ogreciendo cinco millones de pesos, estus son los projimus qui roban si meter la manu al bolsillo.

Ansina está la disputa, ¿quién ganará? Porque aunque juera una vez el gobierno, debería de amarrarse "los pantalones en su puesto", y se hace respetar la ley; que paguen quienes destruyeron esa reliquia, si no sabían qué hacer, ¿por qué no lo dijeron? ¿Y ora porqui ciasen los bravos? No les están pidiendo qui diguelvan el dinerito que ya se les había dao, ni qui paguen pur los destrozos quisieron y tuabia rezongones. Nuay derechu u ¿bustedes qui opinan? Amigus Boyacacunos, siento mucho lo que les ha pasado, ojalá se arregle el problema pronto y puedan sentirse orgullosos otra vez de su convento, ¡suerte!

24 de marzo de 2015,
Ligia Chirivi Giraldo.

El hijo de proveta

En uno de los jestivales pasaus y cuando ya me iba pa mi casa, se mi acercó un hombre y mi entriego un papel, diesus qui yaman

225

"volantis", yo lu recibí pu' educación, mire qui disia: "Arrieros somos", pensé otru restarante, Paisa y lo pusi en mi mochila.

Días endispues, cuandu guardaba mi ropa del jestival, encuentre el volanti y con curiosida lo leyi, mi quidarun mis ojitus cuadrados y boca sabiendo mi a Mier... coles era dijicil di creer lu ese papel decía, denigrando a la mujer, con palabras y comparaciones groseras, burlonas y vulgares, quide ¡pendeja! No entendía cuál jue el propositu di escribaniar y repartir estu, ¿conqui jin?

Enchipada, yo quiria mirarles la jeta y pueder decirles a quen mi entriego el papel y a quen lu escribanio lu cobardes qui eran, al tirar la pedra y escunder la manu, tubi que aguantarmi un año, pa puider decir lu qui yo sentía.

En el procimu jestival, repartí mi escritu, "El hijo e' proveta", y toy segura dique mis palabras yegaron donde yo quería, a ese par de guaches. Comience prieguntandu a estos jeroses, al que escribanio y al qui lu estuvo ripartiendu, ¿cuál era su propositu e' denigrar a la mujer en esa jorma? ¿No tenían una en casa? ¿Habrían tenidu un desamor muy cruel? ¿O quizá eran guerjanitus? ¿Y pue'su taban enverracaos con las mujeres? A mi entender, nada di estu les daba el derechu di hacerlu.

Traté de entenderlus, si les pusierun lus cachus, pur algu sería, pos santos no son y si jue ansina, porqui no mienta a la jeroz cun su nombre y apelativo pa qui eya sepa que buste está ardid u, y mesmamente siesta disquitandu di eya.

Claru que si son guerfanitus; siticos eyus pus no pusierun, lu qui jue tener una teta cun lechita calienti al pie la jetica, ni unus brazus maternales acunándoles, ni aqueya voz amorosa de la mama, cantando lis; duerme ti niño, duermiti ya u guiene el "coco" y te comira.

Comu puedi yo piensar, estus proves, no tugieron nunca madre y ni si quera si les puedi decir qui son hijue' tuta. Pus misia Tuta es tambén mujer, pur lo tantu, si no tugieron madre, son ¡hijue' proveta!, di lu contrariu hubieran pensau dos veces antes de: escribaniar y repartir esus volantis, ¿bustedes no creyen?

Nota: este escrito lo escribí años atrás y perdí el original, hoy traté de recordarlo y lo hice de nuevo, yo sé el primero me quedó mejor.

El sombrero Gueltiao

Los Colombianos, tamus muy bien riprisientaus en cualesquier parte, si yegamus un sombrero "gueltiao" puesto, ansina mesmu comu si yeváramos ondiandu muestra hermosa y gallarda bandera, yo digo estu, pus yo tengu uno di esus, que lo luzco con orguyo, (aunqui esta tan viejito comu yo), cuando voy puay hacer algún mandao y como yo semprie voy en mis dosh patas (caminando), por las cayes, en más di una ocasión me han priegüntao, ¿de dónde es ese bonito sombrero y dónde lo compro? Orguyosa riespondu: "Es colombiano y lo traji de mi patria cuando me vine de aya", si hay ocasión, mi lo quitu y les nuestro comu está hechu y lo enroscó pa' nuestrarles, lo jacil que se puede guardar en la bolsa, si lo queren comprar vayan al Festival Colombiano, algunus projimus que saben de dondi es mi sombrero, me saludan "¡Ola Colombia! U que viva Colombia; un día taba yo atravesandu la Western Av. Pus, tenía la "vía", alguen me pito, yo emberracada me voltee pa' verle la cara al chofer; era un hombre, quien sacando el brazo me saludó y priegüntó: "¿Señora ese es el sombrero Vallenato? Ya calmada y contenta respondí: "¡Sí!", el hombre agregó: "¡Qué lindo Sombrero!". Sentí comu, qui el mi jubiera da'o un juerte abrazo y pensé:

«Mi sombrero de ala ancha con que adorno mi cabeza y con el voy orguyosa, comu pavo real, por las cayes prisumiendu su belleza», Él se despidió y a yo me quedu "suenando" escribaniar algo que cuente su historia.

Yo, desubicada utra vez, pues creiba quel sombrero Gueltiao era hechu de hoja de palma, priegunte y jue lo que supi. El sombrero ta hechu de hoja di una caña qui se parece a la caña de azúcar y se yama Caña Flecha, ques cultivada por los indígenas de Córdoba y tiene un proceso algu conplica'o, siembran la matica, espiarán, seis meces y comienzan a despriender la hojas, las ponen a secar al sol, para que blanquien, indispues, escogen, las blancas y las deshilachan, las utras las pintarrajean con una frutas u semiyas de otras plantas, que les da el color batilla, in después la van tejiendo, formando la trenza, con pinta y las conchas blancas, cadi cual de la jamilias tenen sus propias, pinta y conchas, (dibujos), hay tres clases de sombreros Gueltiao: el quintiano, quince vueltas, el veintiuno veinte una vuelta y es el más fino (y el más caro), pues esta hechu solo de la vena de la hoja sin ninguna añadidura, el veintisiete que tene veintisiete vueltas.

El primer nombre de este sombrero jue: Sombreo Indiano, pus solo lo usaban los nativos, se hizo popular cuando el campeón de boxeo Miguel "Happy" Lora se lo puso indispues de ganar el campeonato mundial en 1985; alguien dijio que nuestra bandera quedó en segundo lugar en el mundo, ya que este sombrero ahora es el Símbolo Nacional Colombiano desde el 2004, yo espero haber hechu mi tarea bien, al menús traté de rebuscar alguna injormación, ¿no les parece?

Mi despido deciendu comu siempre: Hay que orguyosa mi siento de ser ¡Colombiana!

Hay Hooome. ¡Guepage Carajo!

7 de marzo de 2018.

La otra cara del sombrero Gueltiao

Sea hecho mucho bombo y maracas, hablando de ese sombrero, ques usa' o desde hace 300 años pur los nativos Zinues y ora es el símbolo e' Colombia, in cualesquier parte del mundo, más que nuestra hermosa y gallarda, bandera, qui a según al guienés ya se quido debajo de este sombrero, ora tuiticu los projimus queren usarlu, y quienes los frabican, casi no dan abasto pa' hacer tantu pedido; ¿estu quere dicir qui ora si van a salir de proves los nativos Zinues? ¿Aya en Córdoba y Sucre? ¿Especial lus del pueblo de Tuzin? No se joye dicir que hacierum un grupo de esas gentes que si priocupan, (Los Derechos Humanos), pa' que las ganancias sian justas, bien ripartidas entri las jamilias, qui si joden trabajandu, di sol a sol, pus son tan proves, no tenen tierritas, pa' siembrar aunqui sea esa caña flecha qui es dondi sacan la fibra pal' sombrero, no tenen nenguna escuela, no saben hacer otra cosa, comu quen dice; están atrapaos, entre ese rimolinu que jorman: su ingnurancia, la provesa y lambicion de los agayudos, esus que van a lus pueblitus a comprarles su trabajo al precio qui a eyos les dé su gana, (comu hacían mesmamente con los compositores vallenatos), quise saber y me apalabrie con don Google, al yo leyer en sus notas, veyo que comu siempre; el peje grande se traga al más chiquito.

A naidenes le importa que esus proves trabajen tuitica una semana, en la prieparacion de las hojas; secándolas, deshilachándolas, y pintarrajeándolas, pa' ansina pueder tejer las trenzas, que duran todo día trabajandu, comu quen dice son ocho días trabajandu, diez u doce horas, pa' conseguir una miseria, que ni les alcanza pal bastimento de jamilia, y lunica riqueza que eyus tenen son la cantida di hijos que Dios les da, algunus nativos que tenen sus tierritas cultivan la caña y ellus mes mus tejen sus sombre rus, los Quinsia nos que son los más jinus, pus son hechus diuna sola pieza, pus, eyus no tenen maquina pa' coser las trenzas y estus son vendidus más carus en el mercau, si les sobran hojas las venden a sus vesinus, pa' qui eyus tejan las trenzas, estus proves tenen que tejer diez metrus de trenza, cadi cual, pus solo lis pagan cuatru mil pesos pur diez trenzas, de diez metros, cuando van a venderlas al pueblo, donde viven los que tenen máquina, una libra de carne cuesta sieti mil pesos, es pues tú que tuitica la jamilia tene que tejer, pa' pueder comer más qui sea pancito, dichu pur las mujeres di la casa, qui algunas veces, lus mas ajortuna'os; agüita hervida con sal, unos trozos de yuca u platanitu, si tenen huerta u si no solo el "calditu", no pueden tener una gallinita pus' ¿con qué le compran el maíz?

Los que tejen sus sombreros en casa, no creigan que tenen ventaja, ellos tenen en su guerta la caña, le quitan las hojas, a estas les sacan las "venas" las pulen y tejen los sombreros, quintiano que pur no tener añadiduras, es el más jino y se vende a mejor precio (¿mejor precio pa' quién?), pus pal Garrotero, que les paga $14.000.00 u $15.000.00 pesos qui is egual a $ 5.00 USD, peru, puaqui, en el internet, tenen el descaru de pedir hasta $250.00 USD.

En el 2011 se creó la denominación de origen, que reconoce la exclusividad de tejedura de la región de Zenu, yo priegunto, ¿y con estu qué? ¿Van hacer una cooperativa donde los aborígenes vendan y les paguen el precio justo de su trabajo? Las Pintas, figuras geométricas, rombos, círculos y triángulos, jaspeado, cuadros y líneas en diagonal, simbolizan elementos de la cultura indígena, cada una de estas pintas; pertenecen a diferentes tribus y las han pasa'o de padres a hijos.

Puy leyi, de alguien jormo un grupo y una ley pa' que no acaben con las cañas, ansina comu acabaron con las palmas del domingo e' ramos, comu quen dice: si acaban con una siembren dos, estu ta gueno, ¿peru que del bienestar de los nativos? ¿Habera alguien qui le importe estus proves projimus? Voy a piedirle a Chuchito que nus haga ese milagrito, pa que, si no se enriquecen con su trabajo, al menús tengan pal bastimento y los domingos unos ron sitos, no les caería mal endispues de una semana de trabajo. Hay Hoome, ¡Carajo!

16 de marzo de 2018.

Ligia Chirivi Giraldo.

¡La patria llama!

Hoy a buste Siñor Dukardo, la patria lo yama y gustoso atende el yamao', que envidia, golver a la tierrita qui nus vio nacer y di encimé, con Lupita, su esposa, su compañera en los últimos años, que gueno, pueder garlar cun la jamilia y conusidus de añus, dispertar con el quiquiriquí e'l gallo, el cantar de mirlas, senzontes y lo mas gueno; el olorcito del café recién cola'o, indispues di un guen desayuno paisa, devisar por la ventana, di nuevo los cafetales bajo la sombra di lus Guarumos y pu'aya a lu lejus, el humaral de los rachitus de los campesinus, saliedu di entri la neblina.

Ya pa'l medio día, luegu di un almuerzo bien tranca'o, a riposar; guindar la hamaca di una di la vigas, in el corridor di la estancia y mientras se mecen, joyir el ruido qui hace la quebrada al bajar corriedu de la montaña, indispues salir a caminar pa' dies'pejar la mente, saludarse con los arrieros que yevan pal' molino del pueblo cercano, las recuas de mulas cargaita's di nuestru guen café.

Anocheciendu, mientras descansan en su hamaca, disfrutar di un atardecer, diesus que tenen el sol di los vena'os (rojo atardecer), más tarde, adormirse con el arrullo di lus griyos y gozar di la dicha dil hombre, casado, que goza e' su liberta, se despierta a media noche, guelte a la mano y hay ta...

Los jinés di semana, visitar a su querida Pereira, la trasnochadora, joyir aqueya música de antaño, suenan'do en las rocolas, ansina y mesmamente disfrutar la vida, hasta que nus yegue lora di ser comu dijio el siñor Betancur.

La patria, es el piasitu e' tierra; dondi yo quero y puedu discansar comu tizón, riscoldu y ceniza enamura'us.

"La Patria, es ese pequeño pedazo de tierra; al cual yo puedo asimilarme, como rescoldo y ceniza enamorados". Palabras del escritor colombiano, señor Rodrigo Betancur.

Con todo el respeto que se merecen: Dukardo y Lupita, les deseo un buen viaje, buena estadía en Colombia y cuandu guelvan puaqui, no olgiden hacer una señal aunqui sia di humo.

Con sinceridad;

Ligia Chirivi Giraldo.

22 de abril de 2017.

Nota: Fue escrita para el Señor Hinestrosa y su esposa, como despedida cuando ellos decidieron ir a vivir a Colombia.

La unión hace la fuerza

Una vez más está comprobado que la unión y la buena voluntad hacen posible lo que parece imposible, en Ibagué, Tolima nació un niño Samuel Carbajal; con una malformación en su mano derecha solo tenía el dedo meñique, sus padres le enseñaron a que él podía hacer todo lo que necesitara, comu quen dice a valerse por el mesmu, peru cuandu este niño cumplió sus cuatro años y jue pa la escuela las cosas canbearun pus los otros guanvitus curiosos le preguntaban qui le pasu en su manita y el niño a su vez priegunto a sus taitas lo mesmu.

Eyus le doraban la píldora diciéndole que papa Dios lu había hechu diferente, peru que todu iba a estar bien, por su parte comensarun a pensar in una manita postiza esu qui yaman "prótesis", peru costaba mucho dineru que los taitas no tenían, cadi cual por su lao comenzu averiguar qui hacer pa' pueder conseguirle a su hijo la manita que él necesitaba.

Por medio del internet comenzó la búsqueda, allá en Colombia encuentraron un projimu, Christian Camilo, diesus que ponen a trabajar su malicia indígena, un ingeniero, él desde Colombia empiezó a comunicarse en otros países con projimus comu él, comenzaron los planes y proyectos pa' hacer una mano "robótica", un ingeniero mejicano se puso en la tarea de ayudar a nuestru projimu y entre los dos diseñaron lo que sería la mano, la ensayaron en la computadora y todo lucia bien, ahora yego la hora de la verda.

Hacer la mano a la medida del niño; desde Méjico yegaron algunas partes necesarias para el proyecto qui un voluntario se ofreció a recogerlas y luego entregarlas en Bogotá, los taitas, yegaron allá con su niño y comenzó el trabajo; armar la mano a la medida del brazo de Samuel, con partes rusticas, peru esusi con mucho amor y sapiensa por parte de Cristian Camilo, fue moldeando la mano hasta quedarle, comu "anillo al dedo", se la pusieron y colorín colora 'o, Samuel ya tiene sus dos manos que empezó a usar en enero 2014.

Desde aquí muchas gracias al ingeniero mejicano por su contribución, ansina mesmu a la persona que yebo los piasitus que se necesitan en Colombia pa' comenzar a trabajar, ojalá que ansina siga mus cuandu de colaboración se trate, "as bien sin mirar a quien", y a bustedes taitas Jelisitacionis por preocuparse por el bienestar de su guanvitico.

23 de marzo de 2015.
Ligia Chiriví Giraldo

Ligia Chiriví Giraldo, más conocida como: ¡La reina del folklor andino!

Título otorgado por el señor Dukardo Hinestrosa, escritor y periodista. Ya que Ligia y su esposo fallecido dos años atrás, siempre alegraron con sus bailes típicos colombianos, nuestros festivales paisas; como son: pasillo, bambuco, guavina, torbellino, parrandas, sanjuaneros, bailes casi olvidados por algunos compatriotas y desconocidos por hijos de colombianos nacidos en este país.

Ligia siempre ha estado empeñada en dar a conocer estos ritmos y cada vez que se presentaba la fiesta de la hispanidad, ella sacaba a relucir los bailes colombianos, en sus lugares de trabajo, con mucha alegría el pasillo clásico o fiestero, el sajuanero, con cadencia, el bambuco y la guavina con sencillez, el torbellino y para no quedarse atrás, la cumbia, baile tan conocido.

Sus vestidos son hechos por ella, donde plasma todo el amor, respeto y añoranza que tiene por su patria Colombia.

¿Sabían qué?

Nuestro Festival Colombiano se inició cuando, nuestra reina de belleza, Luz Marina Zuluaga, fue coronada "Miss universo", cuentan quenes ya vivian puaqui, en esa época, javía un grupo costeño, llamado La Cumbia, cumandao por un mentao siñor Joaquín di quen no ricuerdu su apelativo, qui cuando supio la noticia, riunió su grupo y jue hacer buya de la guena a Long Beach, ya indispues, lu hacia cadi vez qui mentaban la coronación de muestra reina Colombiana en Cartagena.

A esta idea se agregó el Siñor Frank Cano, con su grupo "Aires de mi tierra", pero quen organizó, sacó la cara y sostuvo, como un buen brazier (no por ser Victoria Secrests), el muy conocido Festival Paisa, fue el Señor Dukardo Hinestrosa, él y su familia, por más de treinta años; su último jue en el Racho San Antonio en el 2010, él nos hiso sentir la nostalgia de nuestra patria, al escuchar la música y cantar nosotros mesmus, nuestro Himno Nacional, mientras era izada nuestra gloriosa Bandera. Ansina, el, como periodista y poeta; siempre si priocupo por dijundir nuestra cultura, jundó El Círculo Cultural Colombiano, la casa Colombia, fue el fundador del periódico El Colombiano USA y la casa de poesía El Búho y El Cuervo, publicó varios libros de poesía y novelas; hoy ya retirado, regresa a vivir a su querida Percira, le deseamos un feliz viaje.

Sabían que, la primera música Vallenata que se oyó por la radio en Bogotá era interpretada en guitarras, maracas y guaracha, por *GIUTRAGUITO y sus muchachos*, seguido por *BOVEA Y SUS VALLENATOS,* bajo el nombre de Música Tropical.

Sabían que, ¿cómo o cuándo yegó la primera acordeón a Colombia? Déjenme cuentarles, asegún mis fuentes injormantes, pu'aya en los 40 un barco alemán que viajaba rumbo a Argentina carga u con acordeones que iban destinadas pa'aya "encalló" frente a la costa Atlántica, y las olas yevaron esta carga que fue recogida por los pobladores de la región, ayí se encontraba un niño de cuatro años, quien más tarde le sacara sonido al instrumento, él fue Francisco "Pacho" Rada Batista, más conocido como "Francisco el Hombre", su primera melodía la yamo "Son Colombiano", desde ahí comenzaron los ritmos vallenatos.

¿Sabían quen soy? Una colombiana de Racamandaca y la jultima raíz típica y viva del Jestival Colombiano, no priesumo, digo la verdad, u hay otro prójimo que vista alguno de nuestros trajes típicos que no sea yo, por más de treinta años, acompañada de mi esposo, él vistiendo como Juan Valdés de (PAISA), siempre asistimos, a cuanto jestival o riumion Colombiana dondi juera que hicieran, alegrábamos estos, bailando muestro folklor, ansina en nuestros lugares de trabajo, exhibimos nuestra artesanías, música, baile, ansina mesmo, en la biblioteca de Culver City, hice una exposición que perduro cinco semanas y que fue visitada por el Siñor Cónsul de aquel tiempo, uno de mis anhelos que nunca pude ver realizado fue, la Carroza de las Flores, si lo mencioné al Cónsul de turno, in aquiyos tiempus y el pur salir del paso dijo: "Consígame la información", ansina lu hice, yeve y se la entregue en su mano, nada pasó, más tarde, li hice una señal di jumo y garle cun el priegunte que había resuelto. "Nada, sale muy caro", fue su contesta; tiempo no muy largu nus vesito el siñor embajador de Colombia, jui yo mesma al consulado, me apalabrie cun él, le conté mi inquietud, referente a la carroza de las flores para el primero de enero, no recuerdo que disculpa dio; astora naden ha hecho nada al respecto, "una sola golondrina no yama agua", qui gueno juera qui alguien de los chinos di ora, se interesara y en esta "ideota" y ojalá Chuchito mi piermitiera ver nuestra carroza desjilandu en pasadena, y pa' qui vean qui un mientu, cuando les digo quen yo soy leigan estu.

Colombia, aunque mi cuerpo vive lejos de ti. Mi alma, corazón y sueños, están arraigados con raíces profundas y fuertes en ti. ¡Patria mía! Arraigada a tu cultura, historia, folklor, paisajes y nuestra gente tan hospitalaria. ¡Colombia! Tierra que me vio nacer y crecer, ¡te amo! ¡Te recuerdo, con amor y respeto! ¡Te añoro como añoro a mi madre! ¡Y siempre hay porque volver! Cuando llegue mi tiempo de partir, no voy a chillar por lo que dejo, si no por lo que llevo a mi tumba como mortaja: el amor, respeto y añoranza por mi patria, ¡Colombia!, mis experiencias, el sazón de nuestros platos típicos, el amor, respeto y fidelidad que tuve por mi esposo durante nuestros 55 años de matrimonio, así como el amor y buenos deseos por mis hijos e hijas, nietos y nietas y bisnietos y bisnietas, Colombia; este es el lugar donde deseo que mis cenizas sireguelvan con tu tierra y quedar hayi impregnada, para siempre; con mi último aliento gritaré: "¡Hay que orgullosa me siento de haber nacido en mi patria, Colombia!

Ligia Chirivi Giraldo.

¡La misma cantaleta y algo más!

Les cuentu sus mercedes; encontré en mi baúl este escritu que lo había escribania'u años patras, pa' la Prensa Colombiana. Con permisitu sus mercedes, si soy yo, ¡la mesma qui se siente orgullosa de ser colombiana! No solo en los jestivales, ansina mesmu en cualesquier riumion qui yo pueda "colarme" luzco mis trajes típicos, mi pañolón y mis alpargatas de jique, qui baila al son di cualquier ritmo de nuestro folklor, hecho vainas a diestra y siniestra, sí, esa soy yo.

Ya qui tengu la oportunidad, voy a seguir cun la misma "cantaleta" refiriéndome al Festival Colombiano; prometo que va hacer la última vez, bustedes dirán, ¿y ora qué? Gueno, no queru qui creigan que soy de la tira la pedra y esconde la manu, no siñor, qui toy dandu la cara, mi gustaría palabrearles unas ideas qui tengo in mente, pa' hacer un auténtico Festival Colombiano, siñores organizadores, escuchen yo no cobro nada, empiécenos: disde que abran las puertas, qui se escuche nuestra música folklórica, (si no la tenen yo si la empriesto), mientras nus comemos el tamalito pa' desayunar, puay' pa' lora del almuerzo, la izada di bandera, acumpañada, pur la notas de nuestro himno nacional, pur el u la Cónsul di turnu.

En dispues concursos de trajes típicos di nuestrus diferentes departamentus, quenes saben el nombre, conjunto, compositor di esta u aqueya canción cuando la jogian, darles el "chance" a nuestrus musicus varaus pa' qui muestren su talentu sin importar que instrumentus tocan, solo con la condición de su música sia ritmus colombianos, cobrarles una lupia a cada participante, juntarlas y ansina tener dineru pa' los premius, di esta jorma estimuláremos (¿ansina si dice? ¡Carajo! Toy gastandu las palabras domingueras), a nuestrus paisanus, a qui busquen, puaqui u a cuya, u en el baúl de los ágüelos, cancioneros di los viejos; bustedes dirán; ¿y esu pa qué? Pus pa' qui sus hijos/as nacidos puaqui, ansina los chinus de ellos, conuscan el auténtico folklor colombiano y qui nu mi vengan con vainas comu una siñora que mi pidió a yo, ¡le empriestara mis alpargatas pa su hija quiva bailar salsa colombina! En su escuela, sus mercedes, pueblo aguantador, ¿qui opinan? Si algún projimu tene prieguntas, las escucho, soy solo "orejas".

No puedu dijar pasar pur lualtu el comintariu qui hiso el actor de cine el siñor, Bruce Willis, en uno di esus qui yaman interview en la TV; este Siñor dijio: que si a él li permitieran ir a Colombia, haría lu nisesario pa' acabar cun el narcu traficu di la cocaína; ansina mesmamente esti siñor dijio, qui en Colombia se siembra la coca comu siembrar el maizitu u el tabaco y andispues cuandu crese nus hacimus millonarius si estu juera siertu; Colombia siria un país sin deudas, y quizá prosperó, peru nusotrus los Colombianus, entuabia tenimus soberanía, y disgrutamus el comernos nuestro pan trabajandu; cuandu buste dijio estu in contra di mi Patria Míster, solu nuestra que buste si "cayo del nido" creyendo lu que las "News dicen".

Pa 'qui, esu si hay qui ri conuser qui algunus di aquiyos hijus qui olgidaron quen jue su madre y si rejuntaron con "esus" qui les ogrecieron cambear el cultivo bueno pur cultivo malu a cambio di muchos billetes verdes sin tiner qui sudar pa' ganarsi lus, estus sun lus quian da'o pie pa' qui creigan qui tuiticus los colombianus semus "narcus", pus "el qui cun lobos anda, aullar apriende", pa' más piedra este "gringuito" nos califica de terroristas, "¿que va a saber un burro de chicle si lu qui masca es pastú? ¿Purqui buste no tilda di terroristas a las empresas tabacaleras?

Golviedu cun este projimu; priegunto; ¿paqui quere buste ir a mi tierrita? ¿Hacer qué? ¿Explosionéis y muertus comu si ven en sus

236

películas?, es siertu qui la mala droga está entrandu a muchos países, peru, ¿porqui? Buste dijio qui "alguien" esta lucrandu con "estu" en este país, yo mi atrevu agrie gar, qui en todus los países dondi yega este "venenu" todus lucran y a lu grande, mesmamente buste dijio, qui estu si debiera "parar", tamus di acuerdu, ¿peru pur donde empiezar?, ¿comu parar ese engranaje tan rejinao y juerte? ¿Buste sabería comu u pur dondi coger el toro pur lus cuernus? A sigun su sapiencia, en Colombia si siembra la coca comu el maíz y el tabaco, si deja qui crezca y a recoger la billetiza, priegunto di nuevo Míster Willis, buste creye qui en mi tierrita la planta e' coca in ves di hojas li cuelgan bolsas di cocaína, listas pal mercau ¿Ansina suena comu buste lu "pinta", si cayo buste del nido nuevamente ¡qui inorancia! La coca no camina sola, ni abre las puertas di las aduanas, sin visa, alguien la "jala" pa' qui entrin pa' dentru y deja las puertas abiertas pa' qui seguir metiéndose sin nengún trabaju.

A sugun los projimus qui le siguen el "rastru" a "esu" dicen, qui luegu di recibirla in los países qui entra "estu" sus compradores, la mesclan pa' qui rinda y puayi is dondi ta la millonada di qui habla el "gringu" y lus pezcaus "gordos", atisbando, quizá camuflaos comu "honorables" persunas ditrás di un guen escritorio, sin siquiera percatarse di cuánto daño hacen a sus projimus, sin sentir nengún rimordimientu pus eyus dirán "ojos qui no ven, corazón qui no siente"; pa' mientras a mi tierrita solu receibe, tuiticu el estiércol qui deja, las muertes, destrucion y lágrimas qui hacen lus qui engañan u obligan a los probres a trabajar pa qui ellos si guelvan ricus, "Ubíquese, Míster Willis pus buste ta miandu juera e'l tiestu", mijor li doy el pasaje pa' qui vaya buste a mi tierrita y se di cuenta "gringuito" qui mi Colombia nu is comu la describen en las News, ¡Colombia es la Berraquera!, y estu "se acaba cuandu si termine".

Priegunto, a la opinión pública: ¿quen es más culpable, el distribuidor quien es el "motor" di tuestu, qui acosa a los campesinus ogreciendules muchos vi yetes di lus verdes pa' qui ellos dejen siembrar en sus tierrenitos y ansina pueder resolver lu del bastimento pa' su jamilia, si no jubiera "demanda" no jabría producción verda?

Nota: este escrito lo encontré en el jondo e mi baúl lu escribanie en agosto 23 del 2006 para la Prensa Colombiana, lo envié y nunca lo publicaron, ¿purqui seria? Les daría "culillo" indispues di leerlo, ansina comu dijio el señor Jairo Duke, fundador de la Prensa Colombiana en el 2000 yo, le ofrecí que sacara mis escritus en su periódico, el leyó algunos y dijio: "Lo sientu no puedo publicarlos porque usted llama al pan, pan y al vino, vino",ora endispues di disempolvarlu y un "mucho" atrasao hay les va, ¡chao!

Ligia Chiriví Giraldo

20 de mayo de 2017.

Nota: no tubi tinta, pa' cupiar este escrito el año pasau y, ¡puesto astura lo saco del baúl!

Apendice A
Canciones

Canciones de antaño que escuché en la rutina de mi hogar, en voz y silbido de mis taitas.

Cantando lo encontré, cantando lo perdí y como no se llorar cantando he de vivir

Cantando, yo le di mi corazón mi amor y como no se llorar cantando he de vivir.

Ya no tengo la dulzura de sus besos, vivo sola por el mundo sin su amor, otra boca más feliz será la dueña, de esos besos que eran toda mi pasión. Virgencita milagrosa perdóname, si cantando esta canción que vive en mí, yo te pido me devuelvas lo que es mío, que tan pronto y sin motivo lo perdí.

Si es pecado querer tanto en esta vida, yo te pido de rodillas mi perdón, yo lo quiero tanto y tanto que me muero, si me faltan las carisias de su amor.

Cantando lo encontré, cantando lo perdí y como no se llorar cantando he de morir.

Celosa

No sé por qué dices que has visto en mis ojos, que estaba llorando de celos por ti,

después que fue mío el calor de tu boca y loca en tus labios mil besos te di.

Si lloro no creas que es por tu cariño que ya lo he perdido, no vale la pena derramar más lagrimas por un amor, pero si me acuerdo, de aquellos momentos en que me decías que me amabas mucho con todo el cariño de tu corazón.

No puedo negarlo que estuve celosa, al ver que con otra te burlas de mí, después que fue mío el calor de tu boca y loca en tus labios mil besos te di.

Espejito

Espejito compañero, mírame que triste, estoy se me fue el hombre que quiero y hoy me muero por su amor.

Cuantas veces me ayudaste a vestirme para él, cuantas te empañaste al llorar por su querer.

Pero hoy ya lo ves, solo tengo tristeza y dolor, cuanto lloro desde que se fue y me mata esta pena tan cruel, dime tú dulce bien si algún día me vendrá a consolar, pues me mata esta pena tan cruel y no puedo vivir sin su amor.

Noches de Cartagena

Noches de Cartagena tan divinas, con el suave rumor que trae el mar, donde la brisa cálida murmura toda una serenata tropical, allí es donde quisiera estar contigo, con la luna, la brisa y ese mar y que juegue la brisa con tu pelo y las olas te vengan a arrullar.

Noches de Cartagena tan divinas, lindo rincón Caribe y colonial, noches de CARTAGENA que besa el mar, noches de Cartagena que besa el mar.

Los sauces

Ibas cruzando cual mariposa, con tus alitas de primavera, fuiste alumbrando y engalanando, la selva oscura de la pradera.

Y con tu lumbre arropadora llena de encantos y de alegrías, como enfermera le diste vida a un pobre sauce que allí moría.

Pero tu lumbre no le alcanzaba a otro enfermo que junto estaba, renació un sauce a la primavera menos el otro que agonizaba.

Cartagena

Cartagena, brazo de agarena, canto sirena, canto de sirena que se hizo ciudad y sonoro cofrecito de oro; reliquia y tesoro, reliquia y tesoro de la antigüedad.

Eres jarra de sangre de parra, fulgente guitarra de notas sin par. Cartagena, oración de arena virgen macarena que llora en el mar; minarete, fulgor de mosquete, caprichoso arete tallado en coral, serenata que olvidó un pirata, alfanje de plata sueño de coral, ¡Cartagena!

Noches de Boca grande

Noches de Boca grande, con su lunita plateada y el mar bordando luceros en el filo de la playa, el mar bordando luceros en el filo de la playa. Muón muomu. Tu reclinado en mi pecho al vaivén de nuestra hamaca y yo contando mis besos en tu boca enamorada, muomu muomu, más si la Luna nos mira escondida tras las palmas, te juraré amor eterno al vaivén de nuestra hamaca.

Tu olvido

Han crecido otra vez los rosales, junto al muro en el viejo jardín, donde tu alma selló un juramento amor de un momento que hoy lloro su fin, tierno llanto de amor, fuera el tuyo que en tus ojos divinos yo vi, ojos falsos que a mí me engañaron, al ver que lloraron los míos por ti.

No es mi canto un reproche a tu olvido, ni un consuelo te vengo a pedir, solo al ver el rosal florecido, los sueños perdidos los vuelvo a vivir. Cuando vuelvan las noches de invierno y de nieve se cubra el jardín, si estas triste sabrás acordarte, de aquel que al amarte no supo mentir.

Mas los años al pasar me hicieron comprender la triste realidad, que es tan solo una ilusión los que amamos de verdad, sin embargo, cuando en los rosales renacen las flores, los viejos amores, tornan como entonces a mi corazón.

No es mi canto un reproche a tu olvido...

Chatica linda

Ven pa acá, más pa acá, ven empriestame, tu jetica, y en dispues me dirás si me queres su mersecita, como yo no habera, quen la quera hasta que se muera, linda chatica, dame hay un besito siquera.

Chatica linda cuando te miro, hay mesmamente me da un suspiro muy de a de veras, tuitas las noches me oye rezarle la Santa Virgen para implorarle que vos me queras, paso las noches y ya ni anduermo, las pasu en vela comu un ejermo que esta penandu y hechu a pensar si buste me olvida, me de quitar esta puerca vida que estuy pasando.

Ven pa acá, más pa acá, ven empriestame tu jetica y en dispues me dirás si me queres su mersecita, como yo no haberá quen la quera hasta que se muera, linda chatica dame un besito si quera.

Con esta canción, me desperté en mis labios, hace días atrás, la tarareé, hasta recordarla por completo, me enteré que es un bambuco boyacense, compuesto por el señor Jorge Camargo Spolidore y considerado como el Himno boyacense. Como esta linda canción, ¿cuántas más habremos olvidado?

El cámbulo (Letra del poeta bogotano Eduardo Echeverría).

Mientras flórese el cámbulo altanero y el viejo bosque a meditar convida, en tanto, que perfume el limonero, voy regando afanoso en mi sendero, todas las ilusiones de mi vida. Ven a soñar, el alma conmovida, te hablará de mi amor puro y sincero, y así como perfuma el limonero, alegra las tristezas de mi vida, mientras flórese el cámbulo altanero.

Tu risa (versos de Nemesio Renes)

Niña hechicera, de tu fresca boca, flor de nácar y grana, es música celeste, la vibrante y alegre carcajada. Tu risa es un poema, donde el anhelo del placer palpita; es un himno que canta, la ilusión, la esperanza y la alegría. Tiene algo de arrullo de la tórtola y el rumor del bosque en la mañana. Tiene notas del cantico divino, que se eleva en el alma del que ama. ¡Oh niña hermosa que al reír seduces!, mi nombre del olvido, salvaría si en mis estrofas pálidas pudiera aprisionar las notas de tu risa.

Mantelito blanco

Mantelito blanco de la humilde mesa donde compartimos el pan familiar, mantelito blanco hecho por mi madre, en noches de invierno de nunca acabar.

Tienen sus dibujos figuras pequeñas avecillas locas que quieren volar, las bordó mi madre en aquellas noches, que junto a mi cama me ensenó a rezar.

(Se repite).

Hay dos letras grades en el mantelito, letras veneradas que he de recordar, son las iniciales de mis dos viejitos ausentes por siempre jamás, ¡por siempre jamás!

Huerfanita

A la orilla de un palmar, yo bidé una joven bella, su boquita de coral, sus ojitos dos estrellas; al pasar le pregunte, ¿qué quién estaba con ella? Y me respondió llorando, sola vivo en el palmar. Soy huerfanita, no tengo padre ni madre. Ni un amigo que me venga a consolar, solita, paso la vida en este triste palmar, y solita voy y vengo como las olas del mar.

La tórtola

Joven, aunque entre las verdes ramas con secas pajas fabricó su nido; la vio la noche calentar sus huevos, la vio la aurora acariciar sus hijos, el cazador la contempló dichoso y sin embargo, disparó su tiro, ella la pobre en su agonía de muerte, abrió las alas y cubrió a su s hijos.

El ruiseñor

En un playón del Putumayo, triste cantaba un ruiseñor, en su cantar así imploraba, se fue mi amada devuélvemela Señor. Mas fue su cantar negro dolor y ya no pudo más con ese dolor, así una mañana de resplandor murió sobre la playa el ruiseñor, dejando entre su pecho los recuerdos de aquellas horas que entre la selva con su amada feliz pasó.

Los cisnes

Un cisne más blanco que un copo de nieve, en un limpio lago tenía su mansión, allí muy tranquilo pasaba los días, allí no sentía pena ni dolor.

El cisne se encuentra demasiado solo y siente en su pecho hervir la pasión, y en una bandada de cisnes muy blancos, encontró la dueña de su corazón; allí muy tranquilos pasaban los días, salían a bañarse al rayar el sol, se miran, se abrazan, se besan y al mundo le dan ejemplo de amor.

(Se repite).

En una mañana de mayo, por cierto, arriba de un árbol estaban los dos, de pronto el cisne sacude las alas y se oye de un arma la detonación. El cisne se estira, se tuerce y se encoje y entre mil lamentos al suelo cayó, la cisne se tira del árbol llorando y allí con sus alas al muerto tapó. Así terminaron la vida los cisnes, ¡porque el cazador también la mato!

Mujeres y hombres que escuchen la historia y amen, cual los cisnes con ciega pasión, serán sus hogares templos sagrados donde se comulgue con ostias de amor.

El amor que siempre viva
(bambuco, letra de Jaime John Gil)

Voy buscando por la patria, por los llanos y cordilleras: Por todos los litorales y por todas las fronteras... El amor que siempre viva, eterno, aunque yo me muera, aunque yo soy montañero Mi raza siempre se mescla Con la estirpe sabanera Y la bronceada costeña.

Que me dé su firmamento, Yo lo adorno con estrellas,

Esa mujer de mis sueños, ha de darme sus ternezas; yo le doy mis ilusiones, de cantante y de poeta, yo la quiero en cuerpo y alma; Mi alma y cuerpo es para ella.

En su cuerpo de alabastro, le pondré un millar de perlas; arrancadas de mis mares, perlas blancas... perlas negras.

El amor que siempre viva, eterno, aunque yo me muera.

Apéndice B
Correspondencia

Carta al presidente Clinton.
122420 Mitchell Avenue Mar Vista, CA 90066
Mach 21, 1996.

President Bill Clinton.
The White House.
Washington, DC.

Dear Mr. President:

My best wishes to you and your family.

I'm begging to our merciful God, wisdom for you and for the people who are working around you, wisdom to run this government in the right way, I'm writing this letter to let you know about my concern, on the following topics.

Teenager's Pregnancy; Perhaps if the government changed the help given to pregnancy teen's, for something more positive method, such, a program that every schools have and the teachers ride, once a month, remaining the consequences and obligations' for those pregnant teen's about how welfare will be changed in the future, limit time on benefits, and help only with the first child. Also, both teen's age and parents must get training that makes the change to became as useful, responsible persons, maybe after this change; they will be think twice, before get a new pregnancy.

Violence: Perhaps it's necessary, make a research to find the roots of this problem; starting at their homes, neighborhood and friends; knowing those roots, maybe, violence could be, a least more controlled, as well, put those people to work instead, given all the accommodations they have in jail. Why we, the tax payers, have to share our taxes with them?

Mr. Governor Wilson, proposed more time in prison as a solution; however, more jails wasted more our taxes.

Immigrants: The government spent a lot of money fighting against immigrants, but maybe in the wrong way. Perhaps if government fought again, those people who exploited immigrants', dreams and make for them, a serious condemn as well; a law, that gave permission, to the immigrants, to work here the necessary time, and return to their respective countries alter that; I bet the result could be positive to USA.

Mr. President. I want to add thanks for government's concerns about adult education. We, the adult student, shall hop to continue, counting on this program in the future. God bless you and your team.

Sincerely yours,
Ligia Chiriví de Torres.

El Periodiquito.
Los Ángeles, CA. Abril 11, 1988.
1630 San Pascual Street Pasadena, CA 91106
ATT: Sr. Teófilo Arboleda Cabal: Editor, Señor. Teófilo Arboleda Cabal.

Permítame presentarme; mi nombre es Ligia Chiriví de Torres, soy una sencilla ama de casa colombiana, residenciada aquí con mi esposo y nuestros cuatro hijos desde hace nueve años. Ahora que voy a la escuela para superarme un poco, me he dado cuenta de tantos desagradables y mal intencionados comentarios acerca de nuestro país, Colombia; esto me ha llenado de indignación al punto de que sin ser escritora ni nada que se le parezca, he escrito algo, que sentí hacerlo como protesta, a tanto insulto de gente que ni siquiera saben dónde está localizada Colombia. Al recibir en días pasados *El Periodiquito*, me di cuenta de que es ahí donde debo exhibir mi desacuerdo, claro está si usted me lo permite, ese sería el "pulpito" desde donde yo podría expresar mi comentario.

Por favor, tome este como una colaboración para ese prestigioso y colombianísimo medio de información, reciba mis anticipados agradecimientos por la atención que usted se digne darle a mi petición.

Sinceramente Gracias,
Ligia Chiriví de Torres.

Señora Ligia,

Quisiera felicitarla por la composición que usted había escrito y distribuido en el Festival Colombiano. Perdone por la demora, pero como cualquier persona, hay que hacer tiempo para todo. Pienso que tienes mucha razón acerca la situación colombiana. Es cierto.

Desafortunadamente la selección de fútbol no dio mucho en este Mundial.

Pero pienso que fue mejor jugar sin la presión que teníamos en USA 94, aunque no hicimos nada. Para el futuro político de Colombia, como dices, ojalá que Pastrana "cumpla con sus promesas". Y de eventos como el Ballet Nacional de Colombia mostraron que nosotros tampoco nos quedamos atrás. Tal como los mexicanos tienen sus mariachis, nosotros tenemos lo nuestro. Aunque, como describes, ¡pobre burro! Pero que se puede hacer. El espectáculo estuvo bueno, y Colombia quedo bien en la prensa.

Quiero hablar por muchos colombianos que quizás no pudieron expresar su opinión hacia la composición que escribiste. ¡Muchas Gracias! Estoy agradecido que alguien está despierto en el mundo de Colombia.

Felicidades.

Con mucho orgullo,
Giovanni Hortua Vargas.
Downey, California. USA

Apéndice C
Historias y pensamientos

Un padre es...

Ángel guardián, pa cuidar sus hijos desde que los recibió en sus manos, cuando llegaron al mundo; arropándolos cuando haga frío, consolándolos cuando estén enfermos, cuando dan sus primeros pasitos o se les cae su primer dientito.

Hogar, protector del frío, la lluvia, el calor o el viento, proveyendo alimento en la mesa y ropa en la percha.

Faro, que alumbra la senda por donde andarán sus hijos, caminando muchas veces, con grandes obstáculos, pero que con esa luz será más fácil no tropezar y seguir pa'lante.

Guía, el mejor del mundo, pues desde que sus hijos nacen, él con mucho amor, tolerancia y perseverancia los va llevando a través del tiempo, para que aprendan a sobrevivir, cuando la vida les de sorpresas.

Eco, para repetir una y otra vez las reglas que se deban seguir en la vida, cuando ellos, sus hijos, sean adultos, a respetar, respetándolos; a amar, amándolos; a ser pacientes, siendo tú paciente; a ser benévolos y humildes demostrándolo con ellos tus hijos.

Viento, para acortar distancias y llegar pronto a donde sus hijos, quizás ellos sin querer admitirlo lloran tu ausencia.

Montaña qui' anda, por si ellos, tus hijos, por "cosas" de la vida se distancian, ir hasta ellos como la montaña fue a Mahoma.

Caballero, con mano de hierro, forrada en guante de seda, mano de hierro pa darles a los hijos el soporte que sea necesario, guante de seda pa suavizar con su apoyo incondicional a sus hijos, aunque ellos hayan cometido "errores" o dicho mentiras.

Benévolo, entendiendo y aceptando los "errores" de ellos sus hijos.

Humilde, hablando sin arrogancia a ellos, sus hijos, sin hacerles sentir que tú eres superior a ellos, solo porque eres su padre.

Amigo, el mejor, el más cercano con quien sus hijos puedan hablar de aquellas cosas cotidianas, de sus planes o proyectos, sabiendo que siempre van a ser escuchados por su mejor amigo, quien les da su tiempo, pus pa él, no hay nada más importante que ellos, sus hijos.

Con amor para mis hijos René y Wilson.

Ligia.

15–06–2018.

La sonrisa

Una sonrisa no vale nada, ¡pero representa mucho!

Esta se crea en un instante, pero puede durar en la memoria por siempre.

Una sonrisa enriquece a quien la recibe, sin importar, quien la ofrece.

Nadie es demasiado rico para no recibirla sin agradecerle a quien la dio, ni tan pobre como para no sentirse rico por este regalo. La sonrisa crea felicidad en el hogar, harmonía en el trabajo, borra el ceño fruncido en la frente, y es la señal de ser una persona amable entre los amigos.

Sonreír, es como descansar después de un día pesado de trabajo, sonreír es como dibujar un atardecer tranquilo a lo lejos y es también la mejor "vacuna", para alejar los problemas. Una sonrisa, no se compra, presta, quizá la puedes "robar" con un guiño de tus ojos.

Una sonrisa es algo tan valioso, que no tiene precio, ¡es un tesoro propio de quien la posee! Si durante el día, ninguno de sus familiares, compañeros de trabajo o amigos, no te han regalado una sonrisa porque quizá están cansados, regales tú, no una, sino muchas sonrisas.

¡No hay nadie más necesitado de una sonrisa que aquel que no tiene nada más que dar!

Pensamientos

Mi luz esta, en creer, mi energía en saber, espera mi alegría en servir y mi tesoro, es amar.

El mayor bien que puedo adquirir, es la paz del corazón, y la mejor conquista, es controlar mis emociones.

Elijo, ser comprensiva y abierta al perdón, ya que solo así estoy bien en el presente y puedo esperar días mejores.

Más pensamientos:
Los obstáculos son como animales salvajes, son cobardes, pero van a demostrar todo lo contrario si se les demuestra miedo, pero si ellos ven en el ser que tienen frente a ellos, que los ve a los ojos sin miedo, se acobardan y huyen.

En una pareja, es importante para que su relación dure: respeto y compasión mutua, paciencia, tolerancia, optimismo, alegrarse de los triunfos del compañero, a tener confianza en sí mismo y la habilidad de poder dar al máximo sin esperar ningún "premio".

Fragancia, es: algo que no podemos ver, pero que es inolvidable.
La moda, son: los accesorios y cosas que adornan nuestras prendas y nosotros no necesitamos que nadie nos las apruebe.
Arquitectura, es una mescla de proporciones, bien equilibradas.

Madres: algunas son cariñosas, otras castigan a sus hijos cuando estos se portan mal; esto es amor. También las hay: aquellas que son cariñosas y estrictas al mismo tiempo, pero si pudieras mirar dentro de su corazón, encontraras un abismo y en lo más profundo, solo hallarás perdón y amor para todos sus hijos e hijas.

Comentarios de los lectores

Estimada Ligia:
Es un placer para mí dejarle saber que he disfrutado leyendo la mayor parte de tus escritos, caramba, como colombiana me da mucho gusto saber que alguien nos recuerda el suelo que nos vio nacer. Congratulaciones y ojalá que siga escribiendo como lo está haciendo, es para mí un orgullo decirte... felicitaciones, para adelante.
Una admiradora de sus escritos,
María del Carmen Buffet.

Ligia is a woman who writes from the heart about, the people and country she loves. To see through her eyes is love it as she does.
Jeffrey and Linda Grossman.

The joy of Ligia's writing comes from both; her understanding and her questioning of life in all its complexity. Whether it is about her native land, Colombia, or the state of the world in which we live, her propose opens new avenues in our understanding and allows us to walk down them land in hand with her. It is an honor and a privilege, to do so.
Robert and Sheryl C. Jenkins.

Me encanta la forma en que la señora Ligia, escribe ese "personaje" que utiliza para expresar sus sentimientos en papel, de cualquier tema, hace que me recuerde de mi linda Colombia.
Muy buen trabajo, se mira en sus escritos, de que lo hace con mucho corazón.
Siga adelante...
Gracias a usted por escribir.
Tony Martínez.
24–06–2010.

Recordada Ligia:
Primero que todo, deseo hacerle saber que me ha dado mucho gusto leer las frases folklóricas, que usted usa en sus escritos.

Esas frases ya casi olvidadas por muchos de nosotros los colombianos. Espero que las siga usando en el futuro, para que de esa manera no se olviden, permítame felicitarla por su labor de asegurarse, de que aquellos que estamos lejos, no nos olvidemos del terruño que nos vio nacer.

Que Dios me la siga bendiciendo y llenando de sabiduría, Ligia yo tengo una idea fabulosa, debería escribir un libro que nos enseñe esas frases tan nuestras y casi olvidadas.

Estoy segura que ese libro será disfrutado por todos aquellos que aprecian su esfuerzo por no dejar morir parte de nuestra Cultura.

María Tereza Roso.

Comentarios copiados de la página web

Me han gustado mucho sus últimas fotos y sus escritos me encantan. Gracias por mantener nuestra cultura muy alta.

Graciela Ramírez.
21–05–2013.

Que mejor oportunidad para dejarle saber a todas aquellas personas que gozan con leer libros ya sean de historia, psicología, literatura o de cualquier otro tema; la riqueza que acumulan tanto en lo personal como en la profesión que ejercen. En el caso de los escritos que Ligia ha hecho por un sin número de décadas y que personalmente los he leído, pues sin duda que me transportaron a mi tierra natal, Colombia... su peculiar y genuina forma de relatar historias tanto de ciudad como de pueblo nos transportan a la época costumbres y lenguaje que relata cada situación que Ligia escribe. ¡Ojalá siga escribiendo por muchísimo más tiempo para así cultivar y preservar nuestras costumbres y raíces natales! :) :).

Yinery Huskey.
24–07–2018.

Los escritos que hasta ahora he leído, refleja nuestra cultura tan extraordinaria que tenemos. Cada escritor en este caso, Ligia, tiene su estilo único, genuino y súper original. Además, ella escribe sin rodeos y llega, como digiera está suscrita, a la medula del problema que ella quiere anotar... así que, mis aplausos para Ligia y adelante con sus futuros escritos.

Yinery R. Huskey.

Dukardo Hinestrosa

¿Quién es él? Dukardo Hinestrosa es un periodista colombiano residente en Los Ángeles, California por más de cinco décadas. Su obra literaria está inscrita en la rebelde corriente Nadaísta como una expresión Latinoamericana de la contracultura estadounidense de los 50 y los 60. Dukardo ha sido promotor de los Festivales Colombianos por más de 30 años en Los Ángeles, fundó el primer periódico en el sur de California y él es el presidente del Círculo Cultural Colombiano.

Copia de la revista Colombia Cultural.

Al tener acceso y leer los escritos de Ligia Chiriví Torres, pude acercarme un poco al personaje que se hizo necesario en los más importantes eventos de las celebraciones patrias colombianas en el sur de California.

En sus presentaciones con trajes típicos y danzas folklóricas, Jorge y Ligia Torres siempre me parecieron tan cercanos a nuestras tradiciones que daba por hecho que allí estarían, tal como hacen presencia, nuestra bandera, el escudo y el himno nacional en nuestras fiestas patrias.

El estilo de sus escritos es el reflejo en Ligia Torres de una Colombia que se lleva en las venas con pasión.

Me alegra saber de su existencia y su obra.

Jairo Duke.

Su serenísima alteza. Reina del folclore andino.

Desde los comienzos del Festival Paisa, no ha faltado todos los años, en compañía de su esposo e hijos; siempre animando la fiesta con sus trajes típicos de las diferentes regiones del país, sus largas trenzas, alpargatas y su sonrisa amable y contagiosa. Cuando suena la música fiestera, ella se roba la atención, animando a todos a salir al tablado a bailar como Dios manda.

Todos la reconocen y alaban, nadie más festiva y alegre y con ese espíritu tan Colombianista que la caracteriza como representante en el exterior de nuestros valores vermiculares. Pará ella no hay distancias que valgan, cuando se trata de hacer presencia y sacar la cara por nuestro terruño, no hay cónsul que la pueda igualar y no cobra nada. Pero allí no termina todo, en el hogar, es toda una líder y lleva la voz cantante, no porque el esposo: Jorge no esté presente, sino por los quebrantos de salud que lo aquejan; dos veces la parca se ha presentado a llevárselo, pero ella la ha puesto de patitas en la calle y no ha permitido que se lo lleve.

Además de ser una excelente chef de la cocina criolla, ella incursiona también en el periodismo, a las fiestas se aparece con sus notas, a manera de un memorial de agravios, en donde canta todas las verdades, con la picardía jocosa y con su lenguaje de los paisanos rurales firmados por su majestad: Ligia Chirivi Giraldo. Dios salve a la Reina.

Comentario, otro de los escritos, por señor Dukardo Hinestrosa.

Accesorios

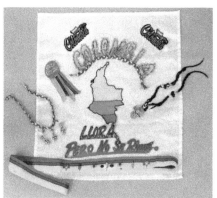

Trajes

Lugares de trabajo

Sobre el Autor

Ligia Chiriví de Torres, nació en la ciudad de Bogotá, Colombia; casada con Jorge Torres, madre de dos hijos y dos hijas, abuela de once nietos y bisabuela de siete bisnietos, todos residiendo en Los Ángeles, California, desde que llegaron a este país en marzo del 79.

Ella se siente orgullosa de ser colombiana, y cada vez que se presenta la oportunidad, habla de su patria con amor y respeto, viste trajes típicos que adorna con: esmeraldas, oro, orquídeas, cintas con los colores de la bandera colombiana, lo mismo que sus sombreros, faldas, alpargatas, mochilas y pañolón. Cuando ella representa a su país en cualquier lugar que pueda, baila acompañada por su esposo, para dar a conocer los diferentes ritmos, bambucos, pasillos, guabinas, torbellinos y cumbias, no solo en los festivales, sino también, en los lugares donde ha trabajado. Aprovechando el Día de la Hispanidad, exhibe artesanías, fotos, discos, videos y reparte sus dos escritos que tiene en inglés; en fin, todo lo que pueda representar su patria. También tuvo la oportunidad de bailar cumbia en el canal Azteca América en compañía de su esposo.

Al llegar a este país ella se sintió acosada por los comentarios mal intencionados de la gente que la rodeaba. Algunos decían que los colombianos eran "mafiosos" y vendían drogas; otros que Colombia era un país muy peligroso al cual no se podía viajar, porque lo mataban o secuestraban, que vergüenza ser de allá. Esto motivó a que algunos de sus paisanos negaran su nacionalidad; ella se sentía desorientada e insultada en su amor propio, pero nunca acobardada y esto la motivó a protestar de la única manera que encontró en aquel entonces.

Escribiera en el 1986 en un inglés con barreras muy altas, para darse a entender su primera protesta: *I am Proud to be Colombian*, que quiere decir: ¡Yo me siento orgullosa de ser colombiana! Luego, en el 1988, algunos paisanos seguían dando de qué hablar y los noticieros desprestigiaban sin piedad su patria, volvió a escribir su segunda protesta: *I am Colombia!,* "Yo soy Colombia", ella se puso en el lugar de la madre a quien algunos de sus hijos desprestigian con su mal comportamiento y, por este motivo, es rechazada, humillada, desprestigiada y puesta en rincón como si fuese leprosa, y lo más cruel, negada por sus propios hijos.

Ella recordó, las palabras de Cristóbal Colón, quien dijo: "Si tengo que doblar mi rodilla, lo haré, pero nunca bajaré ni mi vista ni mi frente".

Desde entonces, siguió escribiendo en español acerca de todo lo que atañe a Colombia, y lo que ella escribía, lo repartía en los festivales. Sus paisanos bautizaron sus páginas como "escritos". Poco a poco, sin proponérmelo, se fue camuflando en un personaje que con palabras, a veces folklóricas, dice las verdades o hace sus comentarios con una mescla de ironía, sarcasmo y mucho "veneno", lo cual le ha dado un estilo propio y su lema: "La verdad dicha si pelos en la lengua" y "Al que le caiga el guante que se lo plante y se lo aguante". Se siente orgullosa de poder compartir sus opiniones y críticas con todos aquellos quienes deseen ver su cultura desde un punto de vista netamente colombiano.

En el mismo año 1988 se casa su último hijo, y se encuentra siendo abuela de tres nietos. Decidió ingresar al, Webster Career College, en Los Ángeles, a estudiar una carrera corta. Allá logró, con mucho esfuerzo y disciplina, graduarse con honores —ella era la más vieja y que menos inglés hablaba—; obtuvo el diploma de *Medical Assistant,* certificados en *Phlebotomy* y *EKG Technician,* y fue nombrada la estudiante del año 1988. Recibió una carta de felicitación por parte de la Asociación Americana de Medicina. Siguió estudiando en las noches mientras trabajaba, en Santa Mónica College, *Human Anathomy y Medical Terminology.* Algunos sábados los ocupó para estudiar en la ciudad de Pasadena, como esterilizar y acomodar correctamente los instrumentos para las cirugías, y obtuvo el título de *Central Service Technician.* Luego fue al Instituto NOVA en West LA, y se graduó como *Echo Vascular Technician.* Todos estos estudios la capacitaron para trabajar con doctores de habla inglesa, de diferentes especialidades, lo cual le dio prestigio y mucha experiencia en este ramo, como lo testifican las cartas de recomendación recibidas. En su último empleo duró ocho años fue en el Hospital para Veteranos de guerra en West LA, de allí se retiró para cuidar a su esposo que se encontraba muy enfermo y pudo hacerlo por casi tres años, hasta que él murió.

Escribió algunas veces para *La Prensa colombiana,* invitada por el señor David León, director y editor del periódico. A él le gustó su lenguaje, al cual llamó "folklórico", pero dejó de hacerlo, porque sus "escritos" comenzaron a ser mutilados, "arreglados" y censurados por el señor Víctor Romero, consejero de edición, quien no estuvo de acuerdo con su estilo controversial. Esto le motivó a hacer su propia página web, y así poder seguir expresando sus opiniones y criticas sin que nadie interviniera.

Hoy ella se "atreve" a lanzar su primer libro, la escritora dice: "No estoy buscando jama, pus li da meyo las alturas, no quiero subir como palma y bajar como coco, u si voy lu pruebo, pueser qui se me ampoye la jeta; lo único qui yo prietendu es qui mi libro sea leyido, pa los qui no conusen mi tierrita, pus la conuscan y pa aqueyos qui ya si olgidaron di ella, qui la recuerden. Mi gostaria ver la sonrisa en sus caras cuandu leigan mis páginas, recuérdenme paisanitus, ¡Chao!".

Añorando a
Mi Colombia

Ligia Chiriví Giraldo

CPSIA information can be obtained
at www.ICGtesting.com
Printed in the USA
LVHW071650131122
733042LV00030B/359